アワシマ信仰

女人救済と海の修験道

有安美加【著】
Mika Ariyasu

岩田書院

目次

序章

はじめに

高度成長期の昭和三十年代に筆者が幼少期を過ごした東大阪の家は、田畑を埋め立て造成している横から勤労者向けの住宅が続々と建っていく中で、比較的早くに分譲された街区にあった。中心となる商店街の一筋南側の小路に面し、ごくありふれた建売住宅が並ぶその道は、行商人の巡回ルートであった。朝夕に近くの豆腐屋が来る以外に、軽快な音楽とともに定期的に「ロバのパン屋」が訪れ、また不定期には何処からか金魚売り、傘直し、鋳掛屋が訪れた。数回だけ、深編笠に尺八の虚無僧とキセル修理の羅宇屋も来たのを憶えている。

ある日、見慣れない者が歩いてくるのを見た。白装束の小袖にたっつけ袴、手甲脚絆に草鞋履きで、箱のようなものを背負って、何も売らず、何も言わず、足早に通り過ぎようとしていた。背の高い男性だったが、その髪は伸び放題の汚れた蓬髪で、装束も汚れていて、正視に堪えなかった。何よりおののいたのは、その箱のようなものに、髪の毛の束や布の切れ端が、ところかまわずぶら下がっていたことだった。筆者はまだ就学前の子供だったが、あまりの異様さに血の気が引き、その去っていく後ろ姿や風景が、青く見えたのを憶えている。あれは一体何者だったのか…。

それを思い出したのは、三十代も半ばを過ぎてから、奈良県の五條に「淡島願人」が巡回していたと、大正初め生まれの老人から聞いたときだった。その人が子供の頃、家の勝手口の前に、薄汚れた格好で、髪の毛の束や布切れをぶら下げた笈を背に担いだ、見知らぬ者が立ったという。母親が黙って米一合と小銭、古襦袢の切れ端を渡すと、何か紙切れをその者が返して、去っていった。「乞食？」と聞くと母親は、「あれはアワシマさんで、乞食ではない」と答えたという。アワシマさんとは腰から下の病から女性を守る淡島明神の代参人で、母親が手にしたのは、淡島明神の護符であった…。

一般に、アワシマ信仰は和歌山市の加太淡嶋神社を本貫として、主として安産と婦人病平癒の他、裁縫上達・縁結び・夫婦和合など、女性のセクシュアリティとジェンダーに関わる事柄について、アワシマの神様に守護や利生を祈願する民間信仰といわれている。近世に「淡島願人」と呼ばれる乞食勧進が門付けした俗縁起によって、主に遊里の女性などに広がり、最盛期には全国に二〇〇〇社ともいわれる神社や祠堂が勧請されたという[1]。「淡島願人」の存在は、筆者が目にしたとほぼ同時期の姿を、五来重も捉えているが[2]、その頃を最後に消滅したと思われる。絵画資料に残る姿は、行者の白装束や僧形等さまざまであるが、小さな祠を背負う、祠を首から懸ける、祠を杖の先に付けるなどして携帯しており、そこに男女一対の神体像が納められていた。鉦を打ったり、鈴を鳴らしたりしながら歩いていることもあった（図1～3）。近世の「淡島願人」は、紀州加太淡嶋神社

1　祠を杖の先に付けるアワシマさん（『絵本御伽品鏡』）

2　僧形アワシマさん
（『大阪ことば事典』）

3　昭和のアワシマさん
（五来重『異端の放浪者たち』より）

への代参をうたい、「アワシマ祭文」ともいわれる俗縁起を曲節に乗せて門付した。女性たちから米や塩、わずかな小銭とともに、その女性の髪の毛や櫛、鏡、襦袢の切れ端などの形代を受け取り、アワシマ神の護符を手渡したという。

「アワシマ祭文」、すなわち俗縁起の内容は、伊勢の天照大神の妹神が住吉神に嫁いだところ、婦人病に罹ったため子をなせず、姑に追い出され、宝物とともに堺の浜からうつろ（うつぼ・うつほ）船で流され、漂着した加太で「自分のような悲しい目には、以後どんな女性も遭わせない」と女性一代の救済神となる誓願を立て、本地虚空蔵菩薩・粟島大明神となった、というものである。船載の宝物にあった人形で遊んだのが雛人形の始まり、うつろ船が桑でできていたので、いつのまにか蚕がわき、その蚕で養蚕・紡織を伝えた等々、さまざまな付会がおこなわれた。「加太の淡島さんへ流れ着きますように」と唱える地域の雛流しや人形供養、針供養、境内社としての勧請は、現在も増えている。[3] 今なお変容増殖している、生きた民間信仰である。

ところが、本貫とされる和歌山市の加太淡嶋神社の祭神は、少彦名命・大己貴命と神功皇后である。加太淡嶋神社社伝縁起は、神功皇后が新羅遠征を勝利のうちに終えて、応神天皇を産んで都に帰る途上、宮都でクーデターが起き、嬰児の応神天皇を武内宿禰に預けて、皇后自らはそのまま船で摂津生田沖に退避したところ嵐に遭ったという、記紀の記述が下敷きとなっている。救済を祈って皇后が船にあった苫の一本を流し、その流れる方向に従っていくと、現在の友ヶ島の神島に漂着し、そこに少彦名命が鎮座しているのを皇后が発見し、以後篤く奉斎したという物語で、(4)少彦名命によって海難から救われたことを述べるのを本旨とする、神功皇后伝承のヴァリアントである。ちなみに、近現代の人文科学系辞事典類一五種におけるアワシマ信仰の説明では、(5)『古事記』冒頭に登場するヒルコ(エビス)同様に神の内に入れられざる「淡島神」、中国古伝承の頗梨塞女(針才女《はりさいにょ》)、垂迹思想により虚空蔵菩薩などともいう。女性救済信仰とされる中で例外的に『日本の神仏の辞典』が、宇佐市長洲粟島神社の例を引いて、漁業・航海守護神としている。

マイナーな民間信仰のため専門研究がほとんど存在しない中で、複数の縁起や祭神、表記、利生が存在することは、俗信にはありがちなこととして、深くは考えられてこなかったようだ。とはいえ、後述するとおり、実際には俗信アワシマ信仰の文字記録の初見とされたものは、俗信に対する疑問の提示をその内容としたのである。筆者の調査研究はまさにこの、「なぜ複数のアワシマ神とそれへの信仰があるのか?」という素朴な疑問に始まった。こうした問いも含めて、先行研究はアワシマ信仰をどう捉えてきたのだろうか?

＊なお淡島・粟島等の表記については、一般名称・一般概念を指す場合「アワシマ信仰」と表記し、固有名詞の文字表記はそのままに、例えば「加太淡嶋神社」「宇土粟島神社」等と記す。また、本文中に引用した史料に付した傍線は、すべて筆者によるものである。

一 近代以降のアワシマ信仰研究

アワシマ信仰について最初に学究的アプローチを試みたのは、民俗学者の柳田國男である。『巫女考』『大白神考』『神送りと人形』(いずれも一九一三〜一四年)で断片的に考察している他、『毛坊主考』『秋風帖』『うつぼ舟の話』でも言及している。(6)続いて吉田東伍が『大日本地名辞書』の和歌山市加太の地名解説において述べ、金田一京助・臼田甚五郎などの国文学者も、柳田が創刊した民俗学雑誌に論考を寄せるなど、(7)アワシマ信仰は柳田の周辺の研究者たちから、一定の関心を集めていた。

右に挙げた柳田の論考からうかがえるのは、「淡島願人」および俗縁起の系統、男女一対の神像を宮櫃に携帯する遊行のあり方への関心である。柳田は、一九一四年に書いた『毛坊主考』では次のように述べている。少し長いが引用する。

(前略)近世の江戸では願人坊主という乞食同前の者が多くいた。(中略)近い頃まで下谷万年町に住んだ願人の部落は、住吉踊・阿呆陀羅経・法界法界・寒行・御釈迦の誕生・謎掛け・旦那これはこれでも等いろいろの事をして物貰いに歩いた(共古日録十四)。(中略)延享元年(一七四四)鞍馬大蔵院の書上によれば、この寺で坊人を願人と呼のは故実のあることで、(中略)鞍馬願人は諸国を徘徊して加持祈禱をなし、札守秘符を勧むる俗法師であった。その作法として大蔵院の申し立る箇条は、(一)天台宗祈願加持札守秘符相勧め候事、(二)御籤八卦卜筮之事、(三)荒神釜〆勧請之事、(四)大念仏修行之事、(五)淡島法楽勧進之事、(六)大山不動へ梵天相勧候事、(七)

毘沙門天八体仏御影配勧進之事等の十種に及んでいる。（中略）（以上祠曹雑職三）。けだし願人という語はもと田舎の信者のために代って立願するだけの職掌であったのが、ついには言うに忍びざる下賤の地位に沈淪したのは、まったくこの徒の無検束の増加とこれを支えあたわざる鞍馬信仰の衰退にほかならぬ。(8)

柳田は「淡島法楽勧進之事」の記載がある鞍馬寺大蔵院書上を示しながら、(9)「淡島願人」が出現した背景に、鞍馬寺院組織の盛衰が関係することを類推している。柳田のアワシマ信仰への関心は、当初からその歴史的構造にあったことが想像できる。しかし後述するとおり、「淡島法楽勧進」は鞍馬願人を自称する願人坊主の一〇種に及ぶ稼業の一つであり、願人坊主の専業でもない。

『毛坊主考』から十年後の一九二四年、折口信夫が、『雛祭りの話』等でアワシマの俗縁起に言及した。これは一種の貴種流離譚であり、底流には上巳の節句に、家の祭主である女性が水辺で人形を流して祓をおこなった遺習がある、「淡島願人」の携帯する宮櫃は、オシラ（ヒラ）サマ同様に、人形を神霊として運んだもの、と述べた。また、各地の淡島堂は「淡島願人」の建立が多いとした。(10)「淡島願人」という語は、ここで折口が最初に用いたもので、文献や民俗での呼称は「あわしま（さん）（の勧進）」である。

折口の論は超歴史的ではあっても、柳田の主な問題関心のうち、願人の歴史的系統の件以外は論じ尽くした態となった。残る件については、一九三四年に中山太郎が『住吉踊考―附・願人坊主考』を著し、願人坊主に関する先行研究者の史料解釈を批判する中で、先述の柳田が触れた鞍馬寺大蔵院文書を論拠として挙げて、鞍馬願人を「淡島願人」と特定した。(11)後に中山は『日本民俗学辞典』に、当時のアワシマ信仰の民俗事例等とともに、アワシマ俗縁起唱導の初見史料として、天文年間（一五三二～五五）成立の『塵塚物語』の記事を挙げている。中山は『塵塚物語』中のアワシマ信仰の記事を、江戸初期の改版時に挿入されたものとし、アワシマ信仰を江戸初期に淡島願人によって広められた俗縁起信仰として解説、(12)それが今日まで各種辞事典解説にある通説となった。

一九五二年に堀一郎が『我が国民間信仰史の研究』中で、やはり柳田の『毛坊主考』を下敷きにした「願人坊主、その他」で願人坊主に触れている。堀は、願人の居住や活動実態を示すいくつかの近世史料を紹介するとともに、『紀伊続風土記』の中の、「加太粟島の社人」や陰陽師が紀伊名草郡貴志荘平井村に住んでいたという記述から、「淡島願人＝加太淡嶋神社社人」を示唆した。(13)しかしこれについて堀自身は検証しておらず、それ以後約四半世紀、アワシマ信仰研究は停滞した。

その停滞は一九七〇年代に入って渡邊恵俊によって解かれ、さらに八〇年代、大島建彦が新たな見解を提出した。渡邊は「淡島信仰」で研究上の問題点を整理し、堀一郎の指摘を引き継いで、「淡島願人」を『紀伊続風土記』の「貴志荘平井村」の項に見られる加太淡嶋神社社人のことと特定した。(14)加太に伝来する古文書『向井家文書』と近世の地誌『みよはなし』『紀伊続風土記』に基づいて、天文から天正にかけて「加太にはひじり・阿弥・夷・粟島…など多くの宗教的遊行者が住んで」おり、彼らこそ「淡島願人」として各地を遊行し、アワシマ信仰を広めていく上での中心的な存在であり、もと加太平井町に住んでいて、後に貴志荘平井村に移った加太淡嶋神社社人である、としたのである。天文・天正に加太平井町に住んでいたひじり・阿弥等というのは、『向井家文書』中世文書の年貢納帳に記される人名に添えられた注記であり、渡辺はそれらを『紀伊続風土記』の記述に結び付けているのだが、史料批判と「淡島願人＝鞍馬願人」説への言及を欠いている。

大島は「淡島神社の信仰」において、俗信仰の祖形を加太現地の習俗に確認しつつ、加太淡嶋神社の信仰を、近世鞍馬願人と同社社人の他に、葛城修験第一宿の行場である同社に参集した山伏が唱導した可能性を提示した。(15)さらに大島は、『日本の神仏の辞典』(二〇〇一年)のアワシマ信仰項目解説において、大分県長洲粟島神社を例に、航海・漁業等海事守護の信仰があったと、女人救済信仰に特化した通説に対するオルタナティブを示した。(16) また、安藤潔『「もう一つの粟島」紀行―少彦名命の謎に触れて―』(一九九六年)は、私家版の紀行文ながら、海を背景にしたアワシマ神＝少彦名命の信仰の存在を、地名や史料、フィールドワークから探求した希少な試みであった。(17)

二〇〇〇年に菅原千華がアワシマ信仰に関する初の総括的専論「女たちの祈り―紀州加太の淡島信仰―」を提出した。その中で、近世の『加太淡嶋神社文書』に拠って、諸藩家中の上層女性のための神社勧請を実証的に述べ、また各地の女性講の現況も報告した。(18) 菅原はこの後もいくつかアワシマ信仰に関する論文を発表しているが、近世以降のアワシマ信仰の展開は「淡島願人」に牽引されたもので、「子を産めない女、結婚できない女、病に冒された女など、《常識的モデルから外れた女性たち》を主要な対象とし」、これら「共同体社会では忌むべき存在であり、疎外の対象となった」(19) 女性たちを受け止め救済する信仰として、アワシマ信仰を結論付けている。

菅原は、広範囲かつ精力的なフィールドワークで、女性救済信仰としてのアワシマ信仰を実態的に浮き彫りにした。しかし、「淡島願人による俗信」という通念を所与の前提としており、柳田が触れた願人坊主等について言及していない。また、前近代の女性の産死や乳幼児死亡の実態を踏まえるならば(例えば、歴史人口学の方法で十八世紀上州の過去帳を分析した鬼頭宏の研究(20)から筆者が概算したところでは、女性は、初潮を迎えてから閉経するまで、おおよそ平均して八人の子を産み、その過程で半数の女性が命を落とし、産んだ子供が十六歳の成人に達するまで育つ割合もまた半数程度という、厳しいものであった)、アワシマ信仰の基盤には、周産期にある女性すべてが抱いた不妊・異常妊娠・難産・産死と、それらにつながる性病・婦人病への怖れ、その防護平癒への切実な祈りが存在したのであり、それは子安観音信仰などとも共通する普遍的なものである。

一方、文献史学の分野でも、アワシマ信仰の様相を復元する研究がいくつか提出された。まず近世史研究者の三尾功が、二〇〇三年「近世寺社の開帳について―紀州加太淡嶋社の場合―」において、『加太淡嶋神社文書』(同社所蔵)より、近世に同社がおこなった江戸出開帳について詳しく報告した。[21] また、原淳一郎が『近世寺社参詣の研究』において、大都市・江戸における大衆風俗として、淡島社堂参詣の流行の様相を、文化史の視点から紹介した。[22] これらに先立って、中世史研究者の伊藤正敏が一九九一年『中世後期の村落―紀伊国賀太荘の場合―』において、中世後期加太荘の信仰組織について述べる中で、葛城修験や周辺寺社勢力と加太淡嶋神社の関係に触れている。[23] それに関連して、小山靖憲が、一九九五年「備後国大田荘から高野山へ―年貢輸送のイデオロギー―」において、中世大田荘への粟島神社勧請について述べている。[24]

加太淡嶋神社については、二〇〇〇年『日本の神々―神社と聖地六　伊勢志摩伊賀紀伊』において、丸山顕徳が当時の民俗・歴史・神話学の知見を総合する形で紹介しつつ、未解決の論点をいくつか提示した。[25] その後、筆者が二〇〇六年に「「淡島願人」と修験―紀州加太淡嶋神社への信仰を巡って―」、次いで二〇〇九年に「淡島信仰の原像と歴史的展開」を提出した。[26]

以上の研究史を概観すると、柳田とその周辺では、縁起テキストとその唱導主体を軸にして、アワシマ信仰の原型的なものが、いかにして時間経過とともに変容していったのか、構造論的な関心が当初から共有されていたものと考えられる。しかし中山太郎説が、現在に至る影響力をもつこととなった。アワシマ信仰の実際は、卑俗な性風俗や女性ならではの悲劇を伴うものであり、男性研究者中心の学界で扱うのは難しい面もあったであろう。交通・知的情報インフラへのアクセス環境が劇的に発展した近年は、アワシマ信仰に関する議論も、広範なフィールドサーベイや史料操作を通じて、実態に即しておこなわれるようになってきた。こうした中から、海民の信仰、山伏の唱導、中世高野山領への勧請などの新たな見解や事実が提出されてきた。

雛祭り等の地域イベントとともに「女性のまつり・信仰」としてアワシマ信仰への関心も高まりつつある今日、今一度柳田の問題関心に立ち返り、アワシマ信仰とは何か再検討することには意義があろう。

二　本書の問題関心と調査研究方法

アワシマ信仰には、「アワシマ信仰とは何か」その性格付けをおこなう上で、多くの未解決の問題がある。

・アワシマ信仰は、日本史上において、アワシマ信仰という一個の独立した民間信仰として成立しているのか？　類似信仰を対照していくと、何か別種の上位構造をなす民間信仰があり、その下部のヴァリアントである可能性はないのか？

・アワシマ信仰とは、どういう人々が、どういう神に何を祈願する信仰なのか、女性救済信仰や海事守護信仰は、その中でどう位置付けられるのか？

・アワシマ・アワシマ神とは何のことか？　アワシマに淡島・粟島・阿波洲の三種の表記パターンがあること、アワシマ神として少彦名命、淡島大明神なる女神・本地虚空蔵菩薩、その他が存在することに、どういう意味と背景があるのか？

・「淡島願人」とは何者か、アワシマ信仰の勧化主体はどういう存在だったのか、俗縁起と加太淡嶋神社社伝縁起とは、どういう系統に属するのか、創作唱導したのは何者か?
・アワシマ信仰は加太淡嶋神社を本貫とするという。本貫神社を定めることは、アワシマ信仰の発生と展開のあり方、その中での加太淡嶋神社と他の本貫を主張する神社の位置付けの検証が必要であり、非常に重要な問題である。その根拠は何か?

これらの問いが意味するのは、結局のところ二点である。一つは、実際に日本の各地でどのような信仰としておこなわれてきた/いるのか、地域的特徴である。もう一つは、過去から現在にわたって、どのような信仰としておこなわれてきたのか、その歴史的変遷である。この二つを重ねて複合的に見ることで、個々の事例を共通の要素で体系化する脈絡が顕れ、その脈絡の時間軸最古の時点に歴史的起源が一致すれば、本質的な事柄と派生的な事柄との区別もつくはずである。筆者は、まずアワシマ信仰の分布実態等の地域的特徴を調査し、そこから歴史的変遷を辿るというプロセスで調査研究をおこなった。その手順は次のとおりである。

①全国各地に存在するアワシマ信仰の拠点について、さまざまな媒体や手段を通じて筆者が入手できるかぎりの情報を収集した。ある程度の数量件数を分析対象として担保しなければ、特定の傾向を有意なものと認めることはできないからである。そのようにして、五〇〇件近い全国淡島(粟島・阿波洲)神社(堂・閣)等の立地地点・祭神・創建伝承・祭礼行事・利生その他に関する情報データベースを作成し、現行民俗としてのアワシマ信仰の様相を把握した。
②データベース情報に基づき、量的分析から導かれる傾向の抽出と、その傾向を裏付ける具体的事例の検証をおこ

なった。同時に、先行研究が用いた史資料の読み返しをおこない、データベース情報から導かれる実態との比較検証をおこなった。

③この過程で、通説や先行研究結果を追認する結果が得られる一方で、それらが想定していなかった新たな疑問も浮上した。ここでアワシマ信仰研究は新たな、未踏の段階に入ったといえる。そこで論点を整理し、歴史学の方法で、アワシマ信仰の原像と歴史的展開について、考察を進めていった。

その際に、アワシマ信仰をどう歴史区分するのか、特にその起点をどう措定するのか、が問題となった。その解答は、民俗学から発展した民間信仰史研究の分野に見出せる。元来、柳田國男は歴史学として民俗学を構想していたといわれ、後に堀一郎が、柳田から多くの教示を得ながら、膨大な量の文献や民俗報告にあたって、『我が国民間信仰史の研究』を著した。さらに民俗学者の桜井徳太郎などが、柳田・堀等の意図を批判的に継承して「歴史民俗学」の概念と方法を確立しようとしてきた。(27) 民俗学が「民衆の生活・精神史」という歴史学が対象化してこなかった領域を対象化する一方で、歴史学は民俗学の超歴史性という問題を歴史学のテキスト批判や理論化の方法で克服していき、現在は民間信仰（民衆宗教・庶民信仰）の歴史の研究成果が豊かに提出されつつある。

歴史学の方法での民間信仰研究の先駆であり、かつ依然それを代表するものとして、一九八二年の高取正男『民間信仰史の研究』を筆者は挙げたい。同書は第一部において、古代における仏教受容が、いわゆる基層信仰・土着信仰にどういう変化をもたらしたかを、主に奈良時代および平安時代初期の文献資料に窺える民衆宗教の様相から解き、第二部では、非常民と常民、民間伝承等へのアプローチ方法について、いかにして歴史学が民俗学の提起を継承発展させるか、研究の方法論について述べている。(28) 同書以降、実態も史料も豊富な近世を中心に民間信仰史の研究が進展し、その蓄積が基盤になって、古代から現代までの民間信仰の様相を網羅した一九九四年『日本における民衆と宗教』(29)が刊行される等の成果が現れている。

高取の『民間信仰史の研究』が提出した重要な視点は、呪術や風習等の原始信仰・土着信仰が、古代において仏教をはじめとする外来の文化宗教との接触を契機に抽象化されて、神仏習合の状況が生じたことを起点として、民間信仰が成立したとする考え方である。すなわち民間信仰に、王権の仏教受容を起点とする歴史の発生を設定し、それ以前と区別したのである。古代の地方豪族は地域開発等の推進にあたって、より霊力の高いカミ(神)を求めて積極的に仏教を受容した。地域開発の進展に伴って生活世界が拡大するに従い、王権とその下位集団とのヒエラルヒー関係も拡大分化していったが、道教等の影響を受けて抽象化されつつ、王権神話自体にも現実の諸関係を反映して神々のヒエラルヒーが設定された。そうした階層性を包含する王権神話に、地域土着の信仰を結び付けようと、民衆の中からも働きかけがおこなわれた。従って民間信仰は初めから神仏習合である、と。

高取は、古代王権の始まりに時間的起点を与える神話および思想の体系に、民衆の土着信仰が包摂され、その時空間概念や祭儀のあり方等も王権のそれを中心とする状況と構造が出現したとする。このことを踏まえることによって、民衆信仰の形態をも、一貫性のある時間軸上における、その時々の政治経済社会の状況に裏付けられる担い手・受け手等の関係性のあり方の動態＝歴史として扱うことができる。同時に、それ以前のものと想定できる呪術や風習等を、便宜的に一括して「基層信仰」として扱っておくこともできる。

加太淡嶋神社の社伝縁起による信仰と、淡島願人によって唱導された俗信とは大きく異なっている。しかし同じ「アワシマ信仰」と呼称される以上は、共通の体系と構造が存在することが想像でき、仮説としてアワシマ信仰の原始信仰から、何らかのインパクトの受容を契機とする歴史的起点と思想が発生し、その展開過程からヴァリアントが生成されていったという道筋が考えられる。その動態をトレースする方法として筆者は高取に学び、古代の仏教受容および王権神話への土着信仰の再編、神仏習合状況の出現を、アワシマ信仰の歴史的起点として捉え、王権神話への地域社会の接近の働きかけの中に、アワシマ信仰展開の動力も同様に存在したものと、概念的に仮定した。

こうした方法による考究の結果、筆者が得た「アワシマ信仰とは何か」という問いへの答を、ここで要言しておきたい。

・アワシマ信仰は、海辺に暮らす人々の死生観に基づく、再生産の順調を願う信仰が土台にある。
・アワシマとは、海辺の人々の葬祭地となった地先小島の一般名称である。
・アワシマの自然崇拝に人格神像が付与された最初から、アワシマ神＝少彦名命と稚日女命《ワカヒルメノミコト》（大日孁貴命《オオヒルメノムチノミコト》）の二神があった。
・『古事記』『日本書紀』の国生み神話と、少彦名命の常世国への帰還に登場する「淡洲」が、少彦名命＝アワシマ神という観念の根拠となっている。
・『記紀』が少彦名命に与えた巫医療病・開拓農耕・醸造の神像は、薬師信仰との習合であり、アワシマ神＝少彦名命＝疫病療病神として山岳修行者が広めた。
・『正倉院文書』志摩国輸庸帳の「粟嶋神」が古文書では最古のアワシマ神記載で、『記紀』等に「稚日女命（大日孁貴命）」と記される。
・鎌倉後期に志摩粟嶋神は度会氏祖神に置換される一方、加太淡嶋神社にはアワシマ神＝少彦名命と稚日女命（大日孁貴命）の二神が並立した。室町期には本地虚空蔵菩薩説が真言系修験により唱えられた。

・戦国期に梅毒が伝来して以降、遊里の女性の救済信仰として俗信が始められたと思われる。同時に、庶民のイエの確立と女性役割の固定化、女系財産の存在を基盤に、観音講などの女性の信仰集団が成立し、そこに広く女性一代の守護神としてアワシマ信仰が受け入れられていった。

本書の構成は、第一章から第四章までが論考、第五章は事例編で各地の事例を報告している。それらの後に序章から第四章までの註釈をまとめて掲載している。最後に資料編を設け、淡島祭文等の全文と全国アワシマ神社祠堂一覧等を添付している。

第一章　アワシマ信仰の諸相

一　近世資料に見るアワシマ信仰

本節では、中山太郎が『住吉踊考―附・願人坊主考』[1]で、「鞍馬願人＝淡島願人、アワシマ信仰は元禄頃からの俗信」説を唱えた点を検証しつつ、関連する文献資料を重ねて見ていくことで、近世のアワシマ信仰の実像の復元を試みる。

1　俗縁起を巡って

右の中山の説は、「鞍馬願人（願人坊主）」の稼業に「淡島法楽」が記された「鞍馬寺大蔵院書上」（寛政二年〈一七九〇〉）[2]と、それとほぼ同時代の『続飛鳥川』[3]の記事とに基づいているが、中山がアワシマ信仰の史料初見（但し中山はこれを元禄頃の改版時に挿入と述べた）とする、天文二十一年（一五五二）成立の説話集『塵塚物語』[4]には、以下のように述べられている。

淡島由来之事

又近代民家の町をみるに、僧俗のわかちもみれぬもの、淡島の本縁をいひ立て、すゝめふれてありき侍る、その利生をきけハ、女人腰下のやまひにかきりたるやうにの、しれり、甚以ておかしき事也、されと、すこしハその処もなきにあらす、淡島といふハすくなひこのみこと也といへり、神代医術の御神也、くらまのゆき大明神、五條の天神、あはしまハ皆一体の神なるよし分明なり、志からハかならす女性のこしけにハかきるへからす、男女諸疾の平復をいのらんに、かならず利益あるへし、(後略)(引用にあたっては適宜、読点を補った。以下同じ)

俗信唱導者は戦国期に京・上方の町場に登場し、女性の「下の病」への利生を唱えて門付けしつつ徘徊する、半僧半俗の宗教者であったことがうかがえる。それに対して、『塵塚物語』の著者は、アワシマ神＝医薬神・少彦名神であり、あらゆる療病に利生がある、と批判している。

『塵塚物語』からおよそ百年後の、延宝五年(一六七七)頃に書かれたという古浄瑠璃『粟島大明神御縁起』(5)は、上方で大当たりをとった。その大筋は、主人公の住吉の長者嫡男・姫松丸が、加太淡島の竜女と夫婦になり邪道に堕ちたのを、紀ノ川北部の葛城山系を拠点とした修験道開祖・役行者の法力で住吉神の本地を顕し、淡島の竜女も法華経の功徳で仏身を得て、本地虚空蔵菩薩・淡島大明神として女人救済の神となる、という「本地もの」である。住吉神と淡島竜女の男女関係を描いていることから、俗縁起を踏まえて作られたことがうかがえるが、法華経埋納塚の巡礼を行とした葛城修験道の唱導色の強い作品である。作者の宇治加賀掾は古浄瑠璃を革新し、近松門左衛門や竹本義太夫らの近世浄瑠璃に道を拓いたことで知られるが、和歌山城下の宇治の人で、他に『女人即身成仏記』という法華経による女人救済をモティーフとする狂言も書いている。

竜女については、法華経普門品などには最も邪悪な人敵の例とされる異類の竜蛇の娘でも、法華経への信仰により成仏したという、法華経序品にある『竜女成仏』伝承を踏まえている。法華経は老若男女を問わず仏に救済されると説く大乗仏教の根本経典として、特に天台宗で重んじられた。葛城修験第一宿序品に充てられる友ヶ島の、深蛇ヶ池と神島の竜蛇生息伝承も[6]、同経にちなむものである。邪悪な異類の竜女と契る邪道を犯したために転落し、それを機に娑婆苦の修行を経験することで、神としての資質を獲得し、行者の媒介によって竜女ともども本地仏の正体を顕現する、という物語は、室町期の説経節『小栗判官』に先例がある。

『粟島大明神御縁起』の大当たり以後、「粟島もの」といわれる狂言が次々に作られていった[7]。それ以外でも俗縁起がエピソードに取り入れられた例がある。正徳年間（一七一一～一六）成立とされる『沢辺の蛍』下の巻「鞍馬山姉弟杉の段[8]」がそれで、主人公牛若丸と浄瑠璃姫の恋路の邪魔者を鞍馬の天狗僧正が池に投げ込むと、「粟島の本地は虚空蔵大菩薩」が現れるくだりがある。前後の文脈からすると唐突な登場なのだが、人々はすでに鞍馬願人と粟島神の関係を知っていたので、こうした表現が可能だったのではないだろうか。

一方、アワシマ俗縁起は下世話な性風俗とも結び付いて人口に膾炙していた。天和二年（一六八二）の井原西鶴『好色一代男[9]』には、巻三「口舌の事ふれ」の県巫女を口説き落とし、ことに及ぼうとする場面で、「みる程うつくしく、あは嶋殿の若《もし》も妹かと思はれて」という記述があり、巻四「火神鳴の雲がくれ」では、泉州佐野から紀北加太までの漁師町では、男が他国出漁中、女は娘から人妻まで売色するのを黙認されていると記した後、「夕暮はあわ嶋の女神おもひやり」と、粟島大明神に懸けてそれらの女性にうつつを抜かした様を描いている。加太の現地風俗は『好色具合[10]』にも記されているが、フロイスが驚いた放恣なまでの日本社会の性解放ぶりは、特に漁村に限られたものではなかった。

宝永七年（一七一〇）の声曲集『松の落葉[11]』第五巻三十の詞章「加太の淡嶋」は、「加太の淡島を、えいえいえいな、何と云うてまた拝むえ、君と寝釈迦を、えいえいえいな、云うてまた拝むよえ、抱いたら締めたらさ、猶よかろえ」と、女性あるいは女性器をアワシマと呼んでいたことを伝えている。アワシマを女性器の隠語とするのは、今日でも東北地方などで見られることである。

享保(一七一六〜三六)頃成立の新内浄瑠璃『傾城音羽滝』(12)には、「かたじけなくも紀州名草の郡加太淡島大明神のゆらいをくわしくたづねたてまつるに」という口上が留められている。その詞章は、ほぼ同時期の随筆『続飛鳥川』に採録されているとおりである。

天照皇大神宮第六番目の姫君にて渡り給ふ、御年十六歳の春の頃、住吉一の后そなはらせ給ふ、神の御身にも、うるさい病をうけさせ給ふ。綾の巻物、十二の神楽をとりそへ、うつろ船にのせ、さかひは七度の浜より流され給ふ。あくる三月三日淡島に着給ふ。巻物をとり出し、ひな形をきざませ給ふ。ひな遊びのはじまり、丑寅の御方は、針そしまつにせぬ供養、御本地は徳一まんこくぞう、紀州なぎらの郡加太淡島大明神、身体堅固の願い折針をやる。

住吉妃神という神像については、『傾城音羽滝』では「天照大神より第三番目の姫宮、針才女と申し奉る神の御身なり」と述べており、他にもヴァリアントがある。

近世のアワシマ唱導で用いられた節付祭文の詞章の、完全な採録史料は見つかっていない。昭和二十八年に香川県で細川敏太郎が採録した祭文は、「御年十七の時に縁づかれ。不幸にも十八歳の時白血長血の病を患い遊ばされ。住吉様母御前に御殿のけがれになるで離縁をせられ。…」とストーリー性をもった長い詞章であるが、残念ながら途中を省略している。[13]

参考に、筆者が入手した詞章資料を二点紹介する。一点は神戸近郊、有馬温泉北に位置する淡河町の粟嶋神社に伝わるもので、昭和五年に社殿を新築した際、文字資料としてまとめられたものの写しである。天正（一五七三〜九二）頃の疫病を鎮めた神と伝わっている。あとの一点は前橋市前箱田町「淡島様和讃」で、現在もおこなわれている女性の二十二夜講の際、二十二夜様和讃とともに唱えているもので、同町ウェブサイト『前箱田町のホームページ』に詞章が掲載されている。なお、延享二年（一七四五）『賢女心化粧』[14]には、俗縁起のパロディーがつづられており、本編の全貌を想像させる。巻末資料編を参照されたい。

①神戸市北区淡河町野瀬　粟嶋神社（祭神　少彦名命）

播州野瀬村粟嶋大明神縁起

抑々粟嶋大明神と申し奉るは天照皇大神宮第六の御妹君にて、十六の御年住吉大明神の御后宮にそなはらせ玉ひしにや、最も尊き御身にも欲界下生の習にやむいの苦脳をしめしたまひ、白血長血の病をうけたまひしより、うるさくや思召しけん、三月三日に拍（ママ）のうツろ舟にのせ、あやの巻物神楽の太鼓を相そへ、さかい七度の浜よりながされたまう、七日七夜経て紀州名草郡加田の浦に御舟とゞまりたまう、しるしより御社を加田粟嶋大明神とあがめ奉る、我を信ぜば白血長血乃至下部の諸病をいやし、男女妹背の縁を守らんと誓ひたまひしより、もろ〳〵の願をかけ奉るに霊験あらずと云ふことなし、委しくは加田の縁起にみえたり、茲にすぎにし天正の頃、播州一円に白血長血の病はやり諸人大いに苦しむ、（中略）諸願成就息災延命何うたがひかあるべき、

②群馬県前箱田町　二十二夜講（本尊　稲荷神社境内　石仏如意輪観音）

淡島様和讃

帰命頂礼、伊勢の国、大神宮の妹御に春姫様と申せしは。十三才の、明けの春。女子の危を、初に見て、十六才にて、鉄奨をつけ。住吉様へと、御縁談。上十五日、永血なり。下十五日が、白血なり。長血白血の、病にて。御山を汚した、そのとがで。粟のみ舟に、乗せられて。紀州渚へ、流されて。紀州渚の加太の浦。加太で、淡島大明神。月の三日や十三日。二十三日が、御縁日。老いも若きも、諸共に。女人と定まる、その人は。如何なる血方の病でも。救い取るとの、御請願

続けて、アワシマ俗縁起の類似例を参考に挙げておく。正徳五年『広益俗説弁』[15]に採られた蚕養神社・蚕影神社縁起は、「俗説に云、欽明天皇の御宇、天竺旧仲国霖夷大王の女子を金色女といふ。継母にくみて、うつほぶねにのせてながすに、日本常陸国豊良湊につく。所の漁人ひろいたすけしに、程なく姫病死し、其霊化して蚕となる。是、日本にて蚕食の始なり」と、ほぼ物語構造は同じである。同書中の「大隅正八幡宮縁起俗伝」では、高貴な姫君が性的な欠陥・逸脱を理由に、うつろ船に乗せて流される話が見える。[16]近代に採録されたものでは、熊本県八代地方の伝承「牡丹長者」[17]、高知県宿毛市沖ノ島の「鴨姫神社縁起」[18]が同様のパターンである。高貴な息女が継母や義母にいじめられる試練を経て、発心成道する物語は、平安期以来の仏教説話パターンという。[19]明和八年（一七七一）成立の随筆『難波噺』[20]巻之二、九月二十七日の記事には、「うつぼぶねといふ事ハ禁中にておきてにて、罪有官女などを此舟にのせて流す事なりと」と、当座の食物等とともに四面塞いだ船に乗せて海に流し、自然と漂着するまで触れてはならないとする刑罰があったという聞き書きが残るが、真偽は定かでない。

芝居や門付けを通じて俗縁起信仰が広められたのに対して、『塵塚物語』『人倫訓蒙図彙』[21]『広益俗説弁』などの啓蒙書や、平田篤胤『志津の岩屋』[22]は、アワシマ神は少彦名命であり、婦人病に限らず病全般を癒すと批判した。十九世紀初の『紀伊名所図会』[23]巻之一は、

> 則ち少彦名命にてぞまし〳〵ける。（中略）ことには此御神、医薬の祖神にましますに、皇后前に妊娠の御身にて、遠征あらせたまひしかば、山瘴海気の毒つみて、御分神の後、遂に赤白の帯下にいたく悩ませたまひける程に、（中略）御祈願なし給ふに、（中略）御不予立処に平癒あらせ給ふ。

と、社伝に婦人病への利生があると述べているが、俗縁起の人気ぶりに、付会したのではないかと思う。それに対して、近世の国学者をはじめとする知識人にとっては、「アワシマ神＝少彦名命」が常識であり、俗縁起の流行や性風俗化に対しては眉をひそめていた、と受け止めることができそうである。

2　「淡島願人」について

柳田國男が『毛坊主考』の中で述べた「願人坊主」について、『難波噺』巻之五には、次のような記述がある。

> 七化の事、是願人坊主也。京都鞍馬大蔵院の下当地小頭〔長町七丁目〕槙の坊次第○住吉踊〔三月朔日より六月晦日迄〕○鶴の足〔夏の間〕○施餓鬼〔七月朔日より同月晦日迄〕○寒垢離〔三十日の間〕○淡嶋○庚申○鐘の緒○縫仏〔以上時なし〕

願人坊主による住吉踊り（『絵本御伽品鏡』国立国会図書館蔵）

大坂の非人垣外・長町の「槙の坊」という願人小頭は、「七化け」と名づけられるほど、信仰に事寄せて大道芸や代参などさまざまな稼業をしていた中に、季節を問わない稼業として「淡嶋」勧進があったことが分かる。

この願人坊主＝鞍馬願人について、安永五年～寛政七年（一七七六～九五）に成立した『譚海』[24]巻十四によれば、「○願人の総頭は京鞍馬山大蔵院也。江戸にては右の支配手遠にて、事行かぬる故、東叡山へ御頼みにて、願人支配有」と、京上方は天台宗鞍馬寺大蔵院が、江戸では天台宗東叡山寛永寺が支配したと記されている。

以下、吉田伸之によれば[25]、願人坊主＝鞍馬願人は、源義経奥州下向の際、義経から兵法を伝授された鞍馬坊人に始まるとの由緒をもち、中世末までに全国に広がり、大蔵院裁許を得て一国の願人支配に当たる組頭が多数いたが、延暦寺焼き討ち以後衰退し、鞍馬寺も貧寺となって諸国の願人を支配しきれなくなったという。三都の願人は、関八州と大坂の触頭の下、組に編成されて組頭以下に統括され、独自のヒエラルヒーと掟を持つ組織であった。鑑札を受けての、当局の監督下にある業務独占営業であり、無断の弟子入り・弟子取りや廃業には懲罰が課されていた。いずれも細民街に住んでいたようだ。

五来重は、近世の淡島願人について、慶長十一年（一六〇六）幕命により高野聖の真言密教一斉帰入がおこなわれ、高野聖の中で都市の鞍馬願人＝願人坊主に身を投じた者達が、住吉踊りや淡島の代参などをおこなうようになったという[26]。

『鞍馬寺大蔵院願人関係文書』中の各種檀那帳（いずれも文化十一年〈一八一四〉）によれば、京・上方の鞍馬願人は、紀伊・大和・丹波・丹後・和泉・摂津・播磨・三河・美濃・備中・備後の各地に檀那をもっていた[27]。

『祠曹雑職』[28]に採録された延享元年（一七四四）に触頭が発した「掟」の条文「本山当山ノ修験羽黒方等混雑ハ勿論、門中ノ暇ヲ取弟子入不仕候様、可取計事」からうかがえるように、願人から修験に転じる者が多かったようである。

柳田國男が『毛坊主考』で引いた延享元年の京都町奉行への書上には、鞍馬願人の稼業として、天台宗祈願加持札守秘符勧進、毘沙門天結願代参、日踊法楽、御籤卜占、諸経修行、荒神釜〆勧進、大念仏修行、水行、灌仏会指出、閻王指出、淡嶋法楽勧進、施餓鬼指出、大山不動梵天、毘沙門天八体仏御配勧進の一四種が挙げられているが、このとき、卜占や仏像・閻王像指出は奉行所から規制され廃止している。寛文十二年（一六七二）十一月の「大坂住宅組仲間覚」[29]では、「鞍馬願人仕候大法ハ正月鞍馬之札配り、年中諸檀那日待月待祈禱、鉦た丶き、諸寺社代参、四月より六月迄住吉代参日踊勧進、七月施餓鬼之勧進、仏子勧□□、き鉦ヲ掛ケ参講中勧進、何種か者□□□絵馬書之勧進、鉢た丶き之勧進」、天保十三年（一八四二）三月「鞍馬下願人由緒状」[30]では「（一）正月鞍馬毘沙門天の札配り勧進、（二）毎年二月七日迄金比羅代参勧進、（三）毎年四月六日迄住吉代参踊勧進、（四）秋葉大権現祈禱大難除けの寒垢離勧進、（五）庚申代待ち」の五種のほか、年中おこなうものとして「日待ち、月待ちの祈禱、施餓鬼、鉦たたき、諸寺社代参」が鞍馬願人の稼業として列挙されているが、「淡嶋法楽勧進」は寛文・天保年間の稼業書上には見当たらない。

『賢女心化粧』[31]に登場する「粟嶋の勧進」は、京都悲田院の非人垣外に転がり込んだ欠落者夫婦の、妻は大黒、夫は「あわしま殿にて身を過る」とある、その日暮らしであった。天保年間（一八三〇～四四）の奉行所記録『山本復讐記』をほとんど口語体に直しただけといわれる森鷗外の歴史小説『護持院原の敵討』[32]には、主人公の一人が、旅宿の主人の計らいでわずかの期間、「淡島の神主になった。…淡島の神主と云うのは、神社で神に仕えるものではない。胸に小さい宮を懸けて、それに紅で縫った括猿などを吊り下げ、手に鈴を振って歩く乞食である」といううくだりがある。『諸国風俗問状答』[33]の中の『備後国品治郡風俗問状答』には、「穢多乞食在々に小家に居候、…女は粟島とて小き祠のごとき物を持、歌をうたひ又は四つ竹とて竹二枚を合せうちて、古言を五七文句に作りうたひ」と、乞食勧進の一種として、女性のアワシマが巡回した様子を示す。大島建彦の報告によれば、延享四年（一七四四）、備前国桐山村の源六という青年が、「淡島願人」として諸国を巡回中、伊豆国沼津で行き倒れて供養された塚が、上香貫淡島神社の始めということで[34]、「淡島願人」の拠点の一つが備前に存在した可能性を思わせる。

以上の例から見ても、「あわしまの勧進」は、師弟筋が明確な鞍馬願人の排他独占的稼業ではなかったといえそうである。いずれにも共通するのは、遍歴しつつ祈禱や芸能をおこなう対価として小銭を得て、日々を細々と生きる底辺の民衆の姿である。遊里に門付けして住吉妃神の悲劇を語る者は、遊女と隣り合う世界に生きる者であった。

3 加太淡嶋神社の三都出開帳

戦国期に加太荘は、隣の木本荘とともに雑賀一揆に加わり、秀吉軍の焼き討ちに遭っている。加太淡嶋神社もその際焼けたが、いち早く禁制を取り付け、徳川の世では特に三代紀伊藩主頼宣の篤い庇護を受けた。女性救済信仰としてのアワシマ信仰は、加太淡嶋神社自身による三都出開帳によって、ブーム的様相の出現に拍車がかけられたようである。

『加太淡嶋神社文書』（同社所蔵）を研究した三尾功によれば[35]、加太淡嶋神社は、近世に四度、江戸・京都・大坂の三都で出開帳をしている。出開帳や新たな神仏勧請は社寺には大きな収入源であり、それゆえに寺社奉行の裁許を要し、多大な準備と費用が必要であった。以下の論述は概ね三尾の研究に拠る。

最初の出開帳は享保十三年（一七二八）京都伏見稲荷社、次に明和三年（一七六六）江戸浅草寺で各六十日間、三度目は寛政十二年（一八〇〇）大坂天満天神社で五十日間、最後は天保九年（一八三八）江戸回向院で六十日間おこなった。江戸浅草寺での出開帳では、神社側の一団が品川宿に至ったあたりから見物人が集まり、総勢一〇〇〇人近い大パレードで江戸入りする歓迎ぶりだったという。出開帳の評判と紀州藩の後押しを受けて、各藩の分霊勧請も相次いだ。『加太淡嶋神社文書』（同社所蔵）には、宝暦八年（一七五八）備前岡山徳與寺入江、文化元年（一八〇四）上州前橋八崎村、文化十二年但州竹田町諏訪明神境内、文政十一年（一八二八）紀州藩江戸屋敷への分霊勧請記録が残っている。[36]これらは藩邸の奥方を筆頭に、上臈に属する女性たちの要請が背後にあったようである。

とはいえ、最初の伏見の出開帳に関して、京都に住した本島知辰は「（享保十三年〈一七二八〉三月）○加太淡島神像虚空蔵菩薩の由、但し神輿に乗せ御調垂てありて不分明、但し加多粟島とは別也」（『月堂見聞集』[37]巻之二十）と述べている。三尾は「加多粟島とは別也」とは、本尊虚空蔵菩薩が淡嶋神社の神体とは異なるという意味にとっているが、「加太淡島」と「加多粟島」と書き分けていることは要注意である。紀伊国海部郡下津町方（現地通称、加茂谷）の粟島神社も、景行天皇代の創建と、アワシマ信仰の本貫を主張しており、伊勢国度会郡加多近郷の粟島明神も一部で存在が知られていた。事実、安永七年（一七七八）にも出開帳は計画されたが、加太淡嶋神社側は、「万一加茂谷ノ事相調候へハ、是ハ百年目、無是非事ニ候」と心配している。結局諸事情で中止しているが、本貫比定は当時もセンシティブな問題だったのである。

鳴り物入りの大パレードで迎えられた第二回出開帳は、元禄時代に設けられたという浅草寺境内淡島堂でおこなわれたが、意外にも不評であった。三尾によれば、湯島天神下の城某という人物から「淡島尊神之儀ニ付、古説と俗説と相違之儀有之疑惑仕候」と以下の質問状が出されている。

淡島明神者、神代巻ヲ按ルニ、高皇産霊命ノ子少彦名命神ニシテ男神也、然ルニ今也住吉ノ后陰神也ト、然者日本書紀ノ説ハ偽説ナルヤ、其詳論ヲ聞ン、淡嶋ノ神ハ唯一神ナルヘシ、然ルニ今也本地仏ヲ立上ルハ、両部習合歟、少彦名命ノ本地虚空蔵菩薩トイフ、所縁イカナルヘクヤ、（後略）

これへの回答は史料が欠落しているというが、藩上屋敷役人の書状にも「御開帳不評判ニ而候」「此度開帳神前虚空前言立之儀ニ付、悪敷様ニ取沙汰も有之様ニ相聞」と、不評の理由が虚空蔵菩薩をアワシマ神の本地仏としていることにあるのを指摘している。

幕末におこなわれた最後の回向院での出開帳は、人気役者の市川団十郎らを御守り売りに依頼したり、着飾った男女が回向院に向かう華やかな様子を歌川国貞に浮世絵に描かせたりして、大評判となった。今で言えばアイドルやマスコミを動員して多くの参詣者を集めたのであるが、このときの詳しい記録が『藤岡屋日記』二巻(38)にあり、神社側は神功皇后の海難を少彦名命が救う社伝縁起を、勇躍する活劇物語として語っている。

4 「腰から下の病」について

ところで、アワシマ神(39)の利生をうたう、「白血長血の病」などの女性の「腰から下の病」とは何であろうか。十世紀編纂の『和名類聚抄』十巻本「疾病部」に、「長血　小品方云婦人長血（奈賀知又有白血）」と、また十二世紀の『伊呂波字類抄(40)』にも「長血　ナカチ」と登場しており、妊娠中や月経時以外に膣や子宮から出る分泌物である「帯下」がいつまでも続き、血が混じっているものを長血（赤帯下）、無色透明なものを白血（白帯下）と呼んだ。いずれも膣・子宮の炎症や腫瘍、月経異常など婦人科疾患の兆候であり、東洋医学では古くから認識され、薬物治療もおこなわれている。慶長十三年（一六〇八）曲直瀬玄朔『薬性能毒(41)』には、「阿膠　女人の血の痛みに、血枯れて崩漏し、白血長血を煩うに、肺熱をさまし、乾きを潤し、陰血を補い、大腸を調う」、同じく「黄柏　五臓腸胃の内のむすぼれ熱に、黄疸に、血まじりたるしぼり腹に、熱のあるさはらに、はしり痔に、白血長血に、悪虫を殺す」とあり、熟知された病であったことが分かる。

これらの婦人科疾患は現代でも多くの女性を悩ませているが、伝染性ではない。流行病、しかも天文・天正頃に流行した病とは何か。『日本疾病史』『日本災異志(42)』を分析した浜田潔が、十六世紀に流行した病気を、「麻疹・痘瘡・流行性感冒・その他」の順で挙げている(43)。戦国期には採録史料件数が少なく、遺漏が多いと断りつつ、伝染病の発生頻度は十六世紀から十七世紀はむしろ低く、飢饉との相関が低かった時期と見られるともいう。中世末から近世初頭は人口が増加しており、従来は婚姻率の上昇によって理由が説明されてきたが、伝染病頻度の低下による死亡率低下の可能性も指摘している。

このように、比較的に伝染病の流行が少なかったと考えられている戦国—近世初期に、人々が初めて経験した流行病を想定するなら、痘瘡の類と捉えられた梅毒＝「唐瘡」がそれとして考えられる。以下は『日本疾病史』の「疫病」「痘瘡」の項を下敷きに述べる。

かつて医家は別として庶民の多くは、今日いう天然痘以外も、皮膚表面に水疱（疱）や硬結（痘）、血膿やかさぶた（瘡）ができる病気を一括して「もかさ（裳瘡）」＝痘瘡の類と認識していたといい、特に天然痘は、初期に皮膚に血疱や紅斑を生じるので、梅毒と間違えられやすかった。梅毒は性交を主として皮膚・粘膜の傷口から感染し、感染三週間から三カ月の初期には、陰部に無痛性の塊ができ、やがて膿を出すようになるが、すぐに消える。この頃、股関節のリンパ節が腫れ、「横根」「横痃」と呼ばれる。その後は三カ年にわたりリンパ節の腫れや発熱、紅梅の蕾のような発疹が出て、また症状が消えて潜伏する。根治しない限り、病態を変えながら已むことなく進行する病気である。痘瘡＝天然痘と、唐瘡＝梅毒とが区別され、梅毒感染が粘膜接触による伝染病と断ぜられるには、文化年間（一八〇四〜一八）の橋本伯寿『断毒論』[44]をまたねばならなかった。

京都在住の医師・竹田秀慶の『月海録』[45]には、「永正九年（一五一二）壬申、人民多有瘡、…謂之唐瘡、琉球瘡」とあり、また歌人・三条西実隆の同年の歌日記『再昌草』[46]には、「四月二十四日　道堅法師、唐瘡をわづらふよし申したりしに」とあり、この頃すでに京都市中には唐瘡＝梅毒患者が出ていたことが分かる。平戸・長崎・熊本・堺の港から上陸した梅毒が、またたく間に全国に広がったことは、ルイス・フロイスが天正十三年（一五八五）にまとめた『ヨーロッパ文化と日本文化』[47]で、「われわれの間では人が横痃（＝梅毒）に罹ったら、それは不潔なこと、破廉恥なことである。日本では、男も女もそれを普通のこととして、少しも恥じない」と書いていることで明らかである。なおフロイスは同書で、日本は女性の処女性が重視されず、何度離婚や妊娠堕胎をしても、社会的に問題はなく、男性が娼妓を買うことも問題ではないと、驚きを込めて書き送っている。しかしヨーロッパでも梅毒流行は猖獗を極め、北米大陸原住民の激減も、ヨーロッパからもたらされた梅毒が主因といわれている。[48]

宝暦年中（一七五一〜六四）に諸国遊学した永富独嘯庵の『漫遊雑記』[49]には、「予諸国ヲ経歴セシ内、肥前長崎或ハ京大坂江戸ナド如キ都会繁華ノ地ハ十人ニ八、九人ハ此病ヲ病」とあり、その後杉田玄白も文化七年（一八一〇）『形影夜話』[50]で、半世紀にわたる医家生活で、毎年診た患者千人のうち七、八百人が梅毒だったと嘆いている。猖獗を極めた感のある梅毒の流行はしかし、港町や宿場町、三都など都市に偏っており、しかも社会階層下位になるほど罹患率が高かったという。農村も含めた社会全体に性病が蔓延するのは、近世の身分規制が崩壊した近代になってからのようだ。[51]

『日本疾病史』によれば、元禄年間（一六八八～一七〇四）の香月牛山撰『小児必用養育草』[52]に、近頃、神棚に疱瘡神を祀るようになった、それは住吉大神で、疱瘡は新羅の国より来る神で、神功皇后の新羅遠征を守った神だからとある。「瘡」毒は女性の血に生じ、ことに唐瘡は娼妓の乱倫交接によって血中に生じる毒が原因と考えられた。[53]この「女性の血毒」という概念は、日本史上に綿々と続く「女人不浄」「女人血穢」等の思想に連なる根深いものである。

このように見ると、天文二十一年（一五五二）の『塵塚物語』の記事の当時、京・上方の最近の出来事として正体不明の新たな疫病＝「唐瘡」が流行しだし、女性の血毒由来の病と考えられていたところ、妊婦の身でその感染源の地に遠征に赴き、凱旋勝利した上に無事出産した神功皇后にあやかるべく、その守護神であった医薬神・少彦名命を、「女人腰下の病にあわしまさま」と言い立てたという経緯も考えられる。

古くは「江口の君」に代表されるように、天正十三年に制度的に遊女が都市の一郭に集められるまで、遊女の多くは港町で旅客を誘うものであった。梅毒がほとんど港町に限って発生した当初は、遊女の淫毒が原因と考えられ、港町では感染拡大を怖れて、死を待つ者や屍骸を舟に載せて海に流すこともあったであろう。治る見込みのない、見たこともない症状を呈する病人を、海中に島流しにする慣習は古くからあり、そのことを伝える最古の記事は『日本書紀』推古天皇二十年（六一二）に見られる。百済より来た者に白斑があったので、「若有白癩者乎。悪其異於人欲棄海中嶋」と、「海中嶋に棄てんと欲」したという。[54]見送る遊女たちも明日は我が身であった。神功皇后はいつしか、住吉妃神に置き換えられ、それが、うつろ舟にて流し棄てられたという語りになったのだろうか。アワシマの俗縁起の祭文を聞いた遊女等は「かりにも無常は知らず、されど粟嶋の勧進には惜しげ無う包んで投げ」（『好色具合』）たという。「かれが口上、一から十皆誤りなれども、それを糾す者なし。女の身にとりては、第一気の毒の病を守り給うといえば、愚かなる心から惜しげ無く取らする也」（『人倫訓蒙図彙』）。

以上見たように、アワシマ信仰は近世に「淡島願人」の俗縁起唱導によって、女性救済神としての加太淡島大明神や、その本地である虚空蔵菩薩信仰とあいまって隆盛したという言説は、同時代の人々自身によって、ずっと疑問視され続けていたことが分かった。しかし遊里での門付けや芝居興行の中では、下世話で濃厚な要素をもつ俗縁起は、女性たちの心中の沈殿を掬い取り、大いに人気を博し、流行が定着して近代以降にも底流をなしたといえるのかもしれない。とはいえ、少彦名命をアワシマ神とする観念は、本当に知識人の脳裏にのみ存在したのだろうか。次に、全国のアワシマ神社・祠堂等での信仰の実際を見る中で、前近代よりの継承等を辿ることとする。

二　アワシマ信仰の現況

一国の民間信仰のあり方を、少数の事例から共通点を抽出することで論じるのは難しく、可能な限り広範囲から多種多量のサンプルを収集して、信仰の様相を実態的に検証すべきである。そこで筆者は、刊本史料、神社庁ウェブサイト、地図等、可能な限りの方法で、淡（粟）島（嶋・洲）神社（堂・閣）の全国各地の現存状況を調べた。路傍の石像や小祠等として祀られているものなど、所在や形態がなお明らかでないものが多数あると思われるが、所在地と現存が

表１　全国アワシマ神社祠堂総括表

	総計	立地		祭祀形態				祭神		
		沿海	内陸	本殿祭神	神社境内	寺院境内	石像等	少彦名命	淡島神	その他
東北	47	10	37	22	10	10	5	24	21	2
関東	120	26	94	53	48	16	3	87	31	2
中部	61	27	34	38	16	6	1	42	13	6
近畿	71	18	53	29	32	10	0	42	21	8
中国	61	31	30	23	21	17	0	39	20	2
四国	38	25	13	15	13	10	0	29	8	1
九州	90	47	43	41	32	12	5	66	23	1
合計	488	184	304	221	172	81	14	329	137	22

確認できたもの四八八件(二〇〇八年三月作成、二〇一四年六月追加修正)について、そこを拠点におこなわれている行事や信仰対象等を調べ、その全般的傾向について次項1でまとめた(都道府県別集計と個票は、巻末の資料編を参照)。

明治期の宗教再編で、基本的にそれ以前とはかなり様変わりしており、現在も刻々と合祀や新たな勧請等がおこなわれているアワシマ信仰の社堂について、完全なリストを作成することは不可能であり、暫定的にならざるをえないが、数量分析に堪える件数と判断してこれで集計した。そこから特徴的な事項を抽出して、顕著な事例をまとめたのが2である。これらのうちのいくつかについて、第五章で現地調査報告をおこなっているので、参照されたい。

1　アワシマ神社祠堂の一般的傾向

(1)立地特性

まず立地地域の傾向については、表1に示したように、関東・九州・近畿・中国の順で多い。地方の人口分布状況に件数が比例すると考えると、さほど偏りはないように見えるが、それでも東北・中部は少ない。都道府県別には、福岡県の四二件を筆頭に、茨城・兵庫・千葉・福島・岡山の各県が二〇件台、広島・京都・群馬・東京・熊本が二〇件弱見られ、これら一一都府県で二五五件(五二%)と半数を占める一方、岩手・山形・宮城・山梨・福井・岐阜・滋賀・奈良・鳥取の各県は二、三件ずつで、九県あわせて二三件しか見られない。このように、立地分布に地域的偏りがある。前節で見た鞍馬寺大蔵院文書中の鞍馬願人地方檀那帳にある国(紀伊・大和・丹波・丹後・和泉・摂津・播磨・三河・美濃・備中・備後＝和歌山・奈良・京都・大阪・兵庫・愛知・岐阜・岡山・広島)と対照すると、近世の鞍馬願人の活動圏＝現在のアワシマ神社多数立地圏ではないということができる。

立地点を沿海(海岸線より五km以内)と内陸に分けてみたところ、沿海立地が全体の四割に達し、中国・四国・九州で多い。県別では、千葉・静岡・広島・山口・愛媛・福岡・大分・長崎の各県では、半数以上からすべてが沿海立地である。これら八県で沿海立地事例の四六%に達する。このことは、アワシマ信仰の特徴として非常に重要であり、海を基盤とする生活体系の中でその性格を捉えうる。

また、祭祀形態について、境内と社殿をもつ神社建築物の本殿主祭神として祀られているものと、他の神仏の社寺境内の祠堂や石像・画軸・屋敷神の形で祀られているものとに分類比較すると、神社本殿主祭神が四五%を占め、他の神社の境内社祠堂が三六%、寺院境内が一七%、その他二%で、神社本殿主祭神が半数近くを占めている。土地占有と信者組織による恒常的な奉仕を伴い、地域共同体が代々尊崇していなければ存続しえない神社本殿主祭神としての祭祀が、半数近くを占める事実は、注目に値する。本殿・祠堂型のいずれも市街地に比較的多く立地しているが、中でも近世の廻船港町や城下町、街道筋といった海陸交通の要地への立地が目立つ(弘前市・男鹿市・酒田市・銚子市・横須賀市・沼津市・舞鶴市・浜田市・下関市・門司区・唐津市等)。境内社祠堂は九州・近畿・関東で多いが、立地件数の多い都府県では境内社祠堂が多く、つまりこれらが数値を押し上げている。境内社祠堂は、関東を主とする大都市の有力社寺境内への勧請例が目につく(笠間稲荷・富岡八幡宮・浅草寺・三島大社等)。

(2)利生

利生について、現在はほぼ例外なく、女性の安産・婦人病および性病平癒・縁結び・裁縫上達の守護と、男女問わぬ諸病平癒の神として信仰されている。利生の共通性から、東北地方などでは、在来の男根崇拝など性神信仰と結び付いて、良縁・子授け・健康祈願等で、木彫男根像を奉納する例も見られる(青森市・盛岡市・いわき市)。寺院境内に勧請されている例などでは聖観音(二臂半跏の如意輪観音)信仰との並祀も見られる(前橋市・銚子市・高砂市・阿南市等)。女性講による俗縁起・淡島明神への信仰は、幕末から近代にかけて勧請と判明している例に見られ、おおむね在来の性神信仰や如意輪観音信仰がベースにある。如意輪観音は十五世紀に到来した偽経『血盆経』に基づく「十九夜講」や「二十二夜講」本尊である(詳細は次節)。

臨沿海地では、豊漁祈願・航海安全などの海事守護神としても勧請・信仰されているが、漁港には別途、豊漁を祈願する恵比寿神・事代主命、航海守護を祈願する住吉・金比羅・宗像三女神等が祀られていることが多く、アワシマ神とこれらを区別する意識が存在する。

(3)祭神

判明している範囲では、「少彦名命」を祭神とする社堂が六割強、少彦名命のことか判然としない「淡(粟)島神(明神)」が三割弱で、これらで九割を占める。後者には少彦名命のことを指しているものが半数程度あると考えれば、全体の八割程度が少彦名命を祭神としていることになり、「少彦名命＝アワシマ神」と呼んでよい。明治の神仏分離・廃仏毀釈以前には、住吉妃神の粟島明神がもっと多く、少彦名命に置き換えられたのではないかという推測も成り立つが、少彦名命を祭神とする神社は、薬師如来を本尊とする寺院と並立していた傾向があり、神仏分離時に、薬師堂と神社を分け、神社の祭神を少彦名命とした例が一般的である。不分明な由緒に対して、辞典的解説を援用して祭神少彦名命・本地虚空蔵菩薩とした例は見かけたが、住吉妃神を少彦名命に置換したことを史料で実証的に確認できる例は、筆者の記憶の範疇にはない。ちなみに筆者調べでは、「少彦名命は女神である」とする例も含めて、明らかにアワシマ女神を祀っている例は二一例である。明治期の廃仏毀釈・神社再編時に徹底的に破壊された地域もあろうから、この数値だけで結論を出すのは危険だが、近世知識人の「アワシマ神とは少彦名命のこと」という言説は、かなりの程度、実態を反映していたといえるだろう。

少彦名命あるいはアワシマ神が薬師如来（菩薩）と混淆している例は、薬師如来を本尊とする寺院の摂末祠堂となっている例をあわせると（松戸市・京都市下京区・岡山市・愛媛県川内町・福岡県朝倉市等）、全体の一割を超える。後に詳述するとおり、少彦名命は療病を教えた神という謂れから、薬師如来の垂迹とする考えは早くから見られた。また、磐座・巨石・丸石信仰を伴う例もある（福島県保原町・旭市・大洲市・門司区奥田等）。岩石は、神功皇后の酒讃歌にも「磐立たす少御神の」と枕詞のように冠せられ、古来、少彦名命の憑坐・神霊の顕現そのものとみなされている。

(4) 創建時期・伝承

多くは近世以降と伝えるが、それ以前とするものが一割近くあり、表2に、それらのうち比較的創建経緯が明瞭な伝承をもつものを、伝承年代順にまとめてみた。最古の創建伝承をもつのは、米子市彦名町の粟嶋神社と大阪市住吉

表２　近世以前創建伝承をもつ事例（所在地は平成の市町村合併以前の表記）

世紀	所在地	名称	創建伝承年	創建年代伝承
8	大分県宇佐市長洲	長洲粟島神社	天平12年(740)	当初蔵王権現・金峰神社と称す。文久年間粟島神社と改称。
9	青森県中津軽郡相馬村	淡島神社	大同２年(807)	坂上田村麿勧請と伝。
10	和歌山県和歌山市加太	加太淡嶋神社	10世紀以前	延喜式神名帳「加太神社」『扶桑略記』に「粟島明神」。
	三重県伊勢市二見町松下他	神前神社同座社許母利神社・粟皇子神社・伊射波神社	10世紀以前	祭神粟島坐神御魂『正倉院文書輸庸帳』に「粟島神」。延喜式神名帳を延喜式「粟島坐三座・伊射波神社」。神前神社・粟皇子神社は『皇大神宮儀式帳』に有。
12	福岡県北九州市門司区奥田	淡島神社	六条帝代(1165～68)	紀州加太淡島神社より勧請と伝。
13	福島県いわき市勿来町四沢向	粟島神社	寛元元年(1243)	宮司祖先秋元左右衛門紀州加太より勧請と伝。
	茨城県行方市麻生町新宮	淡島神社	正元元年(1259)	紀州加太淡島神社から平塚氏祖先が勧請と伝。
	和歌山県海草郡下津町方	粟島神社	文永年間(1270頃)	景行天皇代潟硯浦にあったが、現在地に遷座と伝。
14	広島県世羅郡甲山町甲山	粟島神社	康暦２年(1380)以前	安養院鎮守として勧請。年刻石鳥居あり。
	大分県南海部郡米水津村小浦	粟嶋神社	延文２年(1357年)	豊後水道で暴風雨に遭った懐良親王軍の渡辺信重が祈願し無事に漂着した場所に建立と伝。
15	京都府京都市下京区三軒替地町	宗徳寺粟島堂	応永年間(1394～1428)	紀伊加太から勧請と伝。
	福岡県福津市福間町有南	粟島神社	応永23年(1416)	同時期熊野権現勧請と伝。
	石川県能美郡川北町一つ屋	壱ツ箭粟島神社	文明年間(1469～87)	明治12年神社明細帳に記載。
16	青森県南津軽郡藤崎町水木	淡島神社	永正17年(1520)	水木村民の今市右衛門が勧請と伝。
	福島県原町市大甕	粟島神社	天文年間(1532～55)	相馬氏家臣佐藤家守護神として日祭神社境内に勧請と伝、のち弘化４年(1847)現地に遷座。
	兵庫県神戸市北区淡河町野瀬	粟嶋神社	天文７年(1538)	白血長血の流行病平癒のため加太より勧請と伝。
17	静岡県清水市淡島町	淡島神社	慶長年間(1596～1615)	境内の大楠は樹齢１千年以上といわれ、市指定天然記念物「虚空蔵さんのクス」。
	兵庫県篠山市魚屋町	粟島神社	慶長15年(1610)頃	願人の一団が巡回と伝。
	愛知県豊川市小田渕町	淡洲神社	元和９年(1623)	正暦年中(990～95)大江定基、少彦明神を祀る。郷士佐竹清四郎淡洲大明神を合祀と伝。

区の生根神社（淡島神として少彦名命を祀る）で、前者は『記紀』に登場する少彦名命往還の地、後者は神功皇后凱旋時の少彦名命奉祭社というが、創建時期に関する客観的傍証史料を欠く。

近世に加太淡嶋神社と本貫問題があった加茂谷＝和歌山県海草郡下津町方の粟島神社は景行天皇代、青森県中津軽郡相馬村の淡島神社は大同年間（八〇六〜一〇）坂上田村麿創建という伝承をもつが、これらも同様に傍証史料を欠く。大分県宇佐市の長洲粟島神社は、先に大島建彦が漁業・航海守護神と紹介しており、文久年間（一八六一〜六四）まで熊野神社であったという。結局、『延喜式神名帳』を遡る客観史料のある淡（粟）島神社は存在しないということになり、それに該当するのは、加太淡嶋神社を示す「加太神社」と、「粟島坐神御魂」を祀る「志摩国粟島坐神社（三座）」である。

⑸勧請主体・経緯

「元禄頃、淡島願人の俗縁起唱導により勧請」という通説を、史実として実証できる事例は、ほぼ皆無であり、「創建時期・経緯は不明だが、淡島信仰とは、元禄頃、住吉妃神の俗縁起を携えた淡島願人という人々が…」と、一般論を自社堂の由緒として説明している例はいくつか見られる。次に通説と異なる、かつ特徴的な創建経緯の伝承をもつ例を、一部紹介しよう。

【大分県南海部郡米水津村粟嶋神社】

延文二年（一三五七）、南朝の懐良親王が九州遠征途上に嵐に遭い漂流した際、同船の渡辺某が紀州粟島神社に祈念したところ、同地に漂着し、親王が報恩のため和歌山県下津町方の粟島神社を勧請したと伝わる。主に十八世紀以降、米水津村粟嶋神社には紀州からの出漁等で移入・逗留した氏子記録が数多く残り、一方、下津町方粟島神社には米水津村からの灯籠や鳥居の寄進記録が残っている。両社は中世以来、漁業・航海安全守護神として長く尊崇を集めるとする。

【兵庫県丹波市春日町棚原浄土宗浄円寺境内粟嶋神社】

宝暦四年（一七五四）、志摩国一宮粟島坐伊射波宮の祭神・粟島坐神御魂を勧請して創建と伝わる。同寺は近世まで天台宗。

【千葉県安房郡富浦町西方寺境内淡島堂】

享保年間（一七一六〜三六）、紀州移民の勧請とされているが、次のような縁起をもつ。弘法大師が高野山開基のとき、友ヶ嶋で護摩を修し寿命延長を祈禱した。しかしこの島に淡嶋大明神（少彦名命・本地薬師如来と神功皇后・本地観音菩薩）が鎮座するのは衆生の利益も少なかろうと、高野山北谷照光院に奉持した。元禄九年（一六九六）浄土宗に移し、奈良・大坂・堺で出開帳をおこない、正徳三年（一七一三）江戸浅草寺にて六十日間開帳し、その後諸所で勧請し、三縁山の源流寺に遷奉した。さらに西方寺に留めるべしとの託宣があり、当山に勧請したという。

【山形県酒田市日吉町海向寺境内粟島水月観音堂】

文化十一年（一八一四）、湯殿山の鉄門海上人が越後の粟島で在地有力者の妻女の病を治し、そのお礼に同家の霊石粟島様を貰い受け、霊石は秘して水月観音を拝み仏とする観音堂を建立。倉敷市玉島陶の粟島神社は、明治二十七年、この粟島様を勧請。

2　全国データからの傾向

全国に現存するアワシマ神社祠堂の現況からは、辞典類に解説されるとおりの信仰の様相が把握できるとともに、これまで述べられることのなかった特徴を見出すことができた。すなわち、①アワシマ神＝少彦名命が大勢を占める、②少彦名命信仰の特徴である磐座・海岸岩礁・山岳を神体とする信仰や、薬師如来・菩薩との習合信仰が見られる、③海岸岩礁地帯や古くからの港町に立地している例が多い、④「女性救済信仰」の面を強調したあり方は、近世中期から近代に勧請した例に目立ち、在来の性神信仰や聖観音信仰をベースにしている、の諸点である。

ここで新たに浮かんだ傾向について、大まかな分析を述べておく。「大まかな」というのは、実証的に検証するならば、個別事例について史料・現地調査をおこない、ロジックを組み立てていく緻密な作業を要するからだが、本書の問題関心からはいささかはずれる点もあるので、ある程度の作業でいえる範疇に留める。

⑴少彦名命信仰との関係

国内には少彦名命を主祭神とする神社が多く存在する。では少彦名命信仰＝アワシマ信仰なのだろうか。少彦名命を祀る神社の代表的なものは、薬問屋の町として知られる大阪・道修町の「神農さん」と親しまれる少彦名神社である。その他に、温泉地の温泉神社・薬師神社などがある。これらがアワシマ系社堂立地圏と重複するのか否か、その点を検証するために、少彦名命を主祭神とする神社を、『神社名鑑』『式内社調査報告』および全国都道府県神社庁ウェブサイト等をもとに可能な限り抽出し、アワシマ系社堂との比較をおこなった。

便宜上、①アワシマ系以外で、②少彦名命のみを、あるいは大己貴命・少彦名命を祭神とし、かつ名称に薬師や医王・温泉や湯を標榜している神社を「薬師系神社」に分類、③それ以外で、少彦名命のみを、あるいは大己貴命・少彦名命二神を主祭神、その他諸神を陪神とする神社を「少彦系神社」に分類し、立地分布状況の概略を調べた。少彦名命を祀る神社は多いとはいえず、例えば『神社名鑑』掲載社数のうち三％にすぎない。これもすべてを網羅してい

表３　少彦名命神社３タイプ比較表

地方	アワシマ系	少彦系	薬師系	計
東北	47	42	110	199
関東	120	31	113	264
中部	61	105	28	194
近畿	71	54	4	129
中国・四国	99	45	9	153
九州	90	16	7	113
合計	488	293	271	1052

るとはいえないが、総体的な傾向を見る上で、大きな遺漏はないと判断する。「アワシマ系」「少彦系」「薬師系」三タイプの都道府県別資料から、地方別に大括し比較したのが表3である。なお、この分析のもとになったデータベースは、本書の趣旨からアワシマ神社祠堂のもののみを巻末に付する。

【全般的傾向】

便宜上、中国・四国地方を一括し、地方別の立地件数の比較をおこなったところ、関東→東北→中部→中国・四国→近畿→九州の順で多く、量だけでいえば「東高西低」の傾向を示す。関東は「アワシマ系」「薬師系」の件数がともに最多である。東北は関東に次いで「薬師系」が、中部は全国一「少彦系」が多く立地している。

「少彦系」神社は、式内社をはじめ、十世紀以前の創建伝承をもつ古社が半数近い。これは、少彦名命を祀る神社信仰は古い信仰であることを意味し、数は少ないが一ノ宮やそれに匹敵するような名社も多い。例えば、山形県の出羽三山湯殿山神社、茨城県の大洗磯前・酒列磯前神社、長野県の木曽御嶽神社、三重県の伊賀国一ノ宮・敢国神社、京都府の鞍馬由岐神社や因幡堂・五条天神などである。

【各地方に優勢な少彦名命信仰】

各地方において、少彦名命信仰の三タイプのいずれが優勢かを見ると、東北では「薬師系」が優勢である。関東は古社が多い「少彦系」が少なく、中部では三タイプのうち「少彦系」が総数の五割以上を占めて突出して多い。近畿は他地方に比べ、少彦名命神社そのものが少ない中で、「アワシマ系」の割合が高い。中国・四国の傾向は、近畿と同様である。九州では、三タイプのうち「アワシマ系」が八割を占め、九州における少彦名命信仰とはすなわちアワシマ信仰といってよい。「薬師系」は関東・東北に突出して多く、総数の八割を占め、この二地方に特有な信仰タイプといってよい。

【各都道府県に優勢な少彦名命信仰】

さらに表3のベース資料から特徴的な点を挙げておく。①富山・石川・福井の北陸三県は、「アワシマ系」「少彦系」「薬師系」いずれもが集中する「少彦名命信仰圏」である、②西日本の日本海沿岸および兵庫・大阪・滋賀・奈良・三重各府県は、比較的式内社「少彦系」神社が優勢、このエリアは「アワシマ系」が希薄、③東北四県に薬師神社が、栃木県に温泉神社が多数集中している。

このように、同じ少彦名命を祀る信仰であっても、北陸三県はいずれの神社タイプも集中する「少彦名命信仰圏」というべき様相を呈し、東北および北関東は薬師神社・温泉神社に特化され、関東―東海の太平洋側と中国四国の瀬戸内側および九州地方、すなわち黒潮沿岸域はアワシマ信仰が優勢、西日本の日本海側および近畿は、式内社など古い少彦名命奉祭神社が優勢と、かなり明確な「棲み分け」が存在している。

⑵薬師・磐座信仰との関係

アワシマ神＝少彦名命が薬師如来(菩薩)と習合している事例は、境内に神霊が降臨憑依したという岩石・岩礁等を伴い、その背景に、薬師信仰を奉じる地方修験が介在したことを想像させる事例が少なくない。

修験の関与については、柳田國男が天台系修験に近い鞍馬願人との関係を示唆したことや、加太淡嶋神社現地への踏査に基づく大島建彦の言及に見られるように、研究史上においても注意が払われてきた。そこで筆者が作成した全国データを、全国の修験霊山霊場に関する論集叢書である『山岳宗教史研究叢書』(55)の成果と重ね合わせ、アワシマ系社寺の分布と修験道の関係を検討してみた。なお、以下で修験霊山のテリトリーと表現しているのは、第一にはその霊山と山麓地帯にあって山を遥拝する等の信仰がある、第二には霊山を本尊・神体とする寺院・神社の氏子・祭礼圏である、第三にはその寺社の山伏が祈禱や護符配札・初穂徴収等に定期巡回する、という地域を示す意味で使っている。

【東北地方】

青森市油川浪岸の淡島神社は、熊野神社と近接している。孫内淡島神社等、青森県内のアワシマ系社寺は、霊石・霊山信仰を伴い、岩木山修験の除虫護符配札範囲と一致し、秋田県内も男鹿修験ならびに保呂羽山修験のテリトリーである。山形県のそれは羽黒修験の拠点社寺にある。岩手・宮城県は不明であるが、福島県は伊達郡の霊山をはじめとする県内の修験のテリトリーといえる。東北のアワシマ系社寺については、出羽三山などの地方修験と関係しつつ、奥州・羽州街道等に沿って分布している構図が比較的明瞭である。

他にも、ユネスコ無形文化遺産にもなった東北の代表的な山伏神楽「早池峰神楽」(十四世紀成立)には、淡島命と蛭子命の二人組が修行の旅をするが、怠け者ぶりを見限られた淡島命が、一転して修行に励み、「淡島大明神」に出世する演目があるという(56)。

【関東地方】

茨城県内では、境内に粟嶋神社がある桜川市の五所駒滝神社が筑波山修験の拠点である。筑波山系の加波山を拠点

下妻市大園木淡島神社の護符（下妻市ふるさと博物館『下妻の裁縫所』1998掲載）

とする修験は文化年間（一八〇四～一八）以降、教線拡大している。下妻市大園木の淡島神社は、同社北側にあった修験別当福寿院が、少彦名神（淡島神）の護符を配っていた。栃木県内事例は、関東天台系修験の有力霊山である那須・日光修験のテリトリーにある。その他の都県については、三峰山・御嶽山などの霊山があるが、市街地の有力社寺境内に勧請されているのが特徴で、近世には世界一の大都市圏であった関八州らしく、多様な勧請・建立経緯である。

【中部地方】

太平洋側・東海道筋に多く見られるが、富士・浅間山修験のテリトリーといえる。山梨・長野・岐阜県には立地件数そのものが少ない。新潟県中部は妙高山や魚沼修験、富山・石川・福井の三県の事例は、立山修験や石動・二上山のテリトリーにある。「少彦名命信仰圏」である北陸三県についても、立山・白山・石動修験等との関係の中で捉えられよう。

富山県の医王山修験の存在も無視できない。医王山は、養老三年（七一九）に、白山・立山を拓いた泰澄が入山し、薬草が多いことから、唐の育王山にちなんで育王仙と名づけたとされる。養老六年、元正天皇の病に際し、泰澄がこの山の薬草を献上したところ快癒、泰澄に神融法師の称号を賜わるとともに、育王仙は医王山と命名されたという。中世には白山・立山・石動山と並んで北陸の修験道場の一大拠点として隆盛し、四八カ寺・約三千坊あったとあり、全国医王権現・医王神社の本山であった。文明十三年（一四八一）に瑞泉寺一向宗の門徒との戦いに敗れ、全山が焼き払われたという。国見平に医王山権現堂が復活して残っている。「越中売薬」のルーツである。明治の神仏分離・修験道廃止令によって医王権現・本地薬師如来は少彦名命に置き換えられた。北陸三県の少彦名命祭神社の多さは、これによっても理由の一端が説明できよう。

【近畿地方】

丹波・但馬・播磨地方に多く立地しているが、丹波の峰定寺や播磨の伽耶院・南光坊・円教寺などの天台系修験、有馬温泉近辺の湯泉寺・石峰寺といった真言系修験のテリトリーと一致している。宍粟市一宮町横山神社のように、山伏伝承をもつ事例も存在する。(57)

【中国・四国地方】

岡山県は真言系寺院の境内に勧請されているアワシマ系社堂や祠が多いが、美作市の後山が修験霊山であり、倉敷市の熊野五流本拠地も存在するなど、県内に純修験寺院・修験系密教寺院が多数存在する。広島県は世羅郡甲山町甲山に中世から粟島神社が存在しているが、他に『芸藩通志』(58)に戦国期頃、宮島の大聖院塔頭東泉坊が薬師堂を併設して粟島神社を鎮守としたとある。現地伝承によれば、宮島にある神社がすべて厳島神社の方向を向いているのに対して、この粟島神社だけ別方向を向いており、当初から別格であった可能性が示唆されている。四国については、八十八カ所霊場寺院境内に勧請されているものが多い。中国・四国地方は高野山系真言密教寺院の修験との関わりが強いが、四国随一の霊山・石鎚山のテリトリーには意外に少なく、西予の大洲市近辺に磐座信仰と結びついて立地している例が目立つ。

【九州地方】

福岡県に多くのアワシマ祠堂が見られる点については、菅原が、当山派修験の中核寺院であった伊勢市の世義寺や英彦山修験に関係する県内の修験寺院が明治時代に勧化活動をおこなっていたことを報告している(59)。英彦山と佐賀県背振山に挟まれた谷筋に多く見られる点も、両山修験の活動が関係するだろう。九州は近世、旧薩摩藩と島原の天領以外は、山地の修験系社寺が里で活発に活動しており、九州のアワシマ系社寺の多さを説明する背景として数えることができよう。

元来は現地調査・史料調査を個別におこなって、神仏分離・廃仏毀釈・修験道廃止令以前の習合状況を可能なかぎり復元して論じるべきであるが、それ自体が日本宗教文化史の一大課題である。概観に留めるが、それでもアワシマ信仰の背景に、古くからの山岳信仰や修験道の影響をうかがうことができる。一つ気付くのは、アワシマ神・少彦名命信仰が薬師・温泉と結び付いている例は、修験道の霊山霊場でもあるところが多いことで、特に東北ではその様相が濃厚である。少彦名命信仰は薬師修法を行じる山岳修行者・修験者(山伏)が奉じたものであることは間違いない。全国の山岳霊場寺院・神社における少彦名命・薬師如来奉祭の実態と歴史は、日本の習合信仰史を解明していくためにも、今後究明すべき重要な課題である。

修験道は、古神道と共通する磐座信仰や禊、籠行などの修行体系の上に、密教の曼荼羅国土観を重ね合わせて仏教化した習合信仰であり、既存の仏教経典や神道教説に独自の教説や思想を優越させるものではない。また、天台系・真言系(近世の本山派・当山派)への所属意識はあっても、密教的思想教説については教派の別を言い立てる風はあまり見られず、当地に即して神や本尊仏を尊拝するため、存在が見えにくい面がある。(60) 織豊政権に弾圧された天台宗傘下の修験寺院は、戦国期に曹洞宗寺院になった例が多いようであるし、ことに明治の神仏分離・修験道廃止令以後は、存在自体を抹殺されたため、山伏が担った勧化活動を辿ることは難しい。

とはいえ、中世・近世に諸国の山伏が、加太淡嶋神社別当で葛城修験第一宿の伽陀寺に入峰しており、伽陀寺別当であった向井家に伝わる古文書によると、近世にも聖護院末の関東・東北・北陸等の修験寺院が伽陀寺入峰と奉加銀納入をおこない、伽陀寺に伝わる印紋を配札勧化しているので、葛城修験の行場でもある加太淡嶋神社に参詣した諸国山伏が、自らの本拠地で勧化したことも考えられる。

(3) 粟島女神像と血盆経信仰

少彦名命信仰とは全く異なる、粟穂を手に持った粟島明神の女神石像や神功皇后像に似た木像を崇拝する、俗縁起信仰の形跡もいくつかの地域で見出せている(伊達市・須賀川市・白河市・銚子市・前橋市・高砂市・阿南市等)。その多くは幕末から近代にかけての年刻があり、如意輪観音(二臂半跏像)の石像が奉納されているのと同じ寺社境内かその近くに、粟島女神石像が地面にじかに造立されているか、小堂・小祠に石像・木像が納められているかである。淡島女神石像の例は第五章二を参照していただきたい。

房総半島・北関東・南東北地方一帯には、血盆経(61)に基づき「十九夜講」「二十二夜講」「二十三夜講」の女人講中が奉納した如意輪観音(聖観音)像が多々見られる。血盆経とは、十世紀以後に中国で成立した偽経で、月経や出産で流す血が大地と水を汚すので、その不浄ゆえに女性は死後、「血の池地獄」(血盆池)に堕ちることを説く短文の仏教経典である。仏弟子の目連尊者への獄主(または仏)からの教えとして、血盆斎を営んで、僧を請じて血盆経を転読すれば、血盆池中に蓮華が生じて、罪人が救われると説く。十五世紀に日本に到来し、千葉県我孫子市には、血盆経信仰を近世中期頃から積極的に唱導勧化した拠点寺院の正泉寺(曹洞宗)があり、先述の地域に女人講や石像が現在も多く残るのは、同寺関連の活動の名残と考えられる。その産む性ゆえの罪業から女人を救済するのが如意輪観音であり、毎月十九日・二十二日・二十三日に、日中に集まって共同祈禱したのち茶話会をおこなう「日待ち」、夜明かしする「月待ち」をおこなったという。縁結びや安産などの現世利益はアワシマさまに、死後の救済は聖観音さまに、ということのようだ。

正泉寺より早く、室町期頃から血盆経信仰を始めたと推測される立山については、『今昔物語集』に女性の立山地獄への堕獄についての説話があるとおり(62)、古くから同地を女人罪業・救済と結び付ける観念があった。近世には山麓の芦峅寺と岩峅寺の衆徒達が、各地で護符配札などの勧化活動をする際、女性に対して血盆経の納経を勧めたという。北陸三県は先に見たとおり、古くからの少彦名命信仰が優勢であったようで、明治の神仏分離・廃仏毀釈時に薬師仏が少彦名命に置き換えられた過程があったというが、その頃に血盆経信仰も廃れたのかもしれない。

こうした女性救済の民間信仰が戦国期に芽生えて近世に盛んになった背景として、一般的にいわれるのは、庶民に至るまで個人のイエが形成される中で、女性の地位と役割がイエの跡取りの産育に狭められ、不妊への社会的圧力が高まったことである。それに加えて、性病の問題は看過できないものがあるが、もう一つ加えるなら、庶民女性が自由にできる時間と財産を獲得して、女人講を維持できたという要素を見逃してはならない。

大方、幕末からの粟島女神像が伝来する地域は、古来有数の養蚕・紡績地帯である。「かかあ天下とからっ風」で知られる上州は、桑畑をはじめ、養蚕紡織関係のモノやカネが女系の財産であったらしいことは、網野善彦等が紹介しているとおりであり、「かかあ天下」の謂いも女性の財力を背景とする社会的発言力を表している。なぜアワシマ

千葉県銚子市川福寺の聖観音像

熊本市中央区本覚寺の木造淡島大明神像

社堂で針供養がおこなわれるか、布きれを「あわしまさん」に託すのか、裁縫上達を祈願するのかは、女の領域である桑畑以下一切の「糸へん」を守る神だから、と説明できよう（第五章「二　近代養蚕地帯のアワシマ信仰—群馬・福島県の事例—」に詳述）。

「糸へん」関係だけでなく、魚介類や海藻を採取する「藻場」「干潟」「岩場」等の沿岸漁場のテリトリーも、海女の女系に相続されていたことは、民俗学や人類学等の研究によって夙に知られている。アワシマ社堂の分布が比較的密に見られる房総半島の、南端に位置する白浜町から千倉町にかけては、近年まで海女の潜水漁がおこなわれていた。男性の海士とは別の、海女に伝承される漁場や技術があったという[63]。四方を海に囲まれた日本列島では潜水漁が盛んにおこなわれ、たいていの漁業地域には見られたといってよい。後述するとおり、最古のアワシマ信仰を伝える紀伊半島東端の志摩伊射波神社と西端の紀伊加太淡嶋神社がある地域は、どちらも古代に天皇の食事を献上した「御食《みけ》地」で、アワビや海藻等を海女（潜女＝かづきめ）が採取奉納していた。加太淡嶋神社の社伝縁起の主人公・神功皇后は、「息長氏」といういかにも潜水漁に関わりがありそうな名前の氏族の長であり、若狭・角奴賀（敦賀）における地祇の海神と応神天皇の易名儀礼は、海神をいただく地域勢力の信任儀礼といわれている。(64)西日本の沿岸部には、惟喬親王に起源を求める木地師のように、神功皇后の「鮎占」「浮鯛伝説」にちなむ系譜を自称する漁労民が近代まで存在したのをはじめ、女性の頭上運搬その他、海村の習俗や伝承の起源を神功皇后に求める例は非常に多い。

潜水漁は常に死や事故と隣り合わせの危険なものであり、少しでも危険から身を遠ざけようと、死穢や血穢に対する禁忌や規制が強く、観音信仰等も熱心である。アワシマの代参勧進が集めたという女性の形代の髪の毛や古布片は、「船霊《ふなだま》」として新船建造の際に船の大事な部分に籠めておくものと同じであり、その際、薬師十二神将にちなんで十二文銭を一緒に入れることがあり、船霊籠めの儀礼は主として山伏がおこなっていたという。石を産のお守りにするというのも、漁村ではしばしば見られた習俗である。アワシマ信仰の基盤として、こうした海辺の女性の労働・生活と、それらに密着した山伏や巫女の活動を想定することは重要である。

とはいえ、海辺の潜水漁地域に必ずアワシマ社堂があるわけではないので、その地に固有の条件を問うべきである。房総半島の場合は、近世に加太淡嶋神社のある加太浦の人々をはじめ、紀伊半島の海民が組織的に出漁定着し、開拓した経緯があるが、海女さん達には、先んじて聖観音講のほうが定着していたようである。(65)

3 小括

以上を一般化していえば、アワシマ信仰の現状について、社祠堂という地域共同体財産を持てるほどに、地域共同体において正統性を持ちえたアワシマ信仰と、観音信仰や血盆経信仰などの先行する救済信仰に寄生する形で存在しえているアワシマ信仰とが存在する、といえよう。

前者は少彦名命を祭神とするもので、大方がこれである。少彦名命を祭神とする神社は十世紀編纂の『延喜式神名帳』に記載のある古社が多く、アワシマ社堂も含めて海辺や山岳への立地が顕著であり、少彦名命信仰の特徴である磐座信仰や、薬師信仰との習合も見られる。これらは山岳修験との関連が想定できる。

後者は俗縁起の粟島女神信仰であり、今日の通念としてあるアワシマ信仰の要素を端的に目に見せるものである。女系の財産や地域組織を背景に、近世以来の血盆経信仰隆盛とともに、女性のセクシャリティとジェンダーを巡る救済をもたらすものとして浸透した。後者の例として筆者が捉えた事例の他に、小像・画軸・懸仏等を本尊に、他の神仏の拝殿や堂・公民館・地域集会所・個人宅等で、「淡島講」をおこなっている地域が存在している可能性がある。別の言い方をすると、地域の聖なる公共空間として可視化されたアワシマ信仰と、不可視のアワシマ信仰が存在している、といえるかもしれない。

民俗学が言及したのは後者の様相であるが、正統信仰というべき前者については、ほぼ顧慮されていなかった。そこで、次章以下で、アワシマの原義をはじめ、基層信仰レベルに遡って、アワシマ信仰の歴史構造を明らかにしていく。

第二章　アワシマ信仰と少彦名命

一　アワシマ神少彦名命

1　アワシマとは

前章で見たとおり、天文年間(一五三二〜五五)の『塵塚物語』以来、アワシマ神は少彦名命のこととする言説が一貫してあったのに対し、折口信夫は、

国学者の中にも、粟島即、すくなひこな説を離さぬ人があるが、恐らく此二者の混合は、すくなひこなが医薬の神であり、又、粟に弾かれて来た粟と言ふ関連がある為であつたらう。すくなひこなの外に、アワシマ神のあることは、『記紀』を覗けば、容易に訣る。住吉明神の后同様、やはり海に流されてゐる。いざなぎのみこと・いざなみのみことの最初にお生みになつたのが、此アワシマ神で、次が有名な蛭子神であつた。

と、アワシマ神＝少彦名命説は国学的言辞と批判している。(1) 確かに『古事記』『日本書紀』神代記の伊耶那岐・伊耶

那美二神は国生みの際、「淡洲」を生んでいるが、国土のうちに数えることからは除外されている。

そもそもアワシマとは何のことか。「アハ」という古語は「アハヒ(間、どちらかはっきりしない状態)」「アフ(逢・会・遭・合等)」の、領域境界の謂いに関わる語である。「淡」と「粟」について、『角川大字源』によると「淡」(訓アワ・アハ)という漢字の成り立ちは、「水+炎」で、水面に太陽光が当たって水煙が炎のように揺らめくさまという。その意味するところは、「濃」の反対の、ぼやけている・かすか・わずか・うすい等の意味で抽象概念である。「粟」(訓アワ・アハ・モミ)は穀物の実に外皮が付いた状態、穀物の総称、五穀の一つイネ科アワの意味で物質概念である。

アハ(アワ)からの転化であるアヲについて、佐竹昭広『万葉集抜書』(岩波書店、一九八〇年)によれば、色を表す古語はアカ・アヲ・シロ・クロの四つしかなく、シロ・クロは光が最大値とゼロの状態、アカ・アヲは、生命力が最大の状態がアカで、ゼロの状態すなわち死の色がアヲだそうだ。なぜ「死」の色が「間」を表す語と同じなのか? おそらく、古代日本人にとって死は「完全停止・終わり」ではなく、転生までの中間状態だからである。

また、「シマ」とは、『和名抄』によると「海中の山＝嶋」で、「洲」と同義同訓である。但し、「洲」には国・中洲の意もあり、「シマ」には領域、俗にいう縄張りという意味もある。「淡洲」「粟島」どちらの漢字表記からも、「粟粒ほどに小さい、用をなさない、境界がはっきりしない、死に関わる島あるいは水辺の陸地空間領域」という一般的な意味を捉えることができる。

外間守善は、琉球王朝正史『中山世鑑』(2)(一六〇五年)冒頭「琉球開闢之事」に「荒神ト申スハ海神也。(中略)ワウニ出現シ給ケル間、俗ニワウノミヲヤダイリトハ申ス也」とあることから、天地開闢に関わった海神「アラ神」が海の「ワウ」(オー)を足がかりに出現したと述べ、アマ・アラ・アハ・アオ・オフ・オー等が付く海岸地名が右のような葬祭地であったと推測している。[3] 沖縄では本島南辺海岸沿いの地先小島である奥武島(オウシマ)がすぐに思い浮かぶが、外間は本土に見られるアラ地名の集中箇所として伊勢志摩を取り上げており、加布良古明神が立地する安楽島(アラシマ)、神前神社の祭神名の荒崎(アラサキ)も、さらに伊勢皇大神宮内宮で天照大神の荒御魂(アラミタマ)を祀る第一別宮・荒祭宮(アラマツリノミヤ)もアラ神に関係するという。筆者は、「アハ(アワ)」すなわち「死」から転生したばかりの、生命力が猛々しく横溢し、人を害することもある状態を「アラ」と呼ぶのではないかと思う。

谷川健一はこうした議論を整理して、これらの地先小島や海岸洞穴は、祖霊や神霊が海上他界から折節に往還する足がかりになる他界との境界であり、かつ接点となる地と述べているが、[4] 極めて重要な指摘である。高取正男は、『日本霊異記』中巻第一話に見える紀伊国海部郡椒抄奥ノ島や、友ヶ島四島の沖ノ島を、こうした「聖所(Holly Place)としてタブー視された場所」として挙げている。[5] くだんの『日本霊異記』の説話とは、長屋王が誅殺され、その屍骸の骨だけ土佐国に流したところ、土地の百姓が多数死んだために、天皇が皇都に近づけるために、長屋王の骨を椒抄奥ノ島(現在の和歌山県有田市初島沖合奥ノ島)に移し葬り直した、というものである。[6]

このような死生観・世界観を背景として、少彦名・大己貴命が海岸洞穴に鎮座するという認識が歌にも詠まれた。「大汝　少彦名の　いましけむ　志都の岩屋は　幾夜経ぬらむ」(『万葉集』巻三―三五五)である。両神がともに洞穴に鎮座する、と認識されていることに注目したい。洞穴は神霊や祖霊がそこに籠って霊力を鎮撫し、かつ増幅させる場といえるであろう。すなわち折口信夫がいう「みたまのふゆ」[7] がおこなわれる場である。「静の窟屋」とされる洞穴はいくつかあるが、島根県太田市静間町の漁港近くのものは、幅一五m、奥行四〇m、高さ一三mの巨大な袋状海食洞穴である。

『記紀』編纂時期の八世紀に近い時期の、古墳時代後期の海・湖岸葬祭地遺跡には、三浦半島南側五〇カ所の海蝕

宮崎市青島
（宮崎市観光パンフレットより）

鳥取市青島遺跡
（鳥取市教委広報資料より）

洞穴遺跡、紀伊田辺市の磯間岩陰遺跡などがある。横穴式古墳全盛期に、それには目もくれずに、海上・海中他界を己が魂の故郷として還ることを望む人々の集団があったということである。(8) 地先小島の葬祭遺跡例としては、鳥取市の湖山池中の青島遺跡（古墳時代前期）、長崎県時津町前島遺跡（古墳時代）などがあり、地先小島のうち、伏椀型のものは「海の神奈備山」と呼ばれ、古くから神社が設けられている例も多い。米子市彦名粟嶋神社、宮崎市青島神社（旧淡島神社）、長浜市琵琶湖竹生島大弁才天、佐世保市船越淡島神社、沼津市内浦淡島弁財天、串本町潮御崎神社、尾鷲市曽根飛鳥神社などである。

まとめると、アワシマとは、多くはリアス式海岸の岩礁・洞穴・地先小島を伴う場所で、海辺・水辺に住まう人々の葬祭地として使われ、神霊・祖霊が海上他界と人里を往還する足がかりになった場所である。すなわち、人里には近いが、人の居住地にはならない岩礁や小さな島で、葬祭地として用いられ、それゆえに「この世」と「あの世」の境界として、祖霊や神霊が来臨する特別な神聖性を獲得した地である。そして、その地に関わる自然神が原初的なアワシマ神と考えられよう。

『古事記』『日本書紀』『万葉集』中の、アワシマ記載箇所と歌（表4）は、右に述べた「アワシマ」の一般概念と実態を背景に想像するべきである。ここで

表４　記紀・万葉集中のアワシマ記載

出典	記載箇所	成立
『古事記』上巻	次に淡嶋を生みたまひき。こも子の数に入らず。	和銅５年（712年）
『古事記』下巻 仁徳天皇 歌謡番号54	おしてるや難波の崎よ　出で立ちてわが国見れば　粟島　淤能碁呂島　檳榔の島も見ゆ　佐気都島見ゆ	
『日本書紀』神代上第４段一書第１・第６・第９	次に淡洲を生む。此亦児の数に充れず。〔第１〕 先ず淡路洲・淡洲を以て胞として、大日本豊秋津洲を生む。〔第６〕 淡路洲を以て胞として、大日本豊秋津洲を生む。次に淡洲。〔第９〕	養老４年（720年）
『日本書紀』神代上第８段一書第６	其の後に少彦名命、行きて熊野の御崎に至りて、遂に常世の郷に適しぬ。亦曰く、淡嶋に至りて粟茎に縁りしかば、弾かれ渡りまして常世郷に至りましきといふ。	
『万葉集』3-358	武庫の浦を漕ぎ廻る小舟粟島をそがひに見つつ羨しき小舟（武庫浦乎 榜轉小舟 粟嶋矣 背尓見乍 乏小舟）	天平宝字３年（759年）
『万葉集』4-509 丹比真人笠麻呂下筑紫国時作歌一首	「臣の女の 櫛笥に乗れる 鏡なす … 我が立ち見れば 青旗の 葛城山に たなびける 白雲隠る 天さがる 鄙の国辺に 直向ふ 淡路を過ぎ 粟島を そがひに見つつ …などかも妹に告らず来にけむ（ 臣女乃 … 淡路乎過 粟嶋乎 背尓見管 朝名寸二 水手之音喚 暮名寸二（略））	
『万葉集』7-1207	粟島に漕ぎ渡らむと思へども明石の門波いまだ騒けり（粟嶋尓 許枳将渡等 思鞆 赤石門浪 未佐和来）	
『万葉集』15-3631	いつしかも見むと思ひし安波之麻を外にや恋ひむ行くよしをなみ（伊都之可母 見牟等於毛比師 安波之麻乎 与曽尓也故非無 由久与思〈乎〉奈美）	

『記紀』のアワシマ記述に注目すると、伊耶那岐・伊耶那美二神が淡路洲に続けて生んだのも、少彦名命が常世国に旅立ったのも、同じく「淡」嶋・洲である。伊耶那岐・伊耶那美二神が生んだのはアワシマ「神」ではない。伊耶那岐・伊耶那美二神が子＝国土として数えなかった粟粒ほどの小さな、用を成さない、島あるいは水辺の陸地空間である「淡嶋・洲（アワシマ）」から少彦名命がこの世を去った、ということであり、少彦名命とアワシマとの属縁を読むことができる。

アワシマに「淡」の漢字を使った表記は、『記紀』国生みの段と少彦名命の常世帰還時だけで、『万葉集』においては「粟」である。これは神代記上のアワシマを、「淡嶋・洲」と抽象的に記し、人皇以後の時代の、物として視認される「粟島」と区別したものと考えられる。『記紀』や『万葉集』に記される「粟島」がどこか、場所を比定する試みは、臼田甚五郎が早くにおこない、同じ歌に登場する別の地名との位置関係から、加太・友ヶ島辺と特定した。(9) 筆者もこの見解に従う。『記紀』編纂期頃に加太・友ヶ島辺は「粟島」と呼ばれており、おそらくその抽象化が「淡洲」であり、そこに坐す神の造形が少彦名命、ということである。

2 『記紀』が描く本質

少彦名命は、『古事記』上ツ巻神代大国主命の段「少名毘古那の神」、『日本書紀』巻第一神代上第八段、大己貴命の国土造営譚に登場する。海の向こうの常世の国から海浜に寄り来たった小人神で、蛾の羽根でできた衣を着け、沖からガガイモの葉の船に乗って出雲の浜辺にやってきた。少彦名命は、万物生成を担う高御産巣日神の子という高天原最高神直系の神でありながら、その存在を忘れられるほど、粟粒のように小さな神であった。しかし万能の知恵者で、かつ大己貴命と相撲をとって投げ飛ばすほどの大力でもあり、明るいいたずら者でもあった。

出雲で邪悪な八十神の兄達に奴僕のように扱われ、何度も殺されかける試練を克服して、邪悪な兄達を従えて国を平定した大己貴命は、少彦名命と出会い、それからは一緒に山野や島を開いて国土を造営し、人々に農業を興させる大事業を成し遂げた。少彦名命は、人々に「療病之方」や「鳥、獣、昆虫の災異を攘」う「禁厭法」を教えた「毉」、すなわち巫医・呪医の祖神としても描かれる。薬としての酒を醸造する技術や、温泉の薬効も教えたとされる。医祖・薬祖とされる由縁である。こうした能力は、『日本書紀』冒頭の記述の典拠ともいわれる『淮南子』に登場する、医薬と農業を司ったという中国古代の伝説の皇帝・神農炎帝の性質が反映されているとも見られている。

恩恵が人々に行き渡ると、少彦名命は「行きて熊野の御崎に至りて、遂に常世の郷に適しぬ。亦曰く、淡嶋に至りて、粟茎に縁しかば、弾かれ渡りまして常世郷に至りましきといふ」(『紀』)と、また常世の国に帰ってしまう。「亦曰く」以下の記述では、少彦名命は常世に行く前に、いったん淡嶋(アワシマ)に至った。アワシマとは先に述べたとおり、この世とあの世のあわいの聖地である。この箇所は、少彦名命がアワシマに由来する神であることを物語っている。

神農炎帝像

(明代・国立国会図書館蔵)

国土造営半ばで少彦名命は大己貴命を置いて常世国へ帰ってしまい、残された大己貴命は独力で事業を続けた。平和で豊かな国づくりを成し遂げたとき、「今此の国を理むるは、唯し吾一身のみなり。其れ吾と共に天下を理むべき者、蓋し有りや」(今、この国を治めているのは自分一人だけである。私と一緒に天下を治めるべき者が、有るとでもいうのだろうか)と大己貴命が言うと、「時に、神しき光海に照らして、忽然に浮び来る者有り」と少彦名命は光り輝く神霊として再び海から現れる(一書第六)。そして、「如し吾在らずは、汝何ぞ能く此の国を平けましや」(もし私がいなければ、おまえはどうしてこの国をよく平らげ治められたであろうか)と告げた。そこで大己貴命が誰かと問うと、「吾は是汝が幸魂奇魂なり」と答えた。そこで大己貴命は、画然とそのとおりだと悟り、今はどこに住めばいいかと問うと、「吾は日本国の三諸山に住まむと欲ふ」と神霊は答えた。「此、大三輪の神なり」と、少彦名命は、神霊そのものとして大己貴命の魂と一体化して、二神の神霊は大和三輪山に鎮座する。「幸魂・奇魂」は大己貴命自身の和魂・荒魂であり、大三輪の神となった。鴨氏・三輪氏(大神氏)および姫踏鞴五十鈴姫命の祖神であると述べる。

この大和三輪山への鎮座のくだりは、『記紀』への大神氏による附足といわれる。[10]当時の大和朝廷の祭祀を担った大神氏が、出雲国を本拠とする大己貴・少彦名命一体の神を、自らの根拠地・三輪山に迎えたくだりは、何を意味するのだろうか。それを考えるには、大己貴命と天照大神との関係を顧みることが必要である。

大己貴命は、大和朝廷の祖神・天照大神に労苦の結晶である国の譲渡を迫られ、大社造営と祭祀を条件に自ら隠れた。大己貴命は少彦名命とともに、大物主神・大国主命を祀る三輪山に迎えられたが、後の崇神天皇代、大物主神の神意で疫病や内乱が起きる。天照大神は倭大国魂命(『紀』神代記大八段一書第六では、大国主神・大物主神・顕国玉神)と併祀されていたが、これを機に大和笠縫邑に分祀し、神託に従って大物主神祭主を意富多多泥古(おほ・たたねこ=太田田根子)を三輪山の祭主とすることで鎮静化した。後の三輪氏=大神氏の祖である。[11]

『紀』では太田田根子は大物主神の娘であるが、柳田國男の『妹の力』などでも知られるとおり、霊力は女系に伝承されるという観念があるので、『先代旧事本紀』[12]で女系を辿ると、事代主命の娘―出雲臣の娘―伊勢幡主の娘―紀伊名草姫―倭民磯姫―鴨部美良姫―大直禰古(太田田根子)という系譜で、出雲臣娘を娶った男性である。このことから、大物主神が鎮まった経緯は、天照大神と分祀し、三輪山の祭主を出雲系の人物にしたためと見ることができ、大物主神の神意とは実は大己貴命のそれであることを示唆している。

後に崇神天皇が出雲の神宝を求めて殺人が起き、人々は怖れて出雲大神を祀らなくなった。こうした伏線があって、崇神天皇の次の垂仁天皇の誉津別皇子は長らく唖であったが、鳥を見て声を発し、垂仁天皇はその鳥をとらえようと臣下を放ち、出雲に至った。これを機に垂仁天皇は神祇祭祀を怠らないと宣言して、大和笠縫邑にあった天照大神御魂を豊鍬入姫・倭姫につけて遷座先を探し、伊勢に落ち着いたのであった。さらにその翌年、あらためて出雲の神宝を確認し、護持する体制を定めた(13)。

崇神・垂仁天皇代記が描く大物主命・大己貴命は、己の意を伝えるために疫病や祟りをなす、荒霊の行疫神である。天照大神の子孫に祟る虞のある神として認識されていたことは疑いないであろう。そのため出雲だけでなく、朝廷のある大和三輪山でわざわざ鎮魂祭祀をおこなったと考えられるが、結局、天照大神とその祭主を大和から遠ざけ、大和三輪山の祭神・大己貴命を出雲系の祭主が祀ることで、ようやく鎮まったと見ることもできよう。

『記紀』は、荒ぶる大己貴命の鎮魂者の存在を記すことを忘れなかった。それが少彦名命である。国づくりを終えた大己貴命のもとへ、輝く神霊として再び現れた少彦名命は、「如し吾在らずは、汝何ぞ能く此の国を平けましや」と、大己貴命ひとりの力で国が成ったのではないと諭している。明らかに国譲りの一件を踏まえた記述というべきである。『記紀』は少彦名命に、開拓農耕・醸造等の神とともに、「巫医・呪医」の性質を与えている。古代の疫病や災害は荒ぶる神の神意と考えられており、鎮魂呪術の技法がすなわち医術でもあった。少彦名命は高御産巣日神の子らしく、荒ぶる自然を制御して人を益するものを生み出させる力の主であった。少彦名命は大己貴命にむかって「吾は是汝が幸魂奇魂なり」と、その本質を明らかにしたのち、その荒霊と一体となることで、祟りなす大己貴命神霊の荒魂を鎮撫して和魂となし、大己貴命は少彦名命とともに、皇統と大和国の人々の守護神として存在することになったのである。

大己貴命のエピソード中の他に少彦名命が登場するのは、神功皇后が新羅遠征に出陣するとき北九州で兵が集まらず、「神意」と考えた皇后が「大三輪社を立てて、刀矛を奉りたまふ。軍衆自づかに聚る」という『紀』のくだりと、神功皇后の凱旋後、酒讃歌「酒の長　常世にいます　石立たす　少名御神の」の二文だけである。

二　少彦名命と薬師如来の習合

1　古代の療病術と薬師信仰

ここで我が国初めの頃、人々は疾病をどのように捉え、治療していたのか、あらためて振り返ろう。『日本医学史綱要』(14)は、神祇時代の病理は「天も地もみな神の霊によりて成れるものなれば、天地の間なる吉事も凶事も、すべて神の意なり」(『古事記伝』巻九)、「疾病もまた、神の意に因る」(同巻二三)という本居宣長の研究を引用して、「神の祟りに因りて起こるの他、人の身に穢気悪毒あるによりても病のこれに乗じて起こることあり」と言う。それに対する治療は、「その疾病の本態に関する思考に相応して、第一に用いられたるは祈禱なり」ということで、亀卜をおこなって神意を占い、歌舞・祈禱をおこなって神霊を鎮撫するのを以って治療としたという。同様に解除・祓・禁厭・まじないもおこなわれた。さらに一歩進めて、薬物内用もおこなわれ、『古事記』中にも、酒、草根木皮、果実、葉、動物の臓器など多数記載されるが、病は神意なりという観念があったので、薬物内用も禁厭の一種と捉えられたという。

大陸由来の医術や医書、医療制度等がもたらされ、八世紀の『大宝律令』は、中務省に内薬司、宮内省に典薬寮の機関、医師・鍼師・按摩師・呪禁師・薬園師等の医療専門職が置かれ、医師には体療（内科）・少小（小児科）・創腫（外科）・目・耳・口・歯・女（産婦人科）の各科が設けられたことを示している。しかしこうした当時の先進的物療の恩恵を受けたのは貴人に限られ、かつ貴人も含む多くの人々にとっては、前代以来の祈禱と民間薬が療病の主な方法であった。

その中で力をもったのは、深山幽谷で籠行をおこない、口には陀羅尼を唱え、山中の動植物や鉱物の効能を知り、呪術治療もおこなう、雑密の仏教行者であった。こうした人々は遅くとも七世紀には吉野・葛城山系を修行の場、拠点としており、最も著名なのは七世紀末の役小角である。

これらの山林行者が、療病の効験を期待されておこなったものの一つが、薬師如来の修法であった。七世紀中期の蘇我氏滅亡を機に、従前伝わっていた法華経・勝鬘経に加え、金光明経・仁王経・金剛般若経等の護国経典や、死者供養を説く偽経・盂蘭盆経などが続々と伝来する中に、玄奘訳『薬師瑠璃光如来本願功徳経』がもたらされた(15)。薬師経は東方浄瑠璃界の薬師如来を教主とし、そのため薬師瑠璃光如来ともいう。その名のとおり医薬を司る仏とされ、医王善逝という別名もある。薬師如来の特徴は、現世における直接的・具体的な欲望を満たす仏であることにある。光明普照（浄らかな東方の瑠璃光に普く照らす）・除病安楽（病を治す）・安立大乗（解脱に導く）・諸根具足（障害者を治す）・苦悩解脱（悩みを取り除く）・飽食安楽・美衣満足・施無尽仏・安心正見など、非常に実利的な「薬師如来の十二の大願」を発願し、釈迦入滅後の像法の世に、衆生の療病・産育・延命や、侵略・反逆、海難、風雨他天候自然災害の難を逃れさせ、現世救済を通じて瑠璃光浄土に人々を導くという。

最古の薬師信仰の例は、推古十五年（六〇七）に推古天皇と聖徳太子が用明天皇の遺命によって造像したと伝わる、法隆寺金堂の薬師像である。天武九年(六八〇)の天武天皇勅願による薬師寺建立や、養老四年(七二〇)藤原不比等不予に際しての諸寺薬師経読誦、天平十七年(七四五)聖武天皇不予での薬師悔過実修など、早くから貴顕の間で主に薬師如来への療病・延命祈願がおこなわれた。薬師信仰は民間にも浸透したが、その背景に疫病の流行を捉えることができる。先に崇神天皇代に神意として疫病がおこなわれたとする『紀』の記述を挙げたが、七世紀末から八世紀初にかけては疫病が頻発している。養老七年には大宰府管内の疫があった。天平七年には「裳瘡」が大宰府管内で発生、天平九年にピークに達し、その後も長く大流行した。朝廷は奉幣や読経等に加え、「道饗祭祀」等あらゆる祈禱をおこなうも、「未だ効験を得ず」であった(16)。天平十三年丈六釈迦像造像、国分寺・国分尼寺造立、各国僧寺への山岳修行者採用等の勅令が出され、同十六年には初めて全国で薬師悔過の実修、翌年も京師畿内の諸寺名山での薬師悔過と、行者三千八百人の得度出家、薬師仏七軀造像と写経が命じられた。宝亀元年(七七〇)には、山林での浄行を十年以上保った山岳修行者には得度を解禁すると同時に、大般若経読誦・薬師および十一面観音悔過行・陀羅尼誦呪等による、祈雨を主とする除災異・国家安寧・五穀豊穣・療病延命等を祈願することが義務付けられた(17)。

その後の薬師信仰隆盛は既知のとおりで、密教を伝えた最澄・空海は、それぞれ密教経典外の薬師如来を延暦寺・金剛峯寺の本尊とした。特に最澄の崇敬は篤く、延暦二十二年(八〇三)、大宰府で遣唐船に乗る前には、船四隻の平安を祈って竈門山寺で薬師仏四軀を造像している。「一隅を照らす」という最澄の理念は、薬師如来の光明による救済を説く薬師経を根本としている。海岸洞穴に籠った行者の一人であった空海も、入唐に際して風波除に薬師仏像を刻んだとの伝承がある(18)。

2　磐立たす少彦名命と薬師信仰の習合

巨石・磐座・洞穴に神霊が宿るとする信仰は有史以前からのものであり、その神霊への防疫療病神・少彦名命の付与は、ある時期からのものである。それはどういったプロセスでおこなわれたのだろうか。

飛鳥時代には京域に集中していた寺院が、八世紀初には五〇〇カ寺を数えたが、新来の仏神を迎えるにあたり、荒ぶる地主神を鎮撫し、仏法の護法善神に転身させる必要があった。その祭祀活動をおこなったのが、古来の鎮魂術にも仏法の呪法にも通じたシャーマン的な雑密の山岳修行者であり、八世紀初の各地の大社神宮寺や国分寺設立には、彼らの活動が大きく寄与したといわれる。(19) 国司や豪族に招かれた山岳修行者は、「黒山」と呼ばれた暗黒未開の自然との対峙の前線において、薬師経の修法に依って除災異・荒魂鎮撫をおこなっていった。(20) 大社神宮寺や諸国国分寺の本尊に薬師如来が多い由縁である。

その実態といえば、延暦十八年「沙門擅去本寺、隠住山林。受人属託、或行耶法」(21)（仏教修行者の中には勝手に本寺を去って、山林に隠り住んで、俗人の帰依や祈禱の委託を受ける、あるいは邪法をおこなう者がある）というので、山林内の道場への国司の監視取り締まりがおこなわれた。ここでいう「邪法」がどういうものか、延暦十年に出された次の禁制(22)から一端をうかがうことができる。

断伊勢・尾張・近江・美濃・若狭・越前・紀伊等百姓、殺牛用祭漢神

この禁制でいう邪法はいわゆる「殺牛祭祀」で、雨乞い祈禱の一環と思われ、古代中国に淵源をもちつつ、古代の我が国では新羅系半島渡来人のものというのがほぼ定説である。(23)「漢神」はアヤカミと呼んで中国由来とする説が一

般的のようだが、カラカミとも読み、半島由来の殺牛祭祀をおこなっている点から、「韓神」と同義と考えてよさそうである。

養老年間(七一七～二四)、藤原氏創建とされる平安京内の園韓神《そののからかみ》神社が、遷座を拒み天皇の守護神となるという神託によって、園神に大物主命、韓神に少彦名・大己貴命を祀っている。(24) カラカミ＝少彦名・大己貴命という認識があったのである。『古事記』には、大己貴命の父祖にあたる素戔嗚命の子・大年(歳)神の子として、新羅国都・徐伐をそのまま名とした曽富理神が登場しており、(25) 大己貴命を古代朝鮮とつながりの深い神とする認識があったようである。韓神祭祀は療病平癒祈願にもおこなわれたという。疫神・大己貴命と、その鎮魂呪術者・少彦名命は、帝とその都を半島由来の疫病や災異から守る存在に転化したことになる。

ところで、三輪山の狭井神社神宮寺の佐井寺は、和銅七年(七一四)創建のわが国最古の神宮寺といわれている。大神氏氏寺として当初創建された三輪寺の本尊は十一面観音であり、陀羅尼誦呪や悪疫退散等の祈禱と悔過行がおこなわれたが、地主神である大物主の荒魂を祀る狭井神社神宮寺本尊は、薬師如来であった。狭井神社は垂仁天皇代創建とする式内社で、境内の磐座は少彦名命神霊降臨の依代とされている。

狭井・佐井(さゐ)とは、王に捧げる水の湧く聖なる井戸という意味といわれ、(26) 磐座は水の祭祀における神霊の依代であった。大神氏が佐井寺本尊の薬師如来に由来して、世俗の利害関係とは無縁の「子の内に入らざる地」由来のアワシマ神を、除災異・療病・開拓農耕・醸造という利生をもった少彦名命という神格として造形し、その磐座に天降る神とした最初の地ではないかと推測する。この少彦名命の造形は、三輪山にいた雑密の山岳修行者・聖の投影あるいは理想像であっただろう。

佐井寺創建とほぼ同時期、八幡神職団を構成していた大神氏により、薬師信仰が、疫病や侵略等の災異に曝される最前線の北九州にもたらされた（第三章三―2で詳述）。九州大神氏のテリトリーでは、少彦名・大己貴命を勧請した鎮魂祭祀がおこなわれたであろう。『紀』神功皇后伝中の三輪社刀矛を立てて兵を募ったくだりは、(27)九州大神氏の神祇祭祀拠点の由緒を説くものとして読める。この伝を由緒とするのが、福岡県朝倉市の大己貴命神社であり、『筑前国続風土記』と『延喜式神名帳』に名を留め、神体は大神山という山である。

熊本県玉名市小天天子宮は、当時の疫病鎮護のため、少彦名・大己貴命を国司が勧請したのが始めという由緒を左のように伝える。伝えられた由緒にある古代の祭祀には、以下のように七日七夜灯明を焚くという薬師修法の習合を見て取れる（薬師修法の燃灯行は第三章三―4(2)に詳述）。元来は、少彦名命の本地仏である薬師如来の瑠璃光を採った、浄火による災厄滅却の利生がうたわれていたであろう。

和銅六年（七一三）筑後・肥後に悪疫が大流行し、多くの死者が出たため、国司・道君首名は清地を選び忌屋を建て、少彦名命の神木・柊と、大己貴命の神木・椎の枝を刺し立て、七日七夜山海の珍味を供して悪疫退散を祈ったが叶わなかった。そこで大木小木を伐り出して忌屋の前に高さ一丈四方十丈に積み立て置き、十一月朔日より七日七夜火を焚き続け、七日目の夜に「願いが叶わなければ死ぬべし」と火中を渡ったその心意に感じた二神が、祭事を怠らず祈れば叶うと告げ、首名は無事、疫病は治まり、病人は悉く治った。

九世紀の最新仏教であった比叡山延暦寺根本中堂ならびに高野山金剛峯寺金堂は、いずれも薬師を本尊とし、他の寺院でも盛んに薬師仏の造像や悔過修法をおこなった。その中で比叡山の円仁慈覚大師が「七仏本願功徳経」による七仏薬師法を始めたといわれ、(28)宮中の不予や産の救済祈禱に大いに用いられた。また円仁は、衆生救済のため関東や東北を巡り、多くの寺院を開山中興し、人々に薬師信仰を広めたとも伝わる。『日吉社禰宜口伝抄』によると、延暦寺開山時、最澄は法華経に基づく神仏融合を説く天台の教理から、坂本の大己貴命を西宮、比叡山頂の磐座に祀られた地主神・大山咋神を東宮の祭神として、二神を延暦寺の鎮守としたが、西宮の由来は天智天皇七年、大津京の鎮護にと比叡山坂本に勧請した三輪山の大物主神すなわち大己貴命（少彦名命との二神一体）という。

少彦名・大己貴命は九世紀には薬師信仰と習合していたことを留める最古史料が、『文徳実録』斉衡三年（八五六）常陸国司言上である。(29) 大洗磯前の海岸で塩を焼く者が夜、海上に輝く光を見た。翌朝磯に二つの石があった。やがて託宣があり、我は少彦名・大己貴命、かつてこの国を造り終えて東海に去ったが、今また民を済けるために帰ってきたと言った。そこでこの両神を大洗磯前・酒列磯前神社に祀った。大洗と酒列の間は南北約一〇㎞あり、隔たっている。両社とも翌天安元年（八五七）八月に官社に列し、薬師菩薩明神の号を賜った。菩薩とは一切衆生の救済実現まで成仏せざる行道者であり、少彦名命を薬師菩薩とする観念が、このとき成立していたのである。

その前後、疱瘡の流行と地震が続いたことへの従来の修法祭祀に加え、仁寿三年（八五三）、地震が続く東海地域の尾張国真清田神を皮切りに、地祇の官社化、神階名神号授位がおこなわれた。これ以降、毎年膨大な数の地祇の叙位がおこなわれ、貞観元年（八五九）正月の神階進級新叙は実に二六七社に及び、その後も追加が続いた。その中で右の薬師菩薩叙位がおこなわれた。この頃、少彦名命神霊への叙位が盛んにおこなわれており、全国的に少彦名命信仰がブーム的様相を示していたといわれる。(30) 貞観二年能登国でも大穴持宿那彦神像石が官社に列せられており、同九年には少彦名命の憑依によって生じたとする安芸国生石神に従五位上が授けられている。(31) この間に長く続いた地震・火山活動との関連が根底にある。

古くから神の降臨の場とされてきた磐座や海岸洞穴、山岳の巨石などの叙位による序列化は、神領再編を伴っていたであろう。当時、諸国贄貢進体制が動揺し海水面も私的領有が進みつつあった。山野河海の開発を進める貴族・地方豪族と、対する朝廷・国衙の、国土の私的領有を巡る綱引きの構図の中で、開発の最前線に立つ山岳修行者達が、磐座の神格を、薬師如来と山岳修行者自らの姿を投影した少彦名命に代えていった活動が背景にあると思われる。(32)

こういった古代の動向がアワシマ神少彦名命への信仰の基層を形成した一方で、なぜ「天照大神の妹神」という俗信が発生したのであろうか。これについては、古代史料に存在を留める「伊勢志摩と紀伊加太の粟島神」という問題から解いていかなければならない。

第三章　伊勢志摩と紀伊加太のアワシマ神

第一章—二「アワシマ信仰の現況」で述べたように、現在、客観史料を伴うアワシマ神社・堂の最古事例は、延長五年（九二七）成立の『延喜式神名帳』に名を留める式内社の中で、「粟島坐神御魂」を祀る神社として記される「志摩国粟島坐神社」三座（志摩国答志郡「粟島坐伊射波神社」二座＝「同島坐神乎多乃御子社」）と、紀伊国海部郡の「加太神社」である。以下では、それぞれが原型にどういった信仰とその背景をもっており、アワシマ信仰としてどう展開したのかを述べる。

一　伊勢志摩のアワシマ神

1　粟島坐神と伊雑神

式内社全ての中、「粟島」をその名にもつのは志摩国答志郡三座のみである。これについてまず、その性格を検証していきたい。

『延喜式神名帳』には、次のようにある。

志摩国答志郡三座大二小一

粟島坐伊射波《アハシマノイサハノ》神社二座大並　同嶋坐神乎多乃御子《オナシキシマニマスカミオタノミコ》神社

現在一般には、粟島坐伊射波神社二座とは、「粟島坐伊雑宮《あわしまにいますいざわのみや》」（志摩市磯部町上ノ郷、現・皇大神宮別宮伊雑宮）と「粟島坐伊射波神社」（鳥羽市安楽島町字加布良古、現・伊射波神社）のことといわれている。「粟島坐神乎多乃御子神社」（志摩市磯部町恵利原）とあわせて三座である。しかしこれらについては、次のようにさまざまな議論がある。

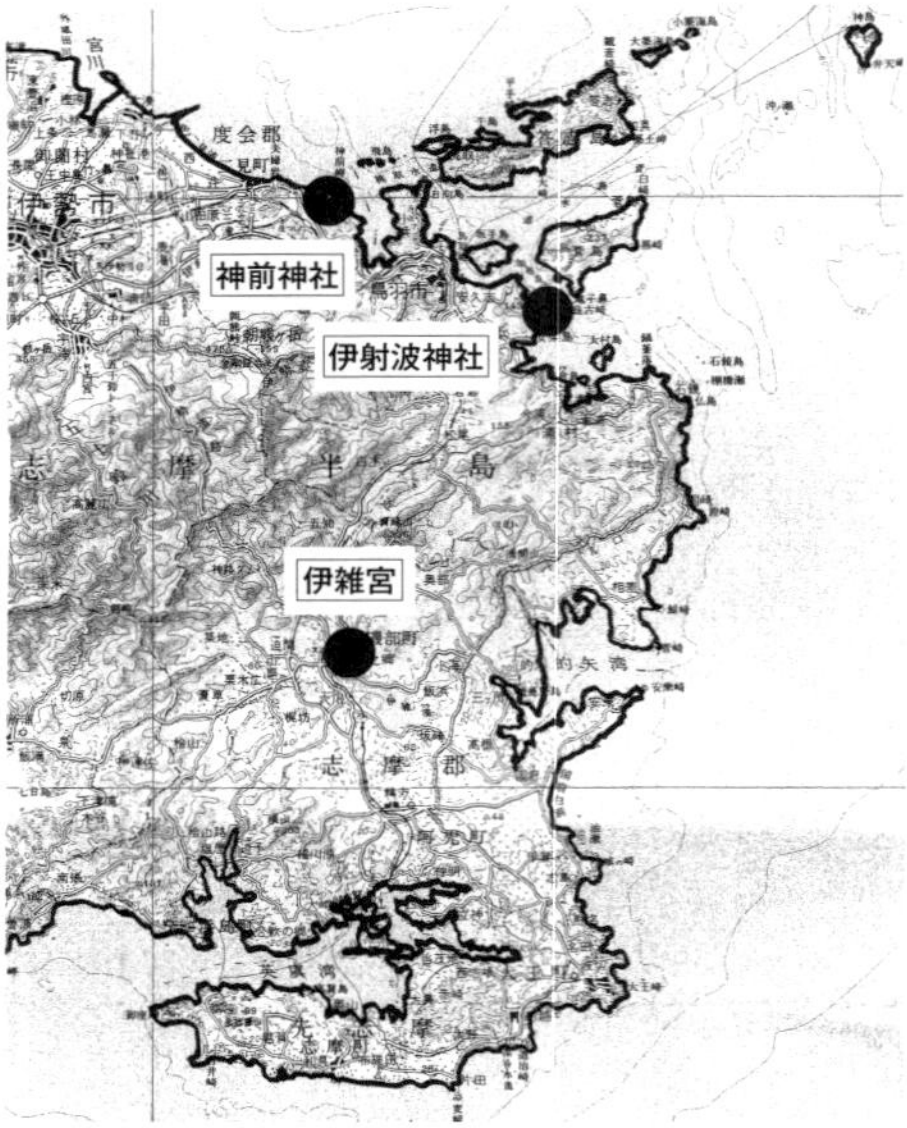

伊勢志摩粟島坐神社（推定）位置図

①志摩国一ノ宮は伊射波神社ではなく伊雑宮である。

②伊雑宮は粟島坐神ではない。

③伊射波神社は、現地では加布良古《かぶらこ》明神と呼ばれ、荒前神社のことである。

④神乎多乃御子神社は、伊雑宮官社の佐美長神社（別名大歳神社）、加布良古明神前海の長藻地《ながもどころ》にあった神である。

これらを煎じ詰めると、一説は、皇大神宮別宮であり、後に志摩国一ノ宮になった伊雑宮と、伊雑宮の万葉仮名読みである伊射波神社は同一神で、要するに粟島坐神とは伊雑神である、という説である。これに対してもう一説は、志摩国一ノ宮は、現地では加布良古明神と呼ばれる古社の伊射波神社で、これは荒前神社でもあり、これと加布良古明神の前海の長藻地の神乎多乃御子神社が粟島坐神で、伊雑宮は粟島坐神ではない、という説である。いずれにせよ論点は、粟島坐神は伊雑神か、伊射波神社か、という点に収斂する。

まず伊雑宮について、鎌倉期成立とされる『倭姫命世記』は、倭姫命が伊勢神宮への神饌を奉納する御贄地を探すために志摩国を訪れた際、伊佐波登美命が出迎え、倭姫命が御贄地にふさわしい土地であるとして伊雑宮を建立したとされる(1)。伊勢皇大神宮はこの説を採るが、『倭姫命世記』は史書として捉えられておらず、該当箇所は伊雑宮神官が後世に加筆したともいわれ、伊雑宮の起源は明らかでない。しかし、延暦二十三年(八〇四)『伊勢太神宮式』(2)には「天照大神の遥宮《とおのみや》」と記述されており、この時期には伊勢皇大神宮別宮となっていたと考えられる。

『中世諸国一宮制の基礎的研究』(3)によると、承平年間(九三一〜九三八)編纂『和名類聚抄』に従えば、伊雑の万葉仮名は伊射波《イサハ》である、加布良古明神が古代・中世において伊射波神社と呼ばれた史料はない、明治七年の薗田守宣著『伊射波神社考』に「文化四年六月、城主(鳥羽城主稲垣長以)ノ沙汰トシテ、社ノ覆屋、拝殿・鳥居ヲ寄附シ、神号ノ捜索アリテ、伊射波大明神ナル趣ヲ啓ス」とあり、当社を正式に伊射波神社と称し始めたのは文化四年(一八〇七)、と述べている。

なぜ鳥羽城主が志摩の加布良古明神を伊射波神社としたか。その背景には、十七世紀の半世紀を費やして、伊雑宮神人が「皇大神宮は伊雑宮が元宮、伊勢内宮・外宮はその後にできた」と主張して訴訟に発展し、関係者が流罪・追放に処せられる大騒動があり(4)、その後も伊雑宮神領再興の志は受け継がれたため、鳥羽藩は常に磯部の伊雑宮神人の動向に配慮せざるをえなかった、という事情を考慮する必要があるようだ。元寇期の外宮優越を説く伊勢神道説が下敷きになって、伊雑宮を元宮とする意識をはぐくみ、近世に至って藩を揺るがす政治的事件となったことは、記憶に留めておきたい。

平城宮跡出土木簡からの推測によると、律令制が成立した頃の志摩国は、志摩郡だけの一国一郡であったが、養老三年(七一九)志摩郡を答志郡・佐芸郡(後に英虞郡に改称)に分割し、答志郡と英虞郡の二郡となったという。加布良古明神がある安楽島と伊雑宮がある磯部は、どちらも答志郡に属する。『正倉院文書』正集十五・神亀六年(七二九)「志摩国輸庸帳」(5)に、志摩国に神戸が三カ所設けられていたことが記されており、それは「伊勢大神宮神戸」「粟島神戸」「伊雑神戸」であった。このように、粟島神と伊雑神は区別されていた。次に引用しておく。

志摩国司解　申神亀六年輸庸事

(中略)

神戸参所。(中略)

伊勢大神宮課丁。(中略)

粟島神戸課丁。(中略)

伊雑神戸課丁。(下略)

また、大同元年(八〇六)『新抄格勅符抄』「神事諸家封戸・大同元年牒」を見ると、粟島神と伊雑神は、依然この時期にも区別されていたことが分かる。

神封部

合四千八百七十六戸

（中略）

粟島神　二戸　伊雑神　二戸　並志摩

（下略）

伊雑宮が立地する磯部とは、『磯部町史』によると、古代当地に居住した磯部氏にちなむという。磯部は『日本書記』応神天皇五年八月壬寅条「諸国に令して海人及び山守部を定む」、また『古事記』応神天皇紀「此の御世、海部、山部、山守部、伊勢部を定め賜う」とある中の、伊勢部（磯部）という部民である。磯部は伊勢を中心に東日本に多く見られたが、伊勢志摩の磯部は、伊勢大神宮および朝廷に御饗・御贄を献上するために置かれた点で、諸国の磯部とは画するものがあった。伊雑神は伊勢志摩の磯部氏の奉祭する神であっただろう。

以上を少し整理すると、①九世紀初頭には、粟島神と伊雑神は確実に別物であった、②同様に九世紀初頭には、伊雑神は皇大神宮別宮となっていた、ということがいえる。伊射波神社＝加布良古明神については後に検討するとして、八世紀には粟島神は伊勢大神に次ぐ高い神位をもっていたらしいことは、『日本書紀』巻九神功皇后摂政前紀の仲哀天皇九年三月壬申朔日条によって推測できそうである。神功皇后に新羅遠征を勧めた神は誰か、皇后が七日七夜籠って問うたところ、初めに「度会県の折鈴五十鈴宮に所居す神」、次に「幡荻穂に出し吾や、尾田の吾田節の淡郡に所居る神」と答えた。その次には「天つ事代虚つ事代玉籤入彦厳之事代の神有り」と続く。

これについて『日本古典文学大系　日本書紀』校注者は、「尾田吾田節淡郡」を「乎多県答志粟（島）郡」としており、筆者もこの説に従う。答志・粟島郡・尾田県に居る神ということである。五十鈴宮に鎮座する神とは伊勢大神宮の天照大神、天つ事代云々の神は大己貴命の息子の事代主命であるから、それらに交じって神功皇后に託宣する格式の神として、粟島神は登場しているのである。

2 伊射波神社

伊雑神と区別される粟島神とは何であろうか。近年発行の伊射波神社由緒書は、次のように述べる。少し長いが引用する。

（前略）安楽島（あらしま）の古名である粟嶋には、伊射波神社があって二柱の神が祀られ、格式はともに大社、小社として神乎多乃御子神があるということです。大二座のうちの一座、伊佐波登美尊を祀った本宮は、安楽島町字二地の贄にありました。昭和四七年から六一年にかけて鳥羽市教育委員会が発掘調査をし、その全貌が『鳥羽贄遺跡発掘調査報告』(6)に報告されています。

遺跡は、縄文中期から平安中期に至るまでの時代の連続した複々合遺跡で、人骨や獣骨、貝殻等が全く出土せず、多種類の金メッキされた革帯金具や祭祀用に使われた銅鏃、品位の高い土器などが出土したという。

大二座のもう一座は、稚日女尊を祀る加布良古崎の伊射波神社。加布良古太明神とも称され、別格の扱いを受けていました。（筆者補『記紀』の）『神功紀』によれば、「尾田（加布良古の古名）の吾田節（後の答志郡）の淡郡（粟島＝安楽島）に居る神（稚日女尊）とあります。（中略）安楽島では、粟嶋と呼称されていたころ、神乎多乃御子神社（小一座）のご祭神として、加布良古崎の前海にあたる長藻池（海図では長藻瀬とある）という島嶼にお祭りされていましたが、戦国の世地震によって、その社地は海底一・八ｍに水没してしまいました。幸いご神体（石体）は村人らによって見つけ出され、現在は伊射波神社に合祀されています。

同社は加布良古明神と神乎多乃御子神社祭神とを稚日女命としている。これについては、『日本書紀』巻九神功皇后摂政元年二月条に、次のくだりがある。新羅遠征後、凱旋帰国して兵庫に差し掛かったとき、先帝・成務の遺児である忍熊・麛坂皇子兄弟が反乱を起こし、神功皇后は生田沖で退避していたら嵐に遭う。その際、

于時皇后之船廻於海中以不能進、更還務古水門而卜之。於是天照大神誨之曰、我之荒魂不可近皇居、当居御心広田国。即以山背根子之女葉山媛令祭。亦稚日女尊誨之曰、吾欲居活田長峡国、因以海上五十狭茅令祭。亦事代主尊誨之曰、祠吾于御心長田国、則以葉山媛之弟長媛令祭。

と、天照大神・稚日女命・事代主命の順に神託を告げ、救助する代わりに祭祀を要求している。先に神功皇后に半島遠征を勧める神託をした神の順と同じである。これを根拠として、稚日女命を粟島神としているのである。『日本の神々』[7]では加布良古明神を、阿久志神社や赤崎神社と並ぶ有名な古社だったと述べている。

伊射波神社について、伊射波神社宮司の中村文雄氏御妻室（昭和初期生まれ。調査時に宮司は入院中）に聞き取りをしたところ、伊射波神社本殿の位置は変わっておらず、戦争中には陸軍や海軍が出入りして加布良古崎に壕を多数掘ったという。昭和三十一年にまず籠り堂が再建され、昭和五十一年に本殿と拝殿が造営され、平成十三年に神明造の本

南側一の鳥居からの加布良古崎

海からあがる参道鳥居

殿と拝殿を現在地に造営して遷座した。宮司御妻室の談では、伊射波神社から奥の「領有神《うしはくのかみ》」社殿地への通路の下に、渚の方に下りていく道があり、その途中に「八大様」と呼ぶ祠を祀っており、その道には勧請縄を下までかけていたと、現地の古老から聞いたという。「八大」とは、法華経序品に登場し、仏法を守護する「八大竜王」のこととするのが、地理的条件にふさわしいと思われる。葛城修験の霊峰・和泉葛城山山頂や、大峰山護持院の修験寺院・洞川竜泉寺も八大竜王を祀っているが、志摩にほど近い伊勢皇大神宮神宮寺であった金剛証寺が立地する朝熊山の頂上にも、八大竜王神社がある。伊勢志摩修験の拠点であり、そこに属する修験者が、岬の地主神祭祀としての竜神信仰もあいまって、いつかの時期に伊射波神社境内に勧請したのであろう。

筆者が現地踏査した際、現在「領有神」の神体石が祀られている岬山上から北の斜面の中段に、海に面して拓かれた造成地二面を発見した。戦時中のものと推測する。現在は草木が繁茂している。また、頂上から左に造成平場へ回りこみ、海面岩場まで下りられる比較的幅のある道跡があり、勧請縄をかけた道が存在したことは間違いない。伊射波神社本殿下から岬先端の岩礁地帯のどこかを結界し、聖域としたのである。同社のある加布良古崎は、海中に葉付の蕪を横たえたような形状で、円満

岬先端の「領有神」粟島坐神御魂
神体石

な伏椀型の岬は、「海の神奈備山」のヴァリエーションと捉えられるのではないか。神乎多乃御子神社があったという島が海没するほどの地震が、加布良古崎その他の地形も変えずにいたとは思われないので、古代信仰の現地環境を推測で復元することには限界があるが、古代以来、加布良古崎地先岩礁地帯は聖地として祭祀がおこなわれていたのである。

3　神乎多乃御子神社

鎌倉期成立とされる『倭姫命世記』では、粟島坐神乎多乃御子神社の創建経緯が次のように説明されている。垂仁天皇二十七年秋九月、伊雑の方の葦原の中で鳥がしきりに鳴くので、あやしんだ倭姫命が、志摩国造となる大幡主命と、紀舎人麻良に見に行かせたところ、一羽の真名鶴が一茎に千穂の茂る稲をくわえて鳴いていた。倭姫命は「禽獣なお田を作りて大神に献ずるなり」と言い、その稲を伊射波登美命に命じて抜穂に抜かせ、大幡主命の女乙姫に酒を作らせて御料にあてた。その稲の生えた所を千田と称し、傍らに社を建てた。これが伊雑宮である。彼の真名鶴を大歳神として祀ったのが佐美長神社で、穂落宮・大歳宮・飯井高宮・神織田御子社などと呼ばれた。すなわち神乎多乃御子神社とは、伊雑宮所管の佐美長社で、祭神は大歳神である、という。

大幡主命は『伊勢国風土記』『豊受大神宮禰宜補任次第』[8]によると、神武天皇東征に従い伊勢を平定した天日別命（天照大神の孫彦火明命の裔・天牟羅雲命の孫）の子の大若子で、越国を平定したので大幡主の号をいただいたとある。

大年（歳）神は前章で見たとおり、『古事記』では須佐之男命の子で、韓神の父であり、五十猛命系の大己貴命・事代主命とは母系が違うが、同じく須佐之男命の裔である。ともかくもこれらを総合すると、この『倭姫命世記』の記事は、天照大神系の大幡主命が須佐之男命系大年(歳)神を祀ったものが、粟島坐神乎多乃御子神社ということになる。

真名鶴が騒ぎ云々のくだりを、土着豪族である伊射波登美命の勢力との衝突と、その敗北と服属の経緯として読めば、天照大神を奉じる朝廷側の大幡主命や紀舎人麻良が、敗者の側である伊射波登美命の勢力下にあった乎多乃御子が治めていた粟島をテリトリーとして手中にし、伊射波登美命の勢力を海辺から遠ざけ、かつ粟島神と伊雑神を区別した、という道筋が見える。あるいは粟島坐神乎多乃御子神社は、この乎多乃御子を葬った地かもしれない。

神乎多乃御子神社は加布良古崎の前海に当たる長藻地という島嶼にあったが、戦国期の大地震で水没、神体「粟島坐神御魂」の丸石は、現地では加布良古明神と呼ばれる伊射波神社に納められたという。「長藻」とは海草のアマモあるいはホンダワラのことで、どちらも非常に長くなる。藻塩焼きに使う藻、藻刈神事において刈るのはこれらである。藻場は魚類が繁殖や食餌のために集まる場所でもあり、伊勢湾沿岸および島嶼の岩礁地帯は、良好な藻場・漁場である。長藻地は地元の地名呼称ではなく、皇大神宮や粟島神に献じる長藻の採取場であったと考えられる。

長藻地が没するほどの大地震とは恐らく明応七年(一四九八)八月、遠州灘を震源地として起こった「明応大地震」のことで、連歌師の宗祇の日記によれば、伊勢国大湊・安濃津は津波で壊滅、志摩国でも答志や相差・麻生などが大きな被害を受け、国崎はほとんどの家と人が流失した。長藻地の地点については、国土地理院沿岸海域土地条件図「鳥羽」の同域図によれば、加布良古崎の前海にある菅島の八ッケ鼻から東に五〇〇mの位置に、おおよそ二〇〇m四方、標高五〇m程度と思われる海中埋没島が見られ、その北部に東西長きにわたって地すべり地形も見られる。地震による地すべりであろう。別の候補とされる「長藻瀬」は答志島前海地名であり、位置的に該当しない。このことから、地震により埋没した長藻地とは、この海中埋没島と推測する。

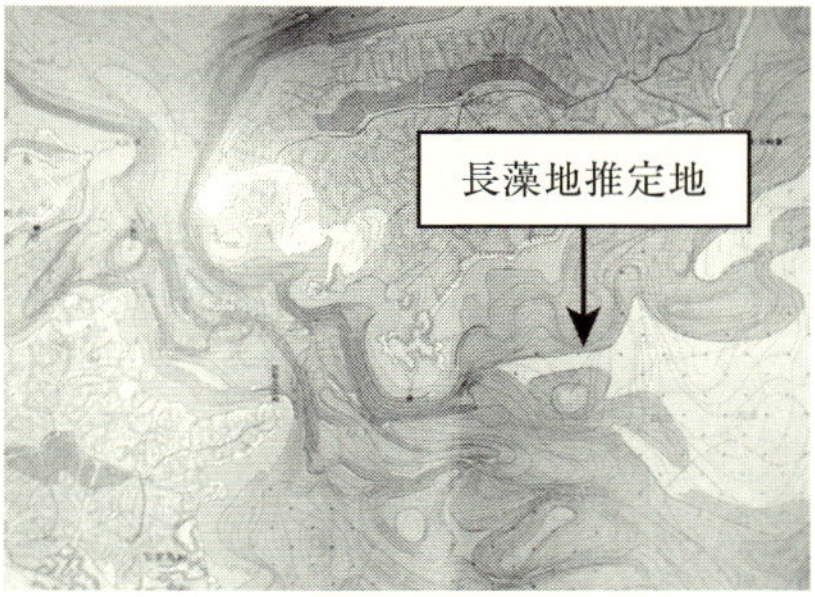

国土地理院沿岸海域土地条件図「鳥羽」

この海域は、東から西に渥美半島が張り出し、その地崎に答志島・菅島等の大小多数の島嶼が連なって、志摩半島に達する。黒潮海流は西から東へ流れており、東西に島嶼が存在するため、古代の準構造船で外洋から伊勢湾へ進入していくには、島嶼と志摩半島側との間に発生する伊勢湾内に流れ込む北向きの海流に乗るのが自然である。

しかし、沿岸海域土地条件図からも分かるとおり、陸地と島嶼間の海域は、海面下の沿岸地形が急峻な断崖で海底は峡谷となっているため、沿岸部の水流は深く速く荒い。海底谷上部の海面は比較的水流が緩やかかと推測できる。陸地と島嶼の中間の、流れの緩い海路を行かなければ、船舶航行には危険な海域である。全国で数カ所、国土地理院が沿岸海域土地条件図を作製している中に入っているのも、難所であるためだろう。ちなみにこの海域南端にあたる石鏡の鍋釜落という岬の地名の由来は、船に積んだ鍋釜が荒波で海に落ちるほどの難所という。

4　粟島神のテリトリー

安永四年（一七七五）成立の中川経雅『大神宮儀式解』[9]には、次のようにある。

志摩国粟嶋坐伊射波神社二座ハ、伊雑宮の事ならず、下に見ゆる（筆者註、延暦二十三年〈八〇四〉編纂『皇大神宮儀式帳』未入管帳条の）荒前神社にて、志摩国安楽嶋訓阿良志摩の崎なる加布良古明神なり。（中略）今の世まで志摩国一宮といふは加布良古明神なり。

粟島坐伊射波神社二座は、伊雑宮ではなく、加布良古明神と荒前神社のことであり、これらは同体と述べている。荒前神社とは伊勢国式内社の神前神社（現在は、こうざきじんじゃ、鎌倉期は、さきじんじゃ・荒崎神社とも。皇大神宮摂社。伊勢市二見松下字尾谷）のことで、現在境内同座社に、神体が石である「粟島坐神御魂」を祀る許母利《こもり》神社がある。加布良古明神と神前・許母利神社は、ともに伊勢湾に突き出た小半島岬先端にあり、現在も「粟島坐神御魂」を祀っている。

神前神社鎮座経緯について、『倭姫命世記』は大略次のように述べる。大若子命に導かれて船で倭姫命が二見国に入ったときに、佐美都日女《さみつひめ》が来て堅塩を献上したので、堅塩を以って御饗として堅田社を定めるとともに、乙若子命（筆者注：大若子命の弟で、後代、度会氏が祖神として伊射波神社に祀った）がその浜を御塩ならびに御塩山に定めた。そこから進んで五十鈴川の河口の江に入り、佐美川日子が来て、そこに江社を定めた。さらに荒崎姫《あらさきひめ》が来て、そこを「皇太神御前の荒崎」と言ったので、倭姫命は「恐《かしこ》し」と言って御前社《さきしゃ》を定めた。それから五十鈴川を遡った地に皇大神宮社を定めた。さらに倭姫命は船で進み、国崎で「神堺」を定め、戸嶋・志波崎・坂加太岐嶋から伊波戸に着いて朝の御食を定めたところ、その海の塩が「淡く在りける」ので「淡海浦」と号した。それより西の海中に七個の嶋があり、それから以南の塩が甘いので、嶋を淡良岐《あはらき》、淡塩が満ちる浦を伊気浦と号した。そこで御饗を出仕する神を淡海子神《あはのみこのかみ》と号して社を定め、かつ夕の御食に定めた、という。その後一行は、先に見た、鳥の導きで伊雑宮を定める経緯を辿る。

右の箇所を現在の地図と対照すると、二見浦の堅田神社―堅塩殿―五十鈴川支流河口の江神社―神前岬の神前神社

―五十鈴川上の皇大神宮社―国崎（神堺）―池浦の粟皇子神社という範囲である。神前神社は、『延喜式神名帳』にも「神前神社」とある古社で、「荒崎姫」の名が示すとおり、「波が荒い岬」である。『式内社調査報告 第六巻 東海道一伊賀・伊勢国』によると、元は神前岬の灯台付近にあったが、享和年間（一八〇一～〇四）・文化三年（一八〇六）の遷座を経て、明治四十年に現地に遷座した。このあたりの沿岸部潮流が深く速く荒いことは、先の長藻地で述べたのと同様であるが、とりわけ神前岬前海には、深さ六〇ｍに達する伊勢湾最深点があり、船舶航行の難所である。

一方で、神前海岸には海食崖が発達しており、大潮の干潮時にしか行くことができない海食洞門が地先八〇〇ｍに形成され、「潜《くぐ》り島」と呼ばれて神格化されている。潜り島周辺では、明治まで皇大神宮の「贄海の神事」用の藻取りがおこなわれ、「御《み》饌《け》島《しま》」と称されたそうだ。明治初年の『神三郡神社参詣記』(10)には、「贄海神事場ハ神前社ノ下の処ニて、かり家形を建、内宮十員ノ禰宜衆御着坐なり、前なる大岩ニて荒蠣海松等をとりて由貴の御饌に供進せらるなり」とある。

粟皇子神社は中世に廃絶しており、現社地は『皇大神宮儀式帳』の四至記述と一致しない。粟皇子が捧げたという「淡塩《あわしお》」は、普通我々が思い浮かべる精製された白い塩のことで、「堅塩《かたしお》」の対義語である。鹹水を土器焼成するのではなく、海水を濃縮した「生塩《なましお》」を高温の鉄釜で炒りつけて水分を飛ばして作る方法であり、鉄器をもっていることが製造条件である。七世紀以降は土器製塩が廃れ、鋳物の塩釜による製塩が主流になり、日本の鋳物師は鋳型を作る道具を供給する鍛冶師と一体になって活動していたといわれ、製塩を生業とする海人と鍛冶金工は、無関係ではないという。(11)「淡海浦」には精製塩を作る技術をもった海民集団が居住していたという推測が可能である。水循環分析科学によれば、地下水層には淡水層と塩水層が生じ、諸条件によって、沿岸域に形成される「淡塩漸移帯」とその周囲に生じる密度流に濃淡が発生するのだそうだ。沿岸域にアマモなどの海草がよく繁殖するのも、こういった水分栄養組成と酸素供給環境が関係すると思われる。

加布良古明神と長藻地の神乎多乃御子神社と、粟皇子神社・神前神社は、志摩半島のリアス式地形の岬岩礁と答志島・菅島等の島嶼とが作り出す、外洋から伊勢湾内への水路の入口・出口に設けられている。その地理・環境条件ゆえにもたらされる海難の危険から船舶を守り、死者の魂を慰め、アマモや「淡塩」をはじめとする多様で豊かな海の恵みをもたらす神。粟島神とは、基本的にこうした自然環境の性質に根差したものであったと推測できる。

『日本書紀』巻九神功皇后伝に登場する「幡荻穂に出し吾也、尾田吾田節淡郡に所居る神」に列挙された答志・粟島郡・尾田県という地名を、粟島神のテリトリーの表現と考えると、それは、神前崎と加布良古崎に挟まれる志摩半島沿岸と島嶼群および海で構成されるエリア以外には考えられない。この粟島神のテリトリーのうちの特定の小島が、神と人の媒介点となる聖なるアワシマとして認識されていたと推測できる。そのアワシマに坐す神のテリトリー、すなわち神前岬から加布良古崎までの海域の陸海が志摩国答志郡粟島であり、だからこそこの範疇の神社では同じく「粟島坐神御魂」が祭神となっているのである。

5　志摩国アワシマ神の原像

(1)「磐立たす少彦名命」か

志摩国粟島坐神社三座には、神体が石という共通点がある。神前神社は延暦二十三年(八〇四)編纂『皇大神宮儀式帳』(12)に「神前神社一処、称国生神児荒前比売命、形石坐」とあり、同座社の許母利神社神体は粟島坐神御魂と称する石である。伊射波神社は、同社社殿奥宮の「領有神」の神体を石として祀っている。長藻地にあったという神乎多乃御子神社の神体石を祀っているという。粟島神は石に顕現する性質をもった神なのである。

同様に神体が「形石坐」という神社が、『皇大神宮儀式帳』伊勢国度会郡の項で、入官帳社・未入官帳社合わせた四〇社中、実に二四社ある。列挙すると、入官帳社では「小朝熊・薗相・鴨・大土・国津御祖・久麻良比・津長大水・堅田・神前・粟御子・久具・楢原・坂手・滝原」神社、未入官帳社では「葭原・小社・新川・石井・宮治乃奴鬼・加奴弥・川相・荒前・那自売・葦立弖」神社で、『倭姫命世記』に製塩に関わって登場した堅田神社や粟御子(皇子)神社も神体は石とされている。九世紀の皇大神宮神領である海岸地帯の粟島神のテリトリーには、「神霊が海の彼方から寄り来たって岩石に顕現する」信仰が存在していた。また、隣国の伊賀国一宮・式内社敢国神社の祭神は少彦名・大己貴命であり、これも神体は石である。

ところで、『日本書紀』垂仁天皇二十五年三月丁亥朔丙申条に、倭姫命に天照大神が伊勢鎮座を宣した箇所があり、その理由を次のように述べる。


是神風伊勢国、則常世之浪重浪帰国也。傍国可怜国也。欲居是国。

(是、神風の伊勢の国は、則ち常世の波の重浪の帰せる国なり。傍国《かたくに》の可怜《うま》し国なり。是の国に居らむと欲ふ。)


伊勢志摩の海は、「常世の波が幾重にも寄せ返す海」なので、天照大神が鎮座を決めたというのである。『紀』雄略代以前でこの他に登場する「常世」に関わる地名は、少彦名命帰還のくだりの「熊野之御崎」だけである。『紀』には紀伊国と出雲と、二カ所の熊野が登場するが、筆者は淡洲の生母である伊弉冉神所縁の紀伊国説を採り、天照大神は少彦名命が坐す常世の波が打ち返す地に鎮座したと解釈する。こうした解釈は、寛文年中(一六六一~七三)『日本書紀神代講述鈔』[13]巻之三、大国主とは、のくだりに「淡嶋は志摩国也と口訣にいへり。釈日本紀には伯耆国の風土記を引て曰、相見郡郡家西北…里有粟嶋。少日子命蒔粟。…即載粟弾渡常世国。故云粟嶋云々」「常世は神仙の秘区。俗の臻所に非ずといへば、少彦名命の居給ふ郷には似合たるなり」にも見られる。

大己貴命と伊勢志摩との関わりについても、『倭姫命世記』巻末で伊勢皇大神宮摂社を列挙する最後に、「大国玉比売二座　右、大己貴命」と挙げていることや、応安八年(一三七五)大中臣氏後裔の卜部宿禰著『諸国一宮神名帳』[14]には「伊射波神社、真清田大明神也、大己貴命、志摩答志郡」とあるなど、中世に粟島坐伊射波神社祭神を大己貴命とする認識が存在したことがうかがえる。真清田大明神は尾張一宮であるが論社で、他方は大物主神を祭神とする大神神社である。斉衡三年(八五六)の大洗磯前・酒列磯前神社の官社化が、地震と火山鳴動の鎮めを願って真清田大神に始まった神階授与の一環であったことを思い起こす。

古代の度会郡および志摩国の海岸地方には、神体を石とする基層信仰が広汎に存在し、同地方の海を常世とする意識も存在した。粟島神はそれらと結び付いて古代朝廷の尊崇を受けていたのである。さらにいえば、中世・近世に至る口伝の中にはその神格を少彦名・大己貴命に結び付ける意識も存在していた。志摩国の粟島神のテリトリーは、少彦名・大己貴命のそれであったかもしれない。

崇神・垂仁天皇代に大和から伊勢へと天照大神が遷った経緯の中に、国譲りを巡る大己貴命の鎮魂という理由があった可能性を想起するとき、大己貴命の鎮魂呪術者である少彦名命を連想させる「常世の波が幾重にも寄せ返す海」があることを決め手として、天照大神が鎮座したというエピソードは、何を意味するのであろうか。筆者は先に、粟島神と伊雑神の区別について、出雲系であった土着の伊射波登美命側であった乎多乃御子の敗北と、朝廷側の大幡主命側へのテリトリー編入という経緯が存在した可能性についての推測を述べた。しかし敗者をアワシマ神として神格化したとは考えない。これは後述の紀伊名草姫・名草彦に対する立場も同じである。なぜならば、アワシマ神にはそのテリトリーの安全守護や豊穣をもたらすという性質があり、そうした高い徳性と力を持った神が王権神話と結び付けられるべきであるならば、高天原最高神の一・高御産巣日神の子で、開拓療病神・鎮魂呪術者である少彦名命とすることには、論理的な妥当性があるからである。

⑵太陽神・稚日女命か

もう一つ思い起こすのは、伊射波神社由緒が述べる祭神・稚日女命《ワカヒルメノミコト》である。稚日女命は、『紀』では巻一第七段一書第一に機織女稚日女命と名をもって登場するが、『記』は服織女と記すのみである。『紀』巻一第五段で、伊弉諾・伊弉冉二神は「於是共生日神、号大日孁貴。…一書云、天照大神。一書云、天照大日孁貴」と、日神＝大日孁貴命《オオヒルメノムチノミコト》＝天照大神《アマテラスオオミカミ》を生んでおり、稚日女命は天照大神＝大日孁貴命の幼名、妹神などと巷間いわれてきた。近世に流布されたアワシマ俗縁起で、住吉妃となった天照大神妹神が志摩国粟島神であるという説の由縁である。「大日孁貴」の大と貴の文字は美称、孁＝霊＋巫女で、日神を祀り神託する巫女を神格化した文字である。ヒルメについて、古語では「ル」は継続する状態をいうもので、「ヒル＝日がある明るい状態」の女神、巫女となる。それに対してアマテラスという語については、アマが天とともに海の訓でもあることから、航行を助ける明るい日月両方を示すという説もある。

ともあれ、ヒルメにせよアマテラスにせよ、日神、あるいは日月神とそれに奉仕する最高位の巫女の神格化を謂う。伊勢大神を日神として天皇家が祭祀していたことは、『紀』用明天皇元年九月壬申「以酢香手姫皇女、拝伊勢神宮奉、日神祀…或本云、卅七年間奉日神祀、自退而薨」にうかがえる。

それがなぜアワシマの神なのか。一つの解答として、以下の事例は無視できないであろう。加布良古崎と神前崎に挟まれた、答志島・菅島等の島嶼群の最東端に、神島と名付けられた小さな島がある。その向こうに渥美半島の伊良湖崎が見え、標高一七一mの灯明山を中心に島全体が山地で、人口五〇〇人ほどの島民のほとんどが漁業で生計を立てている。そこに元旦未明の奇祭として知られるゲーター祭がある。大晦日の夜に「アワ」と呼ばれる、日輪を象った、グミの蔓に半紙・障子紙を幾重にも巻き付けた直径約二mの輪を作る。元旦の未明、海岸に「アワ」を抱えて白装束の一団が現れると、待っていた島総出の男性達が、女竹で一斉に「アワ突き」を始める。見る間に「アワ」は中空に舞い上がり、さらに「アワ」は突き落とされ、島の男性達に担がれて八代神社に奉納される。

ゲーター祭（鳥羽市観光協会提供）

ゲーター祭は、南北朝期の「天に二つの日輪なく、地に二皇あるときは世に災いを招く。若し日輪二つある時は、神に誓って偽りの日輪は是の如く突き落とす」という由緒を表し、古い諸悪を祓い新年の息災を祈る行事といわれているが、筆者は、旧年の太陽を突き落として新たな太陽の力を人の力で賦活する、フレーザーのいう類感呪術[15]にあたる基層信仰に、由緒にある解釈がなされたものと思う。神島と呼ばれる由縁はおそらく、特に新年にあたって太陽の更新を促す儀式を担う島であることにちなむであろう。古い太陽を形象したものを「アワ」と呼ぶのは、「生命力を失い、転生するまでの中間の状態にあるもの」すなわち死んだ太陽だから、と考える。

日神信仰の要素は、筆者が志摩粟島神のテリトリーの北端とした神前神社の大祭にも見ることができる。現在の社殿は岬の山上にあるが、岬先端に大潮の時に

洞門から望む
（「浜参宮だより」より）

大潮にのみあらわれる御贄島

大潮時の潜り島（「浜参宮だより」より）

二見興玉神社の夏至祭り

しか渡れない海食洞穴があることはすでに述べた。岬先端の岩礁から東側に廻りこむと海に突き出た洞門があり、そこは神が往来する窟（岩屋）とされている。神とはおそらく太陽神である。岬先端には鳥居が設けられ、そこから、太陰暦の大潮に当たる、旧暦六月一日に近い日曜日に注連縄の張り替えをおこなっている。この洞穴内から沖合を見晴らすと、地先小島の御前島が見える。その手前に大潮のときだけ出現する、祓島・御贄島と呼ばれた岩礁で、海藻を採って、神宮の禰宜が神に捧げる「御贄神事」が、明治までおこなわれていた。この旧暦の大潮とは夏至である。はるかな古代には、後節二の3で述べる「朔旦冬至」と対を成す「望旦夏至」におこなわれていた可能性も考えられなくはない。夏至に海で禊祓した上で、大潮で出現した岩礁・洞門洞穴に渡渉して、太陽の賦活と天・陸・海の運行と再生産の順調を祈る神事をおこなったのであろう。神前崎からは弓なりの入江の反対側に、夫婦岩で有名な二見興玉神社が望めるが、二見興玉神社では現在も、夏至の日の出を浴びて、氏子等が海で禊祓をする「夏至祭」をおこなっている。参加者は夜明け前、本殿で歌いながら「船漕ぐ様」をする「鳥船」をおこない、日の出の時刻に合わせて海中に入り、大祓の詞を唱えて、夏至の日だけ夫婦岩の勧請縄の間から昇る太陽を拝む。本来は神前崎の神事とセットで夏至におこなっており、その中心は、岩に射す夏至の太陽を祀ることであっただろう。

なお、島根県松江市の島根半島北端の「加賀の潜戸《くけど》」には、洞門に射し込む日光に感じて佐陀大神が誕生したという伝承がある。海岸洞穴籠行によって特別な霊力を賦活されるという観念は古代からのもので、空海が私度僧の頃に室戸岬でおこなった籠行もその系譜である。伊勢志摩の神前崎の神事もその類ではあるが、「夏至」を意識した祭祀は、別の文脈で捉えるべきと考える。この点については次節の内容とも関連するので、後に詳述する。

伊勢志摩のアワシマ神のテリトリーでは、岩礁・洞門洞穴といった聖地で籠行をしつつ、最も盛んな夏至の太陽を遥拝し、その光を浴びた岩礁の、増幅された地の生命力を人がいただいた、これが最も原初的なアワシマ崇拝の祭祀形態ではなかったか。その祭祀を特別な意識をもっておこなった地理環境として、岬(ミサキ)とその地先小島に囲まれた範疇というパターンがある。ミサキもまた、神霊祖霊の来臨往還の地という性質が指摘されている。伊勢神前崎を北端、安楽島の加布良古崎を南端とする水道とそこに点在する島嶼群があり、この範疇の北端と南端および南端地先小島に設けたアワシマ神の社が、粟島坐三座ということであろう。この祭祀の核心部分が伊勢皇大神宮官社への再編過程で、天照大神の祭祀へ統合されたものと推測する。

6 小括

志摩国答志郡粟島とは、外洋と伊勢湾を扼する、島嶼群とその対岸にあるリアス式海岸地形の範疇であり、その隘路の南北両端を、海岸洞門と地先小島という「海の聖地」によって結界される、特別な環境である。その沿岸部の海は深く、潮は速く、波は荒く、航行には危険が伴う難所であるが、長藻をはじめ豊かな藻場が育まれ、多種多量の魚介類を得ることができ、さらに「淡塩」も採れる、「御食津国」と呼ぶにふさわしい、豊饒の海域である。そこに坐す粟島神に、伊勢皇大神宮に次ぐ地位が与えられていたのは至極妥当といえよう。

この文献上最古の志摩国答志郡粟島坐神のあり方からうかがえることを要約すると、アワシマ信仰には原型に、海岸洞穴や地先小島を、他界から神霊が往還する聖地として特別視し、そこに神霊や祖霊を祀って、増幅賦活した霊力を人その他のヨリマシに移し、医療や農耕生産の力として活用しようとする、有史以前からの基層信仰が存在した。伊勢志摩においては、特に聖地の海辺の洞穴や岩礁で、夏至の日光を浴びてその力を感得することを特別視する日神信仰の祭祀が発達し、そうした祭祀をおこなう場が、古代史料にその名を留めた粟島坐神三座であったと考えられる。伊勢皇大神宮別宮・伊雑宮はじめ地域の摂末社編成過程で、その信仰祭祀は統合再編された。

基層信仰の段階では、記紀の神々の名が神霊に付せられることはなかったが、前述の『日本書紀』巻九神功皇后摂政元年二月条は稚日女命を示唆している。一方で少彦名・大己貴命の想定もありえる。いずれにせよ、天照大神との関係が事実を見えにくくしているとはいえよう。そこからアワシマ信仰が形成されるには、一段の飛躍がなければならなかった。その主な舞台となったのは紀伊半島東西の突端の西側、紀伊国加太であった。

二　日前国懸宮と加太淡嶋神社

1　加太の「粟島社」と日前宮

伊勢志摩の粟島が、東国へと連なる外海を扼し内湾への入口となる紀伊半島東部の要衝ならば、そこから西に直線を描いた位置、同じく中央構造線の突端にあたる加太淡島は、西国交通の動脈である瀬戸内・紀伊水道を扼する半島西部の要衝であった。五世紀後半に大伴・紀氏により四国方面航路が開発され、加太には大宝二年（七〇二）に南海道の駅が置かれた。紀伊国衙から加太を経て伝送船で対岸の淡路島・由良湊に渡るルートである。紀氏は一貫して紀伊国造として伊勢皇大神宮と同格の日前・国懸宮神主をつとめる一方、紀伊国地方官と、宮廷儀礼の神饌や饗宴の食事を管理する大膳職や、天皇の食事を調進する内膳司など、朝廷の祭祀儀礼の食に関わる官司長官を輩出している(16)。

加太淡嶋神社位置図

紀伊国海部郡の加太の辺が淡島あるいは粟島と呼ばれていたことは、先述のとおり、『万葉集』巻三―三五八「武庫の浦を漕ぎ廻る小舟粟島を　そがひに見つつ　羨しき小舟」の歌などにより明らかである（表4参照）。紀伊・淡路・阿波の三国は、『延喜式』に記す践祚大嘗祭由加物に用いるアワビや海藻などの貢進国であり(17)、紀伊国での採取地は加太であった。『延喜式』同条「並令賀多潜女十人量程採備」とあることから、かつて加太にも潜女《かづきめ》＝海女がいたことが分かる。「賀多」を、加太ではなく和歌浦とする説もあるが、(18)『類聚国史』巻一六五「祥瑞上、雲」の天長三年(八二六)十二月己未条に「賀多村伴嶋」の表記があることから、賀多は海部郡加太と筆者は考える。すなわち、『延喜式』編纂当時、加太を国家祭祀上特別な場所とする意識があったのである。それは、かつて駅が置かれた交通の要衝であることや、豊富な海産物採取地であることだけで説明するには足りず、紀伊一宮の日前・国懸宮(以後、日前宮と略す)との関係を抜きに考えることはできない。以下、これも志摩国粟島神の検証同様に、煩瑣な手続きになるが、『延喜式神名帳』の加太神社が加太淡嶋神社であり、その特別な地位は日前宮との関係、さらには伊勢皇大神宮との関係が背景にあることを検証していきたい。

加太淡嶋神社は、『延喜式神名帳』に「海部郡　加太神社」とあるものとされる。ほぼ同時期の『扶桑略記』延喜六年(九〇五)二月条には「紀伊国粟島神従五位上」、時代は下る鎌倉期成立『紀伊国神名帳』(19)に「海部郡坐神従四位上粟島大明神」とあり、紀伊国海部郡に十世紀以前より鎌倉期まで存続していた粟島神が、延喜六年にも存在していたことから、海部郡の加太神社を粟島大明神＝加太淡嶋神社としてよいと考える。加太淡嶋神社は、現在はテトラポッドと防潮堤で海浜から隔てられているが、幕末の地誌『紀伊国名所図会』に描かれるのは、海浜に立った鳥居に拝殿が続く海辺の神社であり、向こうに友ヶ島四島を仰ぐ。なお、論社の加太春日神社は、嘉元年間(一三〇三～〇六)に日野左衛門藤原光福なる地頭が自身の祖神を勧請したとの伝承が『紀伊続風土記』に載り、そもそも海浜から内陸に入った砂堆上に立地することから、「アワシマ神」の条件を満たすものとはいえない。

一方、日前宮については、伊勢皇大神宮と並んで、唯一、神階を贈られない特別な地位にあり、『延喜式神名帳』には名神大社に列せられ、月次・相嘗・新嘗祭等に天皇から奉幣を受けるなど、伊勢大神と同格の扱いを受けてきた

淡島大明神（『紀伊国名所図会』）

とされる。一貫して紀国造家が神主である。

日前宮の初見史料は『日本書紀』朱鳥元年（六八六）七月癸卯「奉幣於居紀伊国国懸神。飛鳥四社。住吉大神」であり、このとき日前宮の名は表れていない。『令集解』選叙令司主典条には、養老七年（七二三）十一月太政官符として、「紀伊国名草郡、合八神郡、聴連任三等以上親也」とあり、この頃には名草郡が神領であったことが想定できる。日前・国懸の二神並立の史料初見は『新抄格勅符抄』大同元年（八〇六）牒神封部で、紀伊国神の筆頭に「日前神　五十六戸」「国懸須神六十戸」と挙がっており、この頃には紀伊国一ノ宮の位置にあったようである。

元来この二神は成り立ちが異なり、それぞれ創建は諸説あるが、伝教大師最澄の作と伝えられる『長講法華経後分略願文』[20]巻下に「普願南海道、紀伊七箇郡、名草上下神」、別の文には「名草上下溝口神」「溝口大明神」とあり、紀ノ川南岸平野を潤す宮井川（名草溝）の、古墳時代前期と思われる初期の開発時の取水口が、両社に隣接することから、水分神としての要素があったといわれる。この宮井川開削による名草平野の農地化が、紀氏興隆の原動力とされる。

『日本書紀』巻一第七段一書第一に、「…時有高皇産霊之息思兼神云者、有思慮之智。乃思而白曰、宜国造彼神之象而奉招禱也。故即以石凝姥為冶工、採天香山之金、以作日矛。…是即紀伊国所坐日前神也」と、天照大神が岩戸隠れした際、石凝姥命が八咫鏡に先立って鋳造した「日矛」が日前宮神であるとの記述がある。大同二年編纂『古語拾遺』には、このとき鋳造されたのは「鏡」であり、「初度所鋳少不合意、是紀伊国日前神也、次度所鋳其状美麗、是伊勢大神也」と、最初に鋳造した少し不出来な鏡が日前宮神神体となり、次に鋳造した美麗なものが伊勢皇大神宮神体であると述べている(21)。

日前・国懸宮現由緒は、神武東征後の神武天皇二年、紀国造家祖神である天道根命を紀伊国造に任命し、八咫鏡に先立って鋳造された鏡である日像鏡・日矛鏡を賜り、日像鏡を日前宮の、日矛鏡を国懸宮の神体としたとあり、その後、崇神天皇五十一年に名草郡毛見郷浜ノ宮に遷り、さらに垂仁天皇十六年に現在地である名草郡万代宮に遷座したという。元々この地には伊太祁曽神社があったが、伊太祁曽神社社伝は、紀伊国における国譲りの結果、伊太祁曽神社が現在地に遷座したとしている。

日前宮古伝『官幣大社日前神宮・国懸神宮本紀大略(22)』「鎮座事」には、次のようにある。

> 当宮本紀曰人皇最初神日本磐余彦天皇神武東征之時、以二種之神宝同託于天道根命而斎祭焉。天皇経諸国、到于摂津国難波、天道根命奉戴二種之神宝于紀伊国名草郡加太浦。自加太浦移于木本、従木本到名草郡毛見郷、則奉安処于琴浦之岩上也。

神武東征のとき、天道根命が二つの神宝(日像鏡・日矛鏡のこと)を託されて紀伊国で最初に上陸した場所が加太浦であり、そこで日前神頓宮を営み、そこから木本に移り、さらに名草郡毛見郷に至り、琴浦の岩上に日前・国懸宮として祀ったとある。日前宮祭神は志摩国粟島坐神御魂と同様、「海から岩に寄り来る神霊」であり、その最初の顕現の地が加太と、日前宮古伝は述べているのである。毛見郷琴浦は、景勝地で知られる和歌の浦の最南端、船尾山の尾根筋が岬として海に張り出す位置にあり、琴浦崎地先には五〇m長ほどの岩礁小島があるので、ここが日前宮神霊の顕現地とされたのであろう。

この古伝について、加太隣郷にあたる木本の木本八幡宮由緒も「天道根命が天照大御神の霊代を報じて淡路の国三原から加太に上陸し、この地の厳橿の木の本に祀り木の本の宮と呼んだのが当宮の始め」と伝える。松前健は『日前宮大略』の創建伝承テキストを鎌倉前期頃成立とするが、[23] 同末期成立の『倭姫命世記』には、崇神天皇五十一年に豊鋤入姫命が「木乃国の奈久佐浜宮に遷りたまひ、三年を積るの間斎き奉る」とあり、天照大神も名草浜宮で三年過ごしているとする。

伊勢皇大神宮の祭神である天照大神と日前宮神との関係については後述することとして、加太の日前神頓宮と加太淡嶋神社とはどういう関係だったのだろうか。『日前宮文書太神宮神事記』[24] 建徳二年(一三七一)十一月一日条に、「粟島祭次第」という記事が見える。

(前略)同日粟嶋祭次第、両人母中臈案主神子皆参彼社、先於本脇海辺立脚鉾御神木有解除号風祭、(中略)其後参粟島社、云々

(まず本脇の海辺にご神木と鉾を立てて、風祭りと呼ぶ解除をおこない、その後粟島社へ参る)

「人母《ひとも》」とは日前宮最高位の女性神職と考えられている。天正以前には毎年十一月一日、日前宮相嘗祭の執行とともに、紀国造神職団が、木本庄本脇の海辺と「粟島社」に奉幣するという、先に述べた日前宮古伝承を辿るような儀式がおこなわれていた。粟嶋祭がどういう内容の祭祀であったかは後述することとして、十三世紀にはおこなわれて

いたことの傍証史料が、次の永仁五年(一二九七)「坂上明田地寄進状写」[25]である。

今度太井戦場不測之勝利、偏是尊神之擁護、難有存候、依之、山口庄谷牟田水田八反之所奉寄附之者也、為当祭料、永可令収納給候、恐々謹言、

新左衛門尉坂上明(花押)

永仁五年十一月一日

加太淡島殿御宿所

十一月一日の祭料として、加太淡島の祭礼宿所宛に贈られたようである。加太淡嶋神社への寄進状は、この他十五世紀に紀国造氏が名草郡秋月郷内の田地を贈ったもの等が伝存する。[26] 主として紀国造氏が日前宮神領内の田地を加太淡嶋神社に寄進し、春秋の大祭を執行する基盤を維持していたのである。加太淡嶋神社が日前宮の別宮的存在だったからに他ならない。

『聖護院文書』八三―一五号「葛城手日記」(天正十四年〈一五八六〉頃)表紙見返しの加太淡嶋神社境内図には、中央の「粟嶋明神」に並んで「日前宮」が描かれ、「粟島ノ次第　一大明神。其北、日前宮トテ御母也。上ニ虚空蔵」と説明があり、右に述べた説を裏付ける。[27] 後述するように加太淡嶋神社は葛城修験第一宿・伽陀寺が別当であり、葛城入峰山伏の加太における行場の一つを加太淡嶋神社が構成して

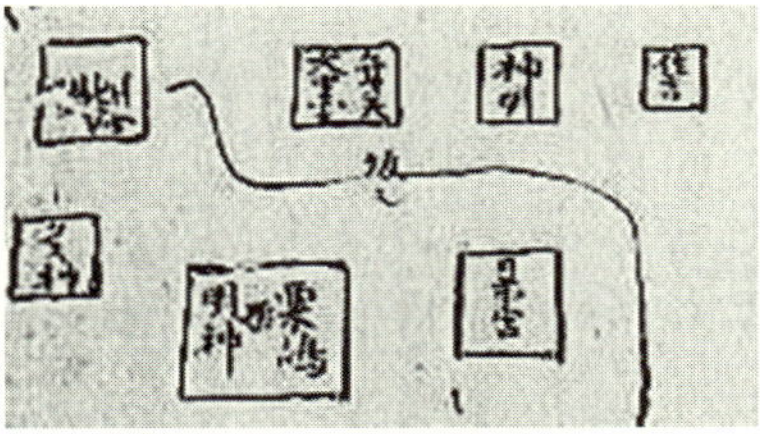

「葛城手日記」表紙見返し図(部分：首藤善樹編『大峯葛城入峯日記集』岩田書院、2012、5ページより)

いたので、熊野三山別当の聖護院からも入峰し、その備忘録に加太淡嶋神社境内図が書き留められたのである。加太淡嶋神社は、祭神として少彦名・大己貴命および神功皇后を祀りつつも、日前宮別宮でもあるとの認識が内外に共有されていたであろう。

2 中言社と日前宮

日前宮古伝は、加太から木本の海辺を巡幸した後、琴浦の岩上に顕現したと、その「海から岩上に寄り来る神」の性質を述べずにいない。松前健は、紀伊名草郡と海部郡の海人たちの、岩上に日神を招き迎えたローカルな古代祭祀のあり方を伝えるという。こうした祭祀形態は、前節で見た伊勢志摩のアワシマ信仰古態の他には、出雲国神門郡日御崎の日御崎神社下社にも見られる。佐太神社由緒、大隅正八幡宮縁起俗伝等、日光に感じて神の子が誕生したとする伝承が存在するように、特別な時期に洞穴や洞門に差し込む日光や海上岩礁にあたる日光が特別な力のあるものとして観念されたことは確かである。

一方で、「はるか海の彼方から寄り来る・降臨憑依する神」という性質にはシャーマニズムの側面があり、海岸での憑魂祭祀を司るシャーマンと審神者の存在が不可欠であった。

加太淡嶋神社境内には「中言社」という摂社が見えるが、これについて時代は下る文化九年(一八一二)刊『紀伊国名所図会』巻之三「淡島大明神」の項、「摂社中言神」に、以下の文が見える。祭神は名草彦命・名草姫命、名草彦命は紀国造家譜第五世の大名草彦のことである。

然れば此の御神は、当国日前宮の神官紀国造家の遠祖にして、此の名草郡を始て開き給へる御神なり。(中略)扨此中言社といへる、当国毛見郷を始として、黒江郷・内原郷・冬野郷・宮郷の所々にも斎き奉り、また加太へ神幸ありて、木本などにて祭をなすも、全く日前・国懸の両大神、往古神武の御とき、加太より琴の浦へ次第に遷り給へしときの旧趾によれるなるべし。（中略）されば今日前宮の鎮座ましますよろずよの宮も、もとはこの中言のやしろの地なりしゆゑ、いまにこの神を日前宮の地ぬしがみとはまをすなり。

加太淡嶋神社が祀られるようになったのは日前宮神巡幸の旧趾だから、と言いつつ、日前宮神巡幸地は紀国造家祖・名草彦を祀る中言社のあるところで、日前宮現社地も、中言社の社地だった、と述べている。『紀伊国神名帳』に粟島大明神と同じく従四位上に列せられる名草郡吉原村の中言神社について、『紀伊続風土記』[28]巻之十八「名草郡五箇荘吉原村・中言神社」には、次のようにある。

本国神名帳従四位上名草彦神名草姫神

村の中の方山裙にあり　祀神名草彦天ノ道根ノ命五世の裔なり（中略）又高野大名草彦之後也と見えたり　名草姫国造家旧記に中言社ノ祭文あり其文に曰　両神者国神而男女両神也名草郡殊此名草宮地之主鎮護庵也故奉号名草姫命名草彦命也とあり　又日前宮旧記に見ゆ　当社は二神を斎ひ祀るの初とす所々に中言社と称するは皆当社を遷し祠れるなり　中言と称するは（中略）名草ノ国造として神と君との御中を執持て事を執行ふ職なれは中言と称せしなるへし　当社旧一荘の産土神なり　今黒江冬野朝日三葛皆当社を勧請して村中に祭る因りて吉原広原の氏神の如くなれり

名草姫名草彦を祀る中言社の神主は、名草郡の国造として神と君主との仲立ちをしたと述べている。『日本書紀』巻第三神武天皇即位前紀戊午年六月冒頭に「六月乙未朔丁巳　軍至名草邑　則誅名草戸畔者戸畔此云妬鼙」とあり、神武天皇は名草邑に進軍して土俗首長の名草戸畔《なぐさとべ》を誅殺したという。戸畔は女性首長名といわれる。この誅殺された名草戸畔を名草姫と考える向きがあるが、『先代旧事本紀』によると、紀伊名草姫は崇神天皇代の人である太田田根子の曽祖母であり、疑問である。いずれにせよ、共同体祭祀の最高位にあるシャーマンの名草姫と、その神託により政(まつりごと)を導く名草彦のヒメヒコ型の対が名草の土俗首長として存在していたところを、神武天皇の勢力に神領を譲り、名草彦は天道根命裔・紀国造祖に名を連ねることとなったのであろう。そしてこれはうがった類推にすぎないが、少彦名命が祀られていたという神島は、名草姫を葬った場所で、天照大神の後裔に祟りをなす虞のある国つ神を、少彦名命の名において鎮魂祭祀したのかもしれない。

3「伊勢・日前同体神説」と紀氏

先に『日本書紀』では、天岩戸隠れした天照大神を招き出すために鋳造された「天日矛」が日前宮にあると述べたが、日前宮のレガリアあるいは「神体」が矛であることを示している。しかし後の『古語拾遺』などは、天岩戸隠れした天照大神を映した八咫鏡と同范の失敗作としており、レガリアあるいは「神体」は皇大神宮と同一の「鏡」であることを強調する内容となっている。

矛であれ鏡であれ、いずれも隠れた天照大神神霊の活性化祭祀の依り代とみなしうることは共通する。神鏡は太陽である天照大神の姿を映すもので、伊勢皇大神宮祭神と日前宮祭神は同一の日神である。こういう考えは「伊勢・日前同体神説」と呼ばれている。松前健によれば、平安初期から宮中の王権祭祀において日前神の神鏡が伊勢のそれと並んで古くから用いられてきた形跡があるという。(29) 宮中温明殿の内侍所には、天皇のレガリアを納める忌辛櫃や細辛櫃などが置かれていたが、『日本紀略』や『村上御記』などによれば、この忌辛櫃の中に鏡三面があり、一面は「伊勢御神」、一面を「紀伊御神」と呼び、残る一面は不明であった。

『小右記』寛弘二年(一〇〇五)十一月十七日「神鏡定事」以下の記事に、天徳四年(九六〇)十二月の内裏焼亡の際に焼け損じた神鏡三面は、「故殿藤原実頼御日記清慎公記云、恐所雖在火灰燼之中、曽不焼損、鏡三面中伊勢大神・紀伊国日前・国懸申云々」とあり、同文が『経光卿記』寛弘二年同日条にもあるので、当時の宮廷祭祀に関わる知識人の間では、伊勢・紀伊大神が同一であることはよく知られていたのであろう。

しかし先に見たように溝口神・国懸神が紀伊大神であったとすれば、いつ、なぜ日前・国懸神となり、かつ伊勢大神と同体神となったのであろうか。この件に深く立ち入ることは本旨ではないが、その答のヒントは、『倭姫命世記』記事に見出せるのではないかと思う。『倭姫命世紀』の書き出しは、「天地開闢シ初、神宝日出マス時、御饌都神と大日孁貴ト、予メ幽冥ヲ結ビ、永ニ天ガ下ヲ治メ、言寿宣リタマフ」と、この世の始まりは、外宮祭神で月神とされるミケツカミと、内宮祭神で日神とされるオオヒルメノムチが協力して天下を治めたと書いている。そして同書崇神天皇六年には「倭の笠縫邑ニ就きて、殊に磯城ノ神籬ヲ立テテ、天照大神及び草薙剣ヲ遷し奉ル」と天照大神遍歴の始まりが記されているが、大日孁尊と天照大神とは区別されている。

続けて同書を見ていくと、天照大神と豊鋤入姫命は諸国遍歴の後、崇神天皇五十一年、「奈久佐浜宮ニ遷りたまひ、三年を積るの間斎き奉る。時に紀の国造、舎人紀麻呂良、地口御田を進ル」と、紀伊国名草の浜宮に三年間留まり、その間に紀国造の紀麻呂良が田を進上している。この後、吉備名方浜宮から倭に戻り、豊鋤入姫命から倭姫命に交代する。それから伊賀・甲賀・美濃・尾張を巡幸し、伊勢に至り、桑名で国造大若子命(一名大幡主命)と弟の乙若子命に遭遇する。伊勢国内を巡幸し、垂仁天皇二十六年に五十鈴川上流に鎮座地をついに定め、大若子命を国造兼大神主に定める。翌年九月、先に粟島坐乎田乃御子神社の項でも引用したが、鳥の鳴く声が昼夜かまびすしかったので、「大幡主命と舎人紀麻良とを使ニ差シ遣はシテ」見れば云々、そこに伊佐波登美命の社を祀らせ、伊雑宮を「皇太神の摂宮ト為ス」。

史実かどうかはおいて、倭姫命の伊勢入りに紀氏の舎人が随行し、度会氏祖とされる大若子命とともに、伊雑宮および神乎多乃御子神社の措定に関与したことになる。

鎌倉後期成立とされる『豊受大神宮禰宜補任次第』によると、天日別命裔を名乗る大若子命に始まる度会氏は、弟の乙若子命を神主直系祖として、五代目の大佐々のときに、豊受大神の祭祀も始め、皇大神宮・豊受大神宮の「二所大神宮」神主として祭祀を司った。孝徳天皇代に、伊勢国は後の伊賀・志摩国の範疇も含んだ一国として成立したので、伊勢国祭祀長としての度会氏の勢力は、非常に強かったといわれる。

しかし壬申の乱翌年の天武元年、度会氏は二所大神宮大神主の任を解かれ、平安初期まで荒木田氏・根木氏・度会氏が共同して内宮・外宮の禰宜職に就くことになった。すぐに根木氏が絶家となり、内宮は荒木田氏、外宮は度会氏が禰宜職を世襲する体制が明治まで続いた。伊勢神宮の祭祀権に朝廷が明確に干渉し、皇祖神を祀る神社の頂点としたのは天武天皇からであり、その始めが、この二所大神宮大神主の廃止であった。同時に「祭主制度」が設けられ、中央神祇貴族の中臣氏が祭主に任命され、代々世襲した。祭主は奉幣勅使として祝詞を奏上し、天皇の意向を伊勢大神に伝えるもので、祭主の下に大宮司を設置、禰宜はその管轄下に置かれた。天武十四年(十五年とも)には式年遷宮が制定された。

この天武・持統期の一連の過程で、旧伊勢国の土着首長達の政治的プレゼンスは相対的に弱められ、首長一族でもあった大神主家・度会氏を筆頭に、土着神社と神主家も、古来の神領や地位を再編され、皇大神宮摂社末社に位置付けなおされていった。朝廷による皇祖神・天照大神を頂点とする神社祭祀編成が確立するまでには、なおかなりの時間がかかったと思われ、一つの達成が明瞭な姿を見せたのは、延暦二十三年(八〇四)『皇大神宮儀式帳』『止由気宮儀式帳』であり、『新抄格勅符抄』大同元年(八〇六)牒神封部に見られる、伊勢志摩・紀伊国等の主たる神への、朝廷による封戸の実施である。朝廷主導による祭祀儀礼の体系と基盤の確立が、この時期になされたと見ることができる。(30)

伊勢・日前宮双方の確立に寄与したと思われる紀氏は、壬申の乱時、大海人皇子の挙兵にいち早く応じて助け、功臣・紀阿閉麻呂は死亡時天武天皇より紫大位を贈られている。八世紀には、紀朝臣氏は、次節で述べるとおり聖武天皇の信任を得て八幡神入京を演出するのであるが、一方で伊勢神宮と深いつながりを見せ、特に紀作良の代には伊勢守と造斎宮長官に任ぜられるなど、神祇行政トップの位置に近づいた。以下は紀氏と神宮および伊勢国との関係を示す主な事項を列挙したものである。

・天平二年(七三〇)　紀朝臣宇美　伊勢神宝使
・天平十二年(七四〇)　紀朝臣麻呂　元正天皇伊勢行幸護衛騎兵大将軍
・天平勝宝元年(七四九)　紀朝臣麻呂　伊勢奉幣勅使
・天平勝宝五年(七五三)　紀朝臣飯麻呂　伊勢神宮界限る標樹役
・宝亀五年(七七四)　紀朝臣古佐美　伊勢介
・延暦二年(七八三)　紀朝臣作良　伊勢守
・延暦四年(七八五)　紀朝臣作良　造斎宮長官

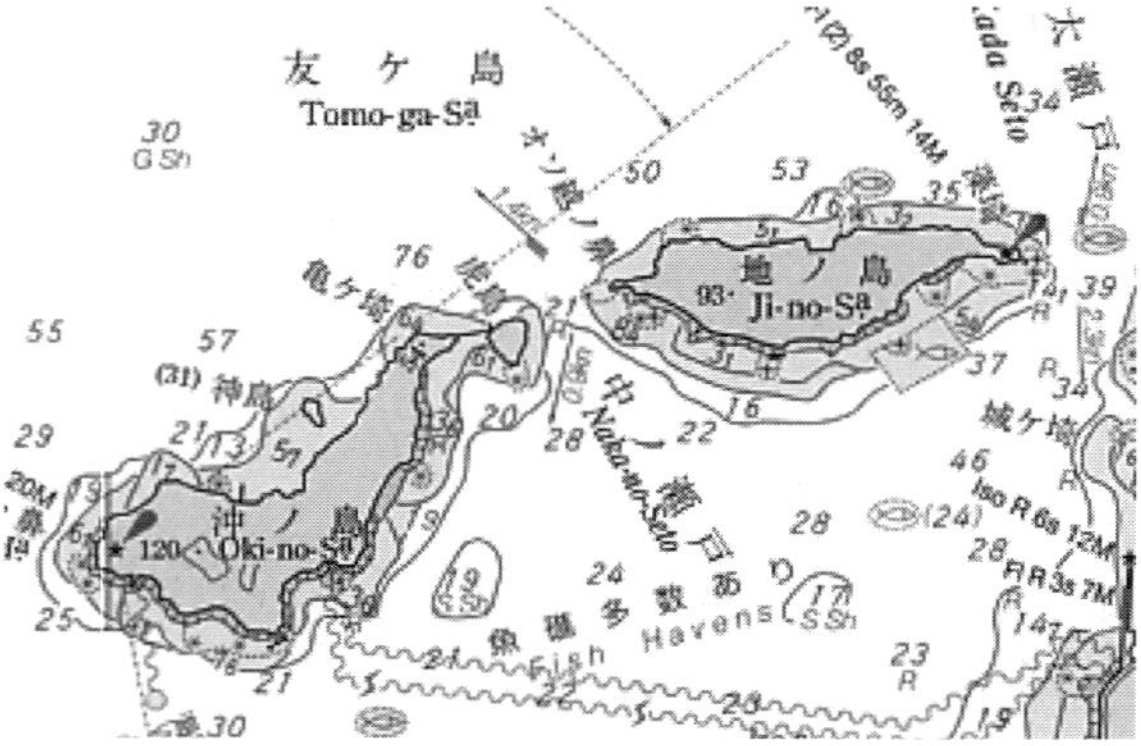

海上保安庁海洋情報部友ヶ島海図　友ヶ島は大潮の干潮時、最大で薄いグレーに彩られた部分まで陸地が露出する。近世以降の葛城修験の行では、虎島に集中する行場へ行く途中、少彦名命鎮座地神島を遥拝した。かつては大潮に徒歩渡御し神事をおこなったのではないだろうか。

・延暦十年（七九一）　紀朝臣古佐美　伊勢神宮放火さるを謝罪、造営
・九世紀末～十世紀　紀貫之の兄弟・文定および従兄弟・朝氏　伊勢守
・九世紀末～十世紀　紀長谷雄の子・淑江　伊勢守
・寛平六年（八九四）　紀朝臣冬雄　伊勢外宮禰宜
・長保三年（一〇〇一）　紀朝臣冬雄裔　度会姓を賜る

（『尊卑分脈』『群書類従』『系図纂要』紀氏系図に加え、平安前期までは『続日本紀』『公卿補任』等により訂正、近藤敏喬『古代豪族系図集覧』〈東京堂出版、一九八六年〉により一部補足）

延暦十年、伊勢神宮が放火され、その責を負って造営した後、紀氏が伊勢神宮の行政にも祭祀にも表立って任ぜられることはなくなったようで、かろうじて伊勢守に名を留めるのみである。とはいえ、日前宮が伊勢神宮並の奉幣等を得られる地位を獲得し、平安中期には「伊勢・日前同体神説」が宮廷祭祀関係者に認知されていたのは、紀氏の一つの達成として捉えることができる。

紀氏は、奈良時代後期から平安前期の国家による神祇祭祀の再編期に、伊勢神宮を巡る神祇行政の中枢に入り込み、「伊勢・日前同体神」説に依拠しながら、大和の朝廷を中心点にして伊勢志摩のアワシマの対称点にある西のア

沖ノ島山頂から見た神島

ワシマの地に、「日《ひ》の隈《くま》」すなわち日没した太陽を賦活させ、再生させるための祭祀をおこなう聖地を出現させようという意図ではなかったかと、筆者には思えるのである。

前近代の人々は月齢を暦として利用し、春夏秋冬の大潮と夏至・冬至も、月齢と潮の干満の連動によって知っていた。海を生活世界とする人々は、第一に海路を照らす日月の光明の恩恵を蒙っており、日月の運行と潮の干満、漁期や再生産等がすべて連関する神秘への畏敬と感謝を抱いていた。大潮の時だけに現れる岩礁に、天海の摂理を司る神が来臨すると捉え、人々が禊祓して迎え祀ったのが、原初のアワシマ祭であったと筆者は推測する。夏至の大潮の干潮時、志摩アワシマの北端・神前岬では、そのときだけ出現する岩礁や洞門洞穴に徒渉して神を迎え、夏至の太陽による生命力の再生や賦活を促す神事をおこなったであろう。南端の加布良古岬と長藻地でも同様の神事がおこなわれたと考えられる。

一方、加太アワシマ現地でも、大潮で友ヶ島群島の沖ノ島から神島へ歩いて渡れるようになるので、神島の南方平地の池の辺りで神事をおこなったと推測する。それが中世に十一月一日におこなわれていた粟島祭で、これは冬至の祭りであったのではないかと考える。潮の干満差は、夏至・冬至に年極大になり、太平洋岸では冬至の夜中の干潮が年極大で、昼に起きる干潮の年極大は夏至であるという(久保田効「彼岸潮は年極小」『海の気象』第五巻三号、海洋気象学会、二〇〇五年)。

朔日が冬至となるとき、それを「朔旦冬至」といい、朔旦冬至から始まる十九年間を「章」といった。『紀』に「朔旦冬至」の祭りが登場するのは延暦三年以後で（表5参照）、古代中国に発する暦＝天文の運行を司る天皇だけに許される祭祀であった。この日、天皇は忌み籠りをおこない、天文博士の暦奏を受けた(31)。実際には暦の操作で朔日を遅らせたり早くしたりして人為的に朔旦冬至を実現させていたというが、冬至が重視されていたことの表れである。

1で粟島祭が十三世紀に行われていた根拠として挙げた「坂上明田地寄進状写」の永仁五年は朔旦冬至で、章首となった年である。粟島祭が朔旦冬至の章首年ごとに行われていたかどうかは、これ以外に史料を見出せておらず不明であるが、神島渡渉が可能な冬至にしかおこなえない祭であったことは確かではないかと思う。

『日前宮文書太神宮神事記』建徳二年（一三七一）中の「粟島祭次第」には、十一月一日におこなった「粟島祭」次第が記されている。この日の夜、最高位巫女らしい人母《ひとも》以下神職が、日前宮神巡幸伝承のある本脇海浜・加太淡島神

表5　朔旦冬至年一覧（元嘉暦法による）

1	延暦3	784	19	久安元	1145
2	延暦3	803	20	長寛2	1164
3	弘仁13	822	21	寿永2	1183
4	承和8	841	22	建仁2	1202
5	貞観2	860	23	承久3	1221
6	元慶3	879	24	仁治元	1240
7	昌泰元	898	25	正元元	1259
8	延喜17	917	26	弘安元	1278
＊	承平6	936	27	永仁5	1297
9	天暦9	955	28	正和5	1316
10	天延	974	29	建武2	1335
11	正暦4	993	30	文和3	1354
12	長和元	1012	31	応安6	1393
13	長元4	1031	32	明徳3	1392
14	永承5	1050	33	応永18	1411
15	延久元	1069	34	応永29	1422
16	寛治2	1088	35	宝徳元	1449
17	嘉承2	1107	36	応仁2	1468
18	大治元	1126			

＊承平6（936）の冬至は11月29日で朔旦冬至ではない（出典：広瀬秀雄『日本史小百科 暦』東京堂出版、1993年、111ページ）。

社を参り、饌供祝詞奏上後、神楽と直会をして一泊し、翌日帰った。

また同月十五日夜に日前宮忌殿で、宮中の御暦奏にあたる「庭立御祭」がおこなわれた。人母が嫭《とうめ》（老女の意）御前に祝詞を述べた後、「粟島ノ祝詞」を申して、人母の和琴唱歌に合わせて中臈等が「粟島の方へ対して」舞い、次に末座中臈が無伴奏で「粟島の船漕ぐ様を学ぶ」の歌を唱え、飲食をして退出したという。ちなみに二見興玉神社の夏至祭りでは、現在も歌いながら船漕ぐ様をする「鳥船」をおこなっている。

『日前宮文書太神宮神事記』建徳二年記には、以下のようにある（割注省略。『和歌山県立文書館紀要　七』より）。

十一月一日　日前宮相嘗御祭忌固祭事、（中略）

同日粟嶋祭次第、両人母中臈案主神子皆参彼社、先於本脇海辺立御鉾御神木有解除、号風祭、御荷前白酒一瓶子宛折櫃三合宛（中略）、其後参粟嶋ノ社、御荷前酒一瓶子、餅橘柑子等也、飯者上白冠米七升出之、土師末案主等炊之、人母唱唵声、又小飯三折敷（中略）、次彼社禰宜申祝詞、次彼所中言社申祝詞、次有中臈案主等舞、人母唱御歌、次巫女有里神楽、其後饗膳勧坏有之（中略）、一宿之後又喰膳勧盃如前夜有之、其後退帰、故老神人膳両三人者如末座中臈備之、

（十一月十五日）庭立御祭御殿次第、与都鎮部御祭殿鎮儀相同、（中略）祭方人母勤解除、次於忌殿祭方人母奉向嫭御前申祝詞、酒溸也、次申粟島ノ祝詞、次座上人母撥和琴唱御歌、中臈等皆対粟島ノ方同時舞、次末座中臈唱歌学粟島ノ船漕様、次有饗膳勧盃其後退出、

冬至には衰弱した太陽を賦活するための火焚き神事があるが、[32]中世の日前宮でおこなわれた「粟島祭」「庭立御

祭」は、原初の祭祀を部分的にも保存していたのではないかと思われる。これらの祭祀は伊勢皇大神宮を頂点とする神祇再編と、日前宮の伊勢皇大神宮同格化の過程に取り込まれ、夏至の日神祭祀を伊勢志摩、冬至の日神祭祀を加太でおこなったのではないか。日前宮が皇大神宮と同格の奉幣を受けていたのは、同范鏡があったからだけではなく、鏡に象徴される日神の祭祀を共有していたことにも由来するであろう。その祭祀の場が、東西のアワシマだったのである。

三　加太淡嶋神社と伽陀寺

1　稚日女命と神功皇后・少彦名命

加太淡嶋神社社伝の縁起は、神功皇后が新羅遠征を終えて凱旋帰国した際、第十三代成務天皇の遺児で異母兄弟にあたる忍熊・麛坂皇子兄弟のクーデターに遭い、兵庫の生田沖で退避していたところ嵐となり、皇后自らが神託を問うて苫を流し、苫が流れる方向に船を進めたところ、友ヶ島群島の神島に至り、無事嵐を逃れることができた。上陸するとそこに少彦名命を祀った祠があり、以来皇后は尊崇篤く、孫の仁徳天皇代に現社地に遷座するとともに、主殿に少彦名・大己貴命、相殿に神功皇后を祀ったと伝えている。

この生田沖退避の場面は、前述のとおり『日本書紀』では天照大神・稚日女命・事代主命の順に、神託をする。稚日女命は生田神社とともに、紀伊国名草郡和歌浦の式内社・玉津島神社祭神としても知られている。玉津島神社由緒には、祭神は稚日女命・神功皇后・衣通姫命（和歌神）・明浦御魂とあり、稚日女命は「またの名を丹生都比売神《ニフツヒメノカミ》といい、伊弉諾尊・伊弉冉尊の御子で天照大御神の妹神」「神功皇后が海外に軍を進めた際、玉津島の神である稚日女命の霊威によって報われたため、分霊を現在の伊都郡かつらぎ町天野の地に祀った」とある。旧末社に塩竈神社があり、ここは元は玉津島神社の祓所だった。神体の塩槌翁命は「輿の窟」という海岸洞窟に鎮座する。毎年九月十六日に天野丹生都比売神社の神輿が、紀ノ川沿いを玉津嶋神社まで渡御し、翌日に日前宮へと巡幸してゆく「浜降り神事」の神輿が、一晩奉置されるところが輿ノ窟であった。塩竈神社の「輿の窟」はまさに神輿に遷された神霊を籠らせ、「みたまのふゆ」をおこなう洞窟であり、アワシマ信仰の原像そのままの風景が存在した。とはいえ、この場所が「武庫の浦を漕ぎ廻る小舟粟島をそがひに見つつ」「粟島に漕ぎ渡らむと思へども明石の門波いまだ騒けり」（表4『万葉集』）と詠める位置かといえば、否である。

一方で、神功皇后と少彦名命の関係を振り返ってみると、『日本書紀』に少彦名命に関わる記述は、大己貴命の他には、神功皇后に関わる神霊として登場するのみであるが、逆にいえば、神功皇后と少彦名・大己貴命の関係の密接さを示すといえる。そこで、今少しくわしく、『日本書紀』神功皇后・摂政前記から摂政五年までの記事から、神功皇后と少彦名命が関わる場面の文脈を追ってみよう。

神功皇后すなわち息長足《おきながたらし》姫《ひめ》は、美貌とかしこさをうたわれて仲哀天皇に嫁した。皇統断絶・王朝分裂の危機のさなかに、夫の仲哀天皇は熊襲征伐に来た九州で、新羅遠征の神示を受ける。しかし天皇は神示を疑い、神が怒って神功皇后が神の子を孕んでいることが神示の証拠だと告げ、仲哀天皇は頓死してしまう。これが意味するのは、後に生まれた応神天皇は仲哀天皇の皇統ではないということで、神功皇后の新羅遠征から応神天皇即位までは、新たな皇統が朝鮮半島の服属を得て始まるまでの一部始終である。

息長足姫は神示に基づき、朝鮮半島侵攻を共通の目標に国内諸勢力の団結を図る。神功皇后が半島に出兵する際には、兵が集まらなかったものが、この軍を勧めた神に従えば必ず叶うと信じて、大三輪の社を立てて祈ったところ、自ずと兵が集まった。(33)これは大三輪の神の援助、すなわち少彦名・大己貴命神霊の神慮である。渡海のときに臨月であったのを、石を腰に挟んで凱旋後の産を祈り、男装武装して三軍を率いた。産を制御するために腰に挟んだ石とは、少彦名・大己貴命神霊のよりましであり、皇后が祈った神が少彦名命であることが暗喩されている。そして凱旋帰国して亡夫の葬儀をおこない出産するや、クーデターに遭い、しばしの後、都奴賀の笥飯大神に詣で皇子を太子に立て、その祝宴で、皇后は太子を前に次のように歌った。

此の神酒は　吾が神酒ならず　神酒の司　常世に坐す　いはたたす　少御神の　豊寿き　寿き廻ほし　神寿き
寿き狂ほし　奉り来し御酒そ　あさず飲せ　ささ(34)

新羅との戦争に勝利して属地を獲得し、太子に皇統を引き渡すことができたことを祝う美酒が飲めるのは、磐立たす少彦名命のおかげ、と述べているのである。

このように、『日本書紀』では、神功皇后―応神天皇守り神として描かれる少彦名・大己貴命神霊、とりわけ少彦名命との関係は、大神氏祖神である由縁から描かれている。その関係を、系譜から確認してみた。(35)

神功皇后は、開化天皇玄孫・息長宿禰王の娘で、開化天皇には、伊香色謎命との間の息子である崇神天皇と、和迩氏出身の日子国意祁都命妹との間の日子坐王(彦坐王)との流れがあった。

崇神天皇と母・御間城姫命との間の子の垂仁天皇は実在する天皇で、イリ系三輪王朝の祖といわれるが、景行天皇(垂仁天皇と日葉酢媛命との子)、成務天皇(崇神天皇と尾張大海媛との子の八坂入彦命の娘(母不明)である八坂入媛命と景行天皇との間の子）、仲哀天皇（成務天皇の異母兄弟である日本武尊と両道入姫命の間の子）の三代の天皇は、実在を疑問視する説がある。

一方、日子坐王の子には、息長水依比売との間の丹波道主命と、袁祁都比売命の間の山城大筒木真若王などがあり、丹波道主命は丹波之河上之摩須郎女との間に日葉酢媛（垂仁天皇妃・倭姫命の母）を、山城大筒木真若王は丹波阿治佐波媛との間に迦迩米雷王をなしている。迦迩米雷王は丹波之遠津臣の女・高材比売を娶って、息長宿禰王をなした。息長宿禰王は、本拠地であった近江国坂田郡（滋賀県米原市）の日撫神社（『延喜式神名帳』坂田郡五座名神小の一）に、少彦名命・応神天皇とともに祀られている。

開化天皇が和迩氏を娶ってできた日子坐王の二人の孫は丹波氏を娶り、女系が丹波氏である息長宿禰王の代に、新羅から渡来した王子・天日矛から七代末裔の葛城高額媛を娶って、神功皇后・息長足姫をなした。天日矛は新羅の王子で、垂仁天皇三年三月に、玉・刀・矛・鏡・神籬の神宝を持参して渡来したと『紀』に記述がある。『記』には日精に感応して生じた、日の出の太陽を表す赤瑪瑙の玉の化身の女神・阿加流比売《アカルヒメ》を妻としたとある。その間に垂仁天皇が丹波氏系の日葉酢媛を娶って倭姫命をなしている。神功皇后からすると、倭姫命は祖父の異母腹の従姉妹、父・息長宿禰王のオバである。

そも天照大神を別の場所に祀ることにしたのは崇神天皇であった。大和笠縫里で尾張大海氏の渟名城入姫命に祀らせたところ、衰弱して不能であった。そこで伊勢麻績君等に夢占をさせて見出した大田田根子に大物主神を祀らせ、大和の国魂とすることで鎮まった。その祭祀のときに崇神天皇が歌ったとされるのが「うまさけ三輪の神」の歌である。

此の神酒《みき》は　我が神酒ならず　倭《やまと》成す　大物主の　醸《か》みし神酒　幾久　幾久(36)

さらに垂仁天皇が豊鋤入姫命・倭姫命に天照大神の鎮座地を求めさせ、丹波氏系の豊宇介大神を天照大神の御饌神として加えて、伊勢で度会氏による祭祀をおこなわしめたが、崇神―垂仁系三輪王朝の皇統断絶という事態に至り、神功皇后―応神天皇母子が帝位につくことで、継体天皇へと連なる新たな皇統が始まった。その背後には、和迩・息長・丹波・天日矛氏の女系の系譜があり、神功皇后―応神天皇に至るのである。そして越前・都奴賀の笥飯大神と応神天皇の「名替え」すなわち成年儀礼をおこない、笥飯大神を応神天皇の御饌神とした後の立太子の宴において、皇后の祝い酒を褒める歌は、大己貴命でもある大物主神ではなく、少彦名命に捧げられたのだった。

第一章で少彦名・大己貴命を祭神とする神社の分布を見たところ、式内社はじめ十世紀以前の創建伝承をもつ古社が多く、北陸・西日本の日本海側および畿内に優勢と述べたが、その範疇は、おおよそ神功皇后の背後にある女系の氏族のテリトリーと一致するといえるかもしれない。父祖の天日矛は阿加流比売という日神祭祀に関わったとおぼしき女系と交わっているものの、『記紀』の伝承は神功皇后自身にはそうした性質を与えておらず、天照大神・稚日女命の神託に従う存在として描いている。これ以上は追求しないが、実在か否かはともかくも、神功皇后―応神天皇という八幡信仰の祭神とされた人物、すなわち崇神天皇の系譜に続く新たな皇統、それらの守護神として、特に少彦名命を尊崇する信仰があったのである。

2　八幡神と大神氏・紀氏

加太淡嶋神社社伝縁起が語る神功皇后海難譚は、『記紀』を底本とする「八幡縁起」のヴァリアントであり、アワシマ信仰が八幡信仰と関係することは容易に想像できる。周知のとおり石清水八幡宮寺を創建した僧・行教は、紀氏(紀朝臣氏)の出身である。八幡信仰と紀氏とは、またアワシマ信仰とはどのように関係するのだろうか。まず、八幡信仰と紀氏の関係について見ていきたい。

八幡信仰は、土族宇佐氏の祀る原始神道の比売神に始まり、最初、馬城嶺(奥宮・大元神社のある御許山)に顕現したといわれる。後に渡来系の辛嶋氏が祭祀の中心となって八幡《ヤハタ》神となり、さらに大神氏が加わって宇佐八幡宮神職団による祭祀へと移行する中で、八幡神と応神天皇が習合し、複雑な形になったといわれる。(37)

十四世紀初編纂という『八幡宇佐宮御託宣集』は、欽明天皇崩御の年に、宇佐郡馬城峯の大神比義《おおがのひぎ》という不老長生の人物のもとに、最初は金鷹の姿で、次に鳩の姿で八幡神霊があらわれ、比義が三年間修行して祈ると、童形となって笹の葉上に降臨し、「誉田天皇広幡八幡麿、護国霊験之大菩薩」と称したと伝えており、ここから八幡神は応神天皇霊として伝えられることとなった。(38)十二世紀の『東大寺要録』他にも同一の文が採録されている。

『日本書紀』編纂から約二十年後の天平九年(七三七)、新羅との緊張が高まる中で、朝廷は九州の八幡神および香椎宮に奉幣し、属国とみなす新羅の「新羅無礼」を告げた。正史に八幡神が登場した初めである。中野幡能は、このときすでに形成されていた八幡祭祀集団が、新羅と関係が深かったことを意味すると推測している。中野は、雄略天皇代頃から、豊前国には宇佐郡馬城峰を拠点とする、新羅の「花郎《ファラン》」に似た山林修行「奇巫」集団が存在し、弥勒信仰などと習合した八幡神を祀っていたという。(39)

最古の経典に属する『阿含経』には、末法から五六億七千万年後に出現する弥勒菩薩の救済が述べられているが、兜率天に上生を願う上生信仰に対し、弥勒如来の下生が現に「今」なされるから、それに備えなければならないという下生信仰が、三国時代の朝鮮半島で盛んになった。その中で、新羅の真興王(在位五四〇~五七六)の代に、貴族子弟の十八歳前後の青年による結社「花郎」の制が創設され、国王の親衛隊として近侍した。朝鮮の史書『三国遺事』巻三「弥勒仙花章」には、真興王次代の真智王の代に、興輪寺僧真慈（貞慈とも）が、「毎に堂主弥勒像前に就きて、発願して誓言すらく、願わくば我が大聖よ、花郎に化作して、世に出現せよ」と、弥勒菩薩に花郎となって出現せんことを請うたという。この記事を裏づけとして新羅では、弥勒下生までの末法の世では、「花郎」が百王を守護する弥勒の化身とされたといわれているが、(40)「花郎」に関する信頼のおける正史は存在しないため、その相貌はよく分からない。

一九三〇年代に、神話研究の第一人者の三品彰英が、花郎の源流を原始時代韓族の男子集会に求め、その存在形態の特徴の源泉は原始宗教にあると解釈した。(41)男巫、巫堂集団でもあり、時に化粧し着飾って芸能をおこない、国王に奉仕したといわれている。道教的に風水のよい景勝地で雑密や弥勒信仰も取り入れつつ、シャーマンとしての能力を高める修行をおこない、芸能による祓い清めや、呪術医療、託宣等をおこなったといわれる。「花郎」兵士の英雄伝説が多く存在することから、戦闘に際してはその霊威で兵士を鼓舞し、守る役割も担ったことが推測されている。

神亀二年（七二五）、八幡神は「弥勒・薬師二仏をわが本尊に」と託宣し、八幡大菩薩自身の発願で弥勒禅院を、大神氏の建立で本尊・薬師如来の勝恩寺を建立したという。(42)中野は、前者は現地に根強くあった弥勒・虚空蔵信仰に基づくが、後者は大神氏の薬師信仰を反映していると考えている。大神氏が奉じた仏は、前述のとおり持統天皇代に創建といわれる神宮寺の大御輪寺および大神氏氏寺として創建された三輪寺の本尊が、ともに十一面観音であった。一方、地主神である大物主の荒魂を祀る狭井神社神宮寺本尊は、薬師如来であった。(43)日本での弥勒信仰は朝鮮半島を経て伝わり、飛鳥時代から存在するが、末法が意識された平安時代に盛んになった。吉野金峯山におけるそれがよく知られている。

小倉暎一が指摘したように、(44)紀氏は早くから太宰帥・大弐を輩出しており、周防長門および九州北部の国守や大宰府長官なども務めて、国防・外交の一線に立ち続けてきた。逵日出典は紀氏が役職を通じて宇佐八幡宮に関わる中で、八幡神への崇敬を強めたとするが、(45)古代の戦闘は単に武力の優劣だけでなく、相互が奉じる神の霊威の優劣の闘いでもあった。同族や大伴氏など軍事氏族の兵士を率いて九州の前線で敵と対峙しなければならなかった紀氏は、弥勒下生まで百王を守護するといわれ、戦士とともに霊的呪詛をおこなった「花郎」に打ち克つ力をもった神を、必要としたのである。

七世紀の白村江の戦に敗れ、軍事貴族としての立場を凋落させた紀氏は、直氏と朝臣氏に分裂し、紀朝臣氏は大和の平群に進出した。間もなく壬申の乱が起き、大海人皇子についた紀氏は、軍事貴族としての一面を保ちつつ、学芸や神祇行政に関わる中央官僚として歩み始めた。八世紀に紀氏は北九州において、養老四年(七二〇)の隼人の乱、天平十二年(七四〇)の藤原広嗣の乱の鎮圧を果たし、八幡神の霊威は中央に認識された。その六年後、天平十八年に聖武天皇不予の祈禱に効験があったとして、朝廷は八幡大神に三位を与えており、二年後に東大寺が八幡神を勧請した。翌年に聖武天皇が東大寺建立を祈願したところ、神託により黄金が出土するというクライマックスを迎え、天平勝宝元年(七四九)、八幡大神禰宜尼大神朝臣杜女を伴って、宇佐八幡神の東大寺入京となった。八幡神輿は、まず紀朝臣氏の本拠地である平群で出迎えられている。(46)

この時期に八幡神が総国分寺の東大寺鎮守として迎えられた理由として、軍神として内乱を鎮圧し、天皇の病への効験も著しく、大仏鋳造のための金をも調達と、華々しい成果があったことが挙げられるが、一方で疫病や旱魃、新羅との緊張、相次ぐ内乱等が引き続き、さらに加えて天平十六年、聖武天皇は残された唯一の男子の跡取りを失っている。天武天皇以来の皇統と国の形が危機にあることへの、聖武天皇の不安や危機感を捉える必要がある。

こうした事態とともに、仏教に深く帰依した聖武天皇は、「末法」に向かいつつあることを殊に強く意識していた。「末法」とは、『阿含経』に記述される仏教の歴史観で、釈迦の立教以来千年（五百年ともいう）の時代を「正法」、次の千年を「像法」、その後の一万年を「末法」の「三時」に分け、正法時には正しい教法と修行が広くおこなわれ、悟りを開く者もあらわれるが、像法時には教法と修行者は存在するものの、正しい修行がおこなわれないため悟りを開く者が出ない時期とされた。末法時には、教法は存在するが修行をおこなう者がなく、同時に悟りの証も得られないとされた。釈迦の入滅の年代は諸説あるため、末法の年代設定も定まっていないが、日本では特に永承七年（一〇五二）を「末法元年」とする考えが流布された。

『続日本紀』天平十五年正月癸丑条の聖武天皇願文に、像法中興への志願が見られる。

仰願梵字増威、皇家累慶、国土厳浄、人民康楽及郡方綿該広類。同乗菩薩之乗並坐如来之座、像法中興実在今日、凡厥知見可不思哉。

弥勒下生信仰を奉じた初期の八幡信仰においても「三時」は意識されていた。『八幡宇佐宮御託宣集』巻十四・馬城峯の部に、「或記云。御許山峯有三並石、号三所御体。以此三石為三所、以之鉢水、為三身御体。鎮護国家経正像法末法、云々」とあり、これに続いて、天平元年、聖武天皇に八幡大菩薩の霊が現じて、宇佐馬城峯に「鎮護国家正像末之霊水」湧出を告げたとあることは注目すべきである。

聖武天皇が東大寺鎮守として勧請した八幡神が応神天皇と認識された時期について、『宇佐八幡宮託宣集』の「誉田天皇広幡八幡麿」出現の記事に基づいて、弘仁十年（八一九）の官符（『宮寺縁事抄』）に「神云、八幡大菩薩ハ是誉田乃天皇也。昔斉明歟天皇御代、豊前国宇佐郡真木乃峯仁始而現給天…」とある。八幡神輿入京の頃には、この「伝承」は人口に膾炙し始めていたと推測する。否、むしろ八幡神が応神天皇であるからこそ、護国の鎮守として聖武天皇に迎えられたのであろう。

応神天皇の生誕は神霊によるものであり、そうあらしめた神の力はすなわち、神功皇后をして、弥勒下生の化身とされる「花郎」に護られた新羅を撃ち破り、皇統断絶・王権崩壊の危機を救って新たな皇統の時代を切り開かしめた力である。『尊卑分脈』系図によると、聖武天皇母の藤原宮子は、紀伊名草姫から四代目の太田田根子を祖とする賀茂氏が母である。妻は藤原氏と、皇統外の女系の系譜を継いだ聖武天皇が、新たな皇統を肯定し、国難を乗り越えて次代を拓くには、世界や宇宙の存在そのものである毘盧遮那仏とともに、応神天皇神霊が皇統・国家の守護神として必要であった。皇統・国家守護神としての力と、薬師如来・弥勒菩薩に帰依し末法に向かう「今」を救う仏の力をも糾合した、最も強力な新しい神として、八幡大菩薩は創造されたのである。

同時期に大神氏とともに紀氏は、大和三輪山を中心にして、東に天照大神と豊受大神との二所体制のもとに、朝廷主導の祭祀体系に伊勢志摩の神祇を再編し、西に己が祖神の日前・国懸宮を、日神祭祀において伊勢と同格の存在に高めようとした。これ以後、道鏡天皇即位企図に関する宇佐八幡宮神託事件という歴史を揺るがす事件を経て、紀朝臣氏は、延暦十年(七九一)伊勢神宮放火事件後の再建をした紀朝臣古佐美が、同年に東大寺鎮守八幡宮神主に就いており、承和七年(八四〇)、空海に才能を愛された紀朝臣氏の真済が神護寺別当に就任、七年後には東寺一の長者に就任、そして古佐美の甥の行教が貞観二年(八六〇)石清水八幡宮寺を創建した。紀朝臣氏は同宮神主・別当や天台座主、金剛峰寺奉行、東大寺・薬師寺・仁和寺別当等の要職を続々と占めていく。(47)「伊勢・八幡二所宗廟」と、今に至るまで別格の位置を得る神々のプロデュースに寄与した大神氏・紀氏とは何者であったのか、あらためて深耕すべき課題だろう。

3　伽陀寺と八幡信仰

ここまで見てきた中で、海岸祭祀の基層信仰であったアワシマ信仰は、八世紀に本格的に始まる伊勢・八幡信仰の形成に関わって再編されたことが歴史的な起点となったこと、その中で国家祭祀を担う大神氏と、神祇行政に進出した紀氏が鍵となる存在であったことを、ある程度明らかにできたと思う。そこで以下では、紀北地域に焦点を絞り、八幡信仰がどう展開したかを見ていく中で、加太淡嶋神社の位置づけを探っていく。

承和年間（八三四～四七）成立とされる『宇佐八幡宮弥勒寺建立縁起』のいわゆる「辛島氏系伝承」には、次のような八幡神巡幸伝承が記されている。(48)

一曰、大神者初天国排開広庭天皇御世、宇佐郡宇豆高島天降坐（割注略）、従彼大和国膽吹嶺移坐、従彼紀伊国名草海嶋移坐、従彼吉備宮神島移坐、従彼豊前国馬城嶺罰詐嶺現坐、是大菩薩者、比志万荒城潮辺移坐、

八幡大神は欽明天皇代、宇佐宇豆高島（海島）―大和膽吹嶺（山嶺）―紀伊名草海島（海島）―吉備宮神島（海島）―宇佐馬城嶺（山嶺）―比志万荒城の潮辺（海辺）へと巡幸したという。ここにも「海辺を巡幸する神霊」が存在した。

宇佐八幡神の東大寺勧請以後の、南都大寺から神護寺等を経て石清水八幡宮寺が創建される経緯については、逵日出典の先行研究に詳しいが、(49)逵が大和の大神氏が宇佐宮神職団の中で勢力をもっていくのに配慮した内容という、「辛島氏系伝承」中の八幡神巡幸伝承は、九世紀の南都から石清水に至る勧請の経緯とは別に、紀伊・吉備国に八幡

神が勧請されたルートがあったことを示すであろう。

この古伝承中の、紀伊国の「名草海嶋《なぐさあましま》」とはどこであろうか。十世紀の『和名抄』が示す名草郡郷は、紀ノ川下流平野部におおよそ比定され、これは日前宮神領の範疇である。名草郡と海部郡の境界は時期により錯綜し、例えば『続日本紀』神亀元年(七二四)の聖武天皇行幸記録には名草郡和歌浦の玉津島神社が「海部郡玉津島頓宮」とある。一方、先に引用した鎌倉前期成立といわれる日前宮旧記には「二種之神宝到于紀伊国名草郡加太浦」と、律令郡郷制では海部郡の加太が名草郡と記されている。ともあれ、素直にこれは、海島の地と読むべきであろう。島があり、八幡信仰に所縁がある場所というと、玉津島神社および木本八幡宮・加太八幡宮である。玉津島神社は神功皇后を祀っているとはいえ、1で見たとおり主祭神は稚日女命・丹生都比女命であり、異なる信仰伝承の文脈に位置付けられてきたものなので、該当しないと考える。残る木本八幡宮と加太八幡宮について、木本の厳橿山麓には、天照大神＝大日孁貴命のこととする日前宮神巡幸伝承をもつ地主神社があり、その前浜には神功皇后凱旋帰国時に武内宿禰が、嬰児の応神天皇を預かって頓宮を営んだという八幡縁起を伝える、芝浜八幡宮があった。両者を合わせて木本八幡宮としたのは慶長年間という。八世紀に大安寺墾田が拓かれたのが木本荘の始まりで、九世紀頃に東大寺別院崇敬寺領になり、このときに東大寺鎮守八幡神が勧請された可能性はある。

隣郷の加太には、鎌倉期初期成立といわれる『諸山縁起』第十三項・転法輪山に、「一　阿布利寺　二　伽陀寺」に続き、「三　一の宿(今の八幡これなり。または鳩の留と云ふ。云々)」とあることから、八幡宮があったことが読みとれる。加太には葛城修験第一宿・伽陀寺が存在し、同寺は薬師如来を本尊とする。『紀伊続風土記』巻二十三「伽陀寺」の項によれば、多くの堂等伽藍が建ち並び、伊藤正敏は『向井家文書』の伽陀寺寺僧連署状に記載される僧侶の僧位・人数から、粉河寺級の大寺だったと推測している[50]。

『金剛山内外両院代々古今記録』には、「延喜二十年九月比、観賢僧正葛木修行之時、…于時山鳩三羽随観賢飛来。如比日峰間不離飛居伽陀寺。…今八幡又云鳩留也」と、延喜二十年（九二〇）、東大寺検校・観賢が創建し、創建ほどない伽陀寺に、八幡神霊の鳩が飛来して、八幡神祭祀を始めたと伝わっている。[51] 観賢とは、延喜年間に東寺長者および東大寺検校、醍醐寺初代座主、金剛峰寺座主・検校を歴任あるいは兼任した、真言宗開創時の大人物である。当時、東大寺は加太に塩木山二百町を有しており、伽陀寺の寺地の提供者は迎之坊＝加太荘刀禰公文・向井氏祖だったようだ。向井氏には、次のような八幡神降臨伝承が伝わる。

> 往古浄御原天皇御宇白鳳十四年（六七四）の頃可てふ我家の守神今八幡宮我遠祖弾正可苑の樟樹に降臨満し〳〵神童の形を現し弾正を召て神□□て曰今爰に大催の菩薩出現し給へり（『向井家文書』近世文書・和歌山市立博物館整理番号一九五「葛城一之宿伽陀寺由緒旧記録書上　葛城一之宿伽陀寺印紋縁起」文化四年〈一八〇七〉）
> （天武天皇代に、向井家祖の弾正の苑地にあった樟に八幡神の童形が降臨し、向井氏の守神にした）

現在同八幡宮は廃絶しているが、『向井家文書』正和元年（一三一二）下知状案に「始八幡宮勧請申御敷地之事者、伽陀寺山也」とあり、[52] これによっても向井氏が寺地の提供者であると同時に、伽陀寺境内に八幡宮を勧請したことが分かる。

興味深いことに、向井氏に伝わる八幡神降臨伝承は、鳥の姿で現れた八幡神を、大神比義が馬城峯で三年修行して初めて童形の応神天皇の八幡神として降臨せしめたという、宇佐八幡宮の辛島氏系伝承に近い形を取っている。そしていずれも山岳修行者の関与によって、八幡神霊が顕現したという意味付けを与えているのである。先の伝承には次の詞章が続く。文化年間の書上のため、さまざまな付会がおこなわれていることは勘案しても、天武天皇代における役行者の勧めによる開基は、正史に唯一名を残す役行者関係の記事『続日本紀』文武天皇三年の役小角伊豆島配流の件と時期が合っている。

汝□□奉迎との神宣を蒙り直尓浜辺に尋行ぬれ者行者尊堂ヽ寸ミ満しませりや可ていさなひ奉り候より今に至る迄迎之坊と呼来れり
夫より友嶋江渡り行場坐爰種々善行を言し給ふ
其時行者尊弾正に語て曰汝の宅の田苑盤久遠劫初の昔より諸仏出世の古地也必ず渡代々に伝法輪の霊場と成へく候
伽陀を唱て曰如我昔所願今者已満足
化一切衆生皆令入仏道斗述給ふて本法賀本尊薬師如来葛城七大童子尊幷自身の尊像を作らせ給ふ
（向井弾正に八幡神霊が童形で現じ、その導きで浜辺に行くと役行者がたたずんでおり、伽陀寺建立を役行者にすすめられ、行者出作の薬師如来を祀った）

事実の正否はおいて、初期の修験道と八幡信仰が混淆し、相即不離な状態であったことを示す史料として読めるであろう。同じことは、東大寺観賢が葛城修行をおこなっている際に鳩の姿で八幡神霊が到来したと述べる、観賢所縁の伝承についてもいえる。

もとい、木本と加太のいずれが、宇佐八幡神霊が巡幸した「名草海嶋」であるか。どちらにも共通するのは、日前宮神巡幸伝承の地ということである。弥勒・薬師に帰依し、現世を救い国家を鎮護するために出現したという八幡神が来臨した場所は、弥勒・薬師の修法をおこなう道場であったはずなので、東大寺が関与して伽陀寺を創建したという加太がふさわしいと筆者は思う。

延喜年間(九〇一〜二三)に伽陀寺が東大寺の観賢によって創建され、鎮守として八幡宮が勧請されたのであれば、その頃には東大寺および東大寺鎮守八幡、石清水八幡宮等の要職を一族で占めていた紀朝臣氏と、紀直(国造)氏の関与は不可避である。伽陀寺は紀朝臣氏出身の真言僧・真済が別当を務めた、本尊薬師如来・八幡神との混淆寺院であった神護寺のような、八幡神宮寺の性格をもつ護国祈禱のための密教寺院が目指されたのであろう。この時点で、紀ノ川下流北岸の粉河寺が法華経・観音信仰をもつ山岳修行者の拠点的寺院となっており、日前宮や伊太祁曽神社にも法華色の強い神宮寺が創建されているので、[53] 伽陀寺も加太淡嶋神社の宮寺として創建されたものと思われる。

4 伽陀寺と薬師・法華経信仰

(1) 古代の山林修行

伽陀寺が山岳修行者による薬師如来の道場として始まったことは、向井氏に伝わる創建伝承によって知られるところであり、また同時に、鎌倉前期の『諸山縁起』には法華経経文の埋納を主な行とする葛城修験二十八宿の第一宿に数えられる修験寺院となっている。ここで和泉葛城山系における山岳修行者の活動の変遷を振り返っておきたい。

古代山岳修行者の多くは、役行者もそうであったように、雑密を修する私度者であったが、東大寺造営が一つの転機となり、天平六年（七三四）「不論同族、所挙度人、唯取闇誦法華経一部、或最勝王経一部、兼解礼仏、浄行三年以上者、令度者」、天平宝字二年（七五八）「天下諸国隠於山林清行逸士十年素已上、皆令得度」[54]と、条件を満たせば正式な得度の道が開かれ、宝亀元年（七七〇）、山林修行は解禁になった。宝亀三年には浄行者一〇人を選ぶ「十禅師」が設けられ[55]、これ以降山岳修行者は制度内の存在となった。

当時の山岳修行者の行法は、天平年間の「優婆塞貢進解」に見られるとおり[56]、先の得度条件にもある根本経典の法華経と護国経典である最勝王経・大般若経の読誦、薬師如来・十一面観音菩薩の造像および悔過修法、陀羅尼誦呪等であり、祈雨を主とする除災異・国家安寧・護国豊穣・療病延命等を祈願した。律令の「僧尼令」は巫術を禁じる一方、仏法の呪による療病は許可しており[57]、これら密教的呪法は寺僧の素養としても奨励され、宮中や官寺で広くおこなわれた。大般若経転読が宮中で初めておこなわれたのは大宝三年（七〇三）、その目的は除災異である[58]。天平十六年に初めて薬師悔過修法の諸国一斉実修が命ぜられた。実修には「浄行者」「練行者」「精進僧」などと記される山岳修行者が招かれた。こうして山岳修行者は延暦十一年（七九二）には、護国祈禱の功によって朝廷の経済的庇護を獲得した[59]。

祈雨を主とする除災異の祈禱として、すでに七世紀から天神地祇に対して仏教修法がおこなわれ、八世紀には気比・宇佐・鹿島・住吉・多度・伊勢等の大社級神社に神宮寺が創建されている。これらの創建を担ったのは、「修行僧」や「禅師」「沙弥」などとも記される、山林修業によって呪力・験力を身に付け、ときに遊行する仏教徒であり、その支援をしたのが、地域開発を進め、五穀豊穣・国内安穏を願う地方豪族や国司などであった。旱魃など諸国の災異は国司の責任に帰せられ、除災異のための祭祀も国司の職掌であり、一国の範疇を超える災異が発生した場合は朝廷が対応したという[60]。祈雨のために「名山大川」に祈禱した記事は早く七世紀から見られ[61]、この頃から奉幣とともに読経がおこなわれることもあり、あるいは檀越の求めに応じて山岳修行者が「邪法」をおこなうこともあった。日本の仏教は始まりの時点から習合信仰である。そうした中から目覚しい浄行・練行の者は、国司主催の法会祭祀に用いられ、そうした行者の道場が檀越の援助により寺院開基になるケースもまま見られた。

紀北におけるその代表的な例が、宝亀元年創建の粉河寺である。同寺縁起には、大伴氏の猟師が山中の木が光明を発しているのを見て恐れを成し、発願して精舎を建てたところに若い行者が訪れ、行者が仏像を彫って安置したのが始まりとある。(62) 大伴氏が檀越になって、山岳修行者を入れて寺を開基したことを示している。また、自度剃髪して山室堂に常住していた那賀郡弥気里の沙弥信行の、宝亀二年のこととする『日本霊異記』下巻第十七話の霊異譚を裏付けるものとして、弥気とは表記が違うが、那賀郡御(三)毛寺智識の天平十三〜十四年大般若経書写を留める史料があり、山室堂は福琳寺になっている。(63)

紀北で弥勒信仰がおこなわれたことを示す逸話もある。一つは『日本霊異記』下巻第十六話で、宝亀元年、紀伊国名草郡能応の法師が加賀国遊行中に里人の死んだ母の夢を見たのでそれを告げ、里人とともに供養する話、もう一つは同第三十話、能応の観規という老僧が、任那王族出身の先祖が建立した「弥勒寺」に、聖武天皇代から宝亀十年にかけて本尊・脇士仏を造立した話である。(64) 能応は紀ノ川中流支流貴志川の中流域で、山間地域である。ここに半島からの渡来人が住み着いて弥勒信仰(弥勒下生信仰)をおこなう寺堂があったと記されていることは、紀北と宇佐、朝鮮半島間に直接的な信仰上の交流があったことを物語るであろう。

紀北の紀ノ川流域および和泉葛城山系では、紀氏を筆頭とする地域の有力豪族を後ろ盾に、山岳修行者が山中の堂舎で弥勒仏の信仰、薬師・観音の悔過行、大般若経転読、陀羅尼誦呪などとともに、山林抖擻や岩窟籠行などをおこなっていたのである。

⑵薬師・法華経の光明

このように山岳修行がおこなわれていた中で、加太の伽陀寺における薬師信仰はどんなものだったと考えられるだろうか。薬師信仰は、薬師如来十二の大願の第一「光明普照」と第二「随意成弁」に表される、脇侍仏の日光・月光菩薩とともに自身から発する、清浄で穢れのない瑠璃光で暗闇を遍く照らし、衆生の意の赴くところにしたがって諸々の事業を成就させる、「光明による救済」に特色がある。『薬師如来本願功徳経』にいう薬師如来の供養法は、「灯明を灯す」ことに重きを置いている。七日七夜、修行僧を供養し、この経を四九度読誦し、四九の灯明を灯し、如来像を七体作り一体の前に七灯を置く、あるいは四九日間灯明を絶やさないようにし、五色の長さ四九尺の幡を作ってそれらの仏とつなぐ、というものである。天平勝宝六年（七五四）には、太上天皇不予につき薬師経に則り、「懸続命幡、燃卌九灯」供養がおこなわれた。また、人々が難に遭わないよう灯明をともすことを特に勧めている。第二章二—2で紹介した九州・玉名市小天天子宮に伝わる由緒には、古神道の行への薬師経の灯明を焚く手法の混淆を見ることができる。

『日本霊異記』には、紀北等において山岳修行者が薬師信仰をおこなっていたことを示す逸話も残っている。(65)延暦四年五月頃、紀伊国日高郡の村里に十二神将の呪を誦しながら食を乞うて歩く伊勢の沙弥と称する聖がいたこと、名草郡埴生里に肉疽を生じて悩む女があり、行者忠仙なる者が、彼女のため薬師経・金剛般若経各三千巻、観音経一万巻、観音三昧経百巻を読経することを誓い、十四年たった延暦六年、ついに悪疽より膿血が出て平癒したこと、(66)天平宝字二年遠江国榛原郡鵜田里で一人の遊行僧が霊告を受け、河原の砂の中から薬師如来木像を掘り出し、衆庶を勧めて堂を建て供養し、鵜田堂としたことなどである。(67)

一方、薬師経同様、七世紀に我が国に受容された法華経にも、灯明の光明に関わる信仰がある。法華経は経典の王といわれるすぐれた内容から、経文自体に滅罪・鎮護の呪力があると信じられ、天平六年には山岳修行者得度に法華経の暗誦が条件付けられた。法華経を根本経典とする天台宗延暦寺は、末法の世に弥勒が再び現れるまで最高経典を失わないために、法華経を埋納しておく行を始めた。天台宗の勢力下にあった葛城山系の行者は、加太から信貴山亀ノ瀬まで法華経二十八品の経塚に、山林抖擻しつつ法華経を写し納める葛城修験道を、鎌倉前期には成立させ、西端の加太の伽陀寺と阿布利寺は、序品第一宿にあてられた。

法華経序品は、霊鷲山に阿羅漢・菩薩・諸天諸部すべて集まり、仏陀の説法を聞こうとする様子から始まる。まず仏陀が無量義経を説法し、瞑想に入ると白毫から光明を発して三千世界を照らし出した。このとき弥勒菩薩がその奇跡の理由を文殊菩薩に問うと、過去に日月灯明仏という仏が正法を説くと、過去の二万の日月灯明仏が現れ、最後の日月灯明仏が燃灯仏と呼ばれて、釈迦に将来仏陀になると予言したと、文殊菩薩は答えた。日月灯明仏とは、天にあっては日月のごとく、地にあっては灯明のごとき光明を具えた仏という意味で、仏の教えを説く人を世界の光明にたとえ、そうあろうと促すのが序品の趣旨である。また、法華経第十二章提婆達多品は、仏陀が釈迦王であった頃、法華経を得るために仙人の奴隷になって山中で採果・汲水・拾薪・設食の修行をした故事が記され、山林修行はそれにちなむといい、第二十三章薬王菩薩品には、日月浄明徳如来に法華経を教えられて特別な験力を得た一切衆生喜見菩薩が、自身の腕を燃やす焼身供養をおこなったという物語がある。自身を犠牲に苦行して法を弘め、その法の光によって世界を照らし出すことが、何にも優る供養となる、という教えである。(68)

朝に夕に法華経を読誦し、その教えを第一義とした生き方をする人を「持経者」と呼び、那智の応照や叡山の相応といった、後の修験霊山の開山者に代表される私度僧の行者の多くが、持経者であった。彼らの遭遇した霊異や奇跡を記した『大日本国法華経験記』（十一世紀成立）第十三話には紀伊国の宍背山に、第十四話には志摩の海岸洞窟に籠った、持経者の行者の説話が残っている。特に後者は、籠行を始めるや、邪臭を放つ洞窟の主の大蛇が現れるが、法華経の功徳に随喜の涙を流して、仏道の護持を誓ったというもので、開発の最前線にあった持経者の山林行者による、地祇の鎮撫を示す典型的なものである。

(3)燃灯行と伽陀寺

薬師経・法華経ともに、光明を灯す行は、行者が現世で人々を救済する力を与えると説いている。特に薬師・法華経を第一義とする天台宗で円仁・慈覚大師が諸国を精力的に行脚する中で、薬師信仰は貴顕から地方の庶民にまでも広がりを見せたという。中でも、「海の薬師」と五来重が呼ぶ、薬師如来を本尊とする海浜寺院は、航行する船舶の海難除けと目印のために、火焚き行をおこなっていたようである(69)。

動力が発明されるまで、我が国での交通は水上を船舶で移動することが最も早く目的地に達する方法であり、航路や潮流をよく知る梶取りが必要とされたことは言うまでもない。漁民や船乗り、梶取が航海の目安にした目印の山（山あて）や岬が、海事守護の神仏が鎮座するところとなったのは自然であり、志摩の青峰山正福寺のように、内陸にある山の頂上付近にある寺や神社に、なぜ各地の漁民や船乗りが信仰を寄せているのか理解に苦しむが、沖合からの眺望では、その山がくっきりと見え、なるほどと納得する例も多々ある。そうした山や岬に「灯明山・岳・岩・崎」「万灯山」「常灯山」等の地名がついている場合もある。目印になる山あての山上や岬上などの、海上からよく見える場所に、灯明を焚く基壇が設けられていた遺構も、近年発見されている(70)。

薬師・法華経は、在来信仰に基づく火焚きの祭祀儀礼や行に論理的な裏付けのある様式性を与え、法華経の持経者である山岳修行者が、航海者のために灯火をともし続けることを「弘通」と位置付ける根拠となった。海上から見える目印となる灯明は、籠《こもり》堂等で籠行をおこなう行者が、観音・薬師修法に基づく悔過行や法華経の龍神信仰に基づく龍神への供養、あるいは自然神的な海神に対する修祓行、日没で「隠《こも》り」の状態にある日神の神霊を賦活する類感呪術、等々の行として焚き続ける「聖火」であった。龍神信仰が伴う場合には、海難の危機を救う特別な力をもった「龍灯」と呼ばれることもあった。

さて、伽陀寺は現在の南海加太駅北側にあったが、弓なりの加太湾の北端にあたる深山岬には、阿布利寺という天台系寺院があった。加太湾南端が加太淡嶋神社である。阿布利寺は、鎌倉時代成立『諸山縁起』の葛城二十八品第一宿を構成し、天台宗の修験行所であったと『紀伊続風土記』巻二十三に記される(廃寺)。「阿布利」とは「煽《あふ》り」の音写であり、この名称と位置からして、淡路島の由良湊に渡る古代駅制の駅が設けられた加太の、海上交通の要所にして難所である加太狭門《せと》(現地呼称。国土地理院地図では友ヶ島水道)を航行する船の安全のため、火焚き行をおこなった、伽陀寺属の薬師・観音の道場ではなかったかと推測する。

友ヶ島四島が点在する紀淡海峡・友ヶ島水道辺は良い漁場であると同時に、「加太の狭門」と呼ばれる難所である。瀬戸内から淡路島や友ヶ島四島を右手に見ながら加太湾に入ってくる船舶から見て、紀伊半島側の崖上の最も目立つポイントに位置するのが「阿布利寺」である。伽陀寺は法華・薬師信仰の本寺、火焚行の実践道場が阿布利寺と考えられる。伽陀寺の位置は沖からは見えず、瀬戸内から加太湾に入る場合の最初の目印になるのが阿布利寺の灯明であったろう。

ちなみに、式内社「阿夫利」神社が神奈川県伊勢原市大山山頂にあり、大山修験霊場として隆盛した。かつて雨乞山で、「雨降り」から「あふり」になったというが、大山は相模湾を航行する船の「山あて」であった。習合時代の不動堂では船舶交通のための火焚き行がおこなわれたであろう。

5　小括

古代の加太は、国衙から連なる南海道の駅が置かれた交通要衝であり、淡路島の由良湊への伝送船が発着する港湾として重要であった。大嘗祭に海産物を貢進する御食地でもあり、国政上、何重にも重要性をもつポイントであった。紀氏は軍事や神祇行政の要職者、紀伊国地方官を多く輩出しており、加太の地の聖浄と平穏を守る必要性があった。

こうした背景から、加太の地では、護国安寧・海上安全・海産物の豊穣をもたらす神仏への信仰祭祀が強化された。具体的には、法華経の持経者である山岳修行者が、灯火を護持する道場であったと思われる阿布利寺と、加太淡嶋神社(当時の表記では加太粟島大明神)が、加太湾の弧の両端で対をなして、航海者の目印という機能面を併せ持った海事全般を守護する信仰の拠点となり、薬師如来を本尊とし、粉河寺級の大寺であったという伽陀寺と境内の鎮守八幡宮が、護国・除災・延命療病・海事守護等の祈禱修法の中心となったであろう。

友ヶ島の神島は原初に葬祭地としてのアワシマを媒介とする神霊・祖霊の祭祀の場であり、現在の加太淡嶋神社地から遥拝していたものを、紀国造氏が加太を日前宮神巡幸地と位置付け、伊勢皇大神宮と対を成す日神祭祀をおこなうようになった。十世紀におそらく加太淡嶋神社の神宮寺として伽陀寺と、鎮守八幡宮が設けられ、法華経序品・薬師経に基づく燃灯行の場となり、阿布利寺・加太淡嶋神社・伽陀寺・鎮守八幡宮の四カ所が一つの世界を構成して、加太・友ヶ島を聖地空間として現出したのである。

伽陀寺・鎮守八幡宮の寺地を提供した在地の有力檀越の向井氏は、次章に示す『向井家文書』のさまざまな史料が示すとおり、伽陀寺・八幡宮・加太淡嶋神社別当にもなった。伊藤正敏は、古代以来不変と伝わる迎之坊＝向井氏の居宅が、現地で「馬の背」と呼ばれた砂堆内側の内港であったと推定される地に接する位置にあることから、向井氏の権勢の源泉は、国衙の港湾の管理者であったことにあると述べている。(71) まさに津湊の管理に関わる祭祀権・労働編成権・徴収権等を併せもった、古代的な刀禰(72)であった。

第四章　中世のアワシマ信仰

これまでの章でアワシマ信仰について、おもに俗縁起に関わって残っている近世以降の史料の検討と、全国にあるアワシマ社堂の現況分析をもとに、アワシマ信仰の特徴的な要素を抽出し、それを手がかりにして、古墳時代後期の海岸遺跡等に見られる原始信仰に、日月信仰を核とする伊勢・八幡信仰と薬師・法華経信仰が重なっていき、アワシマ信仰の原型を形成したことを見ていった。しかし、これらの古代的な原型から、正俗縁起に基づく療病・女性救済等、庶民の信仰を集める民間信仰となるに至るには、なお時空間の変遷の中で、アワシマ信仰を個性的なものにする飛躍を経たようである。以下、鎌倉時代から戦国・近世初期あたりまでの、アワシマ信仰の変遷を見ていくこととする。

一　習合神道の展開とアワシマ信仰

1　「天台本覚思想」と習合神道

先に述べたとおり、早く七世紀には神前読経がおこなわれていたとあったように、我が国の仏教受容は混淆宗教として始まっており、八世紀にはその寺院に関係のある神を、寺院の守護神・鎮守とするようになった。一方で、気比・宇佐・鹿島・住吉・多度・伊勢等の大社級神社には、神宮寺が設けられた。神宮寺は本来、神祇に仏法守護を祈願して、僧侶が神前読経などの神祇祭祀をおこない、神祇を供養するためのものであるが、九世紀の密教伝来とともに、大日如来を頂点に諸尊諸天諸部が配置される曼荼羅世界観が紹介されると、神祇は格下の諸天に位置付けられ、「神の身であるために苦を受ける存在」なので、仏教に回向することで「神身離脱」を図り、「護法善神」となることを望んでいると、高尾神護寺や石清水八幡宮寺等から唱えられた。(1) これによって神祇に奉仕する立場であった神宮寺は一転して、「神身離脱」を求める神を、仏の境地に救済する祈禱をおこなう場、と位置付けられるようになった。

さらに、天照大神を頂点とする主だった神々は、仏法弘通のための方便で「権現」として垂迹しているのであり、その本地は大日如来や観音菩薩等であるとする、「本地垂迹」説が唱えられ始めた。いわゆる神仏習合の状況であるが、真言密教では、宇宙を大日如来の顕現と捉え、大日如来を中心にした金剛界曼陀羅と胎蔵曼陀羅の儀規として表現している。この金剛界と胎蔵界の両部の曼陀羅に描かれた仏菩薩を本地とし、日本の神々をその垂迹として解釈した思想が両部神道で、平安末期頃から現れ始めたとされる。

両部神道の本地垂迹思想に根拠を与えたものは、「天台本覚思想」であるといわれる。秘事口伝と切紙相承という形の秘伝とされ、成立期は定かでないが、院政期頃であったようだ。以下、大久保良峻『天台教学と本覚思想』等の解説を参考にまとめると、(2)「天台本覚醒思想」とは『大乗起信論』に初出する「本覚(本来の覚性)」観念を軸として展開する思想で、本覚とは、衆生の誰もが本来、如来我・真我・仏性を具えている、仏と同じ存在であるとする考え方である。現実の世界には種々の事物や事象が生起しているが、それらは自他・男女・老若・物心(色心)・生死・迷悟(仏凡)・善悪・苦楽・美醜などのように二項対立で整理される。しかし無我・空のもと根底では不二一体をなし、永遠相である。現実の諸相とは永遠相すなわち本覚の顕れであり、あるがままの現象世界がそのまま仏の悟りの世界であると観る、という考え方であるそうだ。

天台本覚思想は、山岳修行者や神宮寺僧など、古代以来の「現世救済」の信仰を担う行者の世界観に、仏教教学からの大きなインパクトを与えた。現世をそのまま仏の世界と見る考え方は、両部神道の国土曼荼羅観と日本古来の八百万の神々の信仰と習合し、神霊が顕現した岩石を聖地とする考え方なども、そのまま本覚の顕れ、本地仏の垂迹とみなすことになった。(3)しかし一方で、それなら修行の必要はないという極論が生じ、また、仏教で謂う「縁起」を否定する考えでもあるため、古来の正統な天台宗の学問へ回帰しようとする運動が起こり、急速に廃れることになるが、天台本覚思想が殊に文芸や芸能に影響を与えたのは周知のとおりである。(4)

両部神道の本地垂迹思想による「大日如来＝天照大神」説は、さまざまな「伊勢天照大神＝○○神同体説」を生み出しもした。日前宮神同体説もその一つであり、大江匡房『江談抄』（十二世紀末初成立）には、「熊野三所ハ伊勢大神宮御身云々…大神宮ハ救世観音御身云々」などと、「熊野三所本地同体説」が記録されている。(5)修験道の本尊である熊野蔵王権現・八幡神＝応神天皇は阿弥陀如来の化身とされている。初期の山岳修行者が弥勒下生信仰を奉じていたことを考えると、弥勒下生までの救済者である阿弥陀如来が八幡・熊野権現の本地なのは、論理的一貫性がある。ちなみに『熊野権現御垂迹縁起』（長寛元年〈一一六三〉成立）はこの後に書かれたものである。

本地垂迹説は神祇祭祀の合理性を保障する一面をもちつつも、他面では、浄土教や「穢れ」忌避の思想の隆盛を背景に、古代以来の神職による神祇祭祀を相対化し、死後の回向は仏教で、というように仏教との「棲み分け」を促す力をもっていた。浄土教の影響は伊勢皇大神宮においても顕著で、神宮の祭主に任ぜられた大中臣氏にも浸透し、伊勢に大中臣氏の祈願寺が建てられたことは『古事談』(6)（建保三年〈一二一五〉成立）にも見えるとおりである。禰宜の荒木田・度会両氏も祈願寺を建て別当僧を置き、その僧に一族の子弟をあてた。大中臣氏出身の醍醐寺僧通海による

『通海参詣記』（弘安九年〈一二八六〉から正応元年〈一二八八〉に述作）[7]には、次のようにある。

宝志和尚ハ　十一面観音ノ化現トシ。神事ハ仏法ニヨルヘキ伝記ヲ残セリ。爰ヲ以テ。祭主永頼。蓮台寺ヲ作リテ。十一面ヲ以テ。神宮ノ本地ト顕シ。荒木田ノ一門ハ。田宮寺ヲ造テ。十一面ヲ顕シ。氏ノ伽藍トセシカハ。霊験新タニテ。子孫ノ末一禰宜至ノミナラス。衆庶願ヲ満スル事ハ。掌ヲ指カ如シト申セリ。宝志ノ伝文。実ニ支証ニタレリトス。

（宝志和尚は十一面観音の化身で、神事は仏法に基づくべしと伝記を残した。このことから祭主永頼は、蓮台寺をつくり十一面観音を神宮の本地とし、内宮禰宜の荒木田一門は田宮寺をつくって十一面観音を顕し、氏寺とした。）

一方で、鎌倉時代中期に、伊勢神宮を密教と関わらせながら説明する、両部神道に中臣祓註釈を結び付けた『中臣祓訓解』[8]が成立した。元来、陰陽師がおこなっていた中臣祓の陰陽道的解釈と儀礼化をさらにアレンジし、密教儀礼に取り込んでいったもので、熊野灘の神前湾に位置する台密系寺院・仙宮院で撰述されたといわれている。神祇の中心である修祓の儀礼までも密教化が進み、弘安六年成立の『沙石集』[9]には、無住自身が神宮の神官から聞いた話として、「外ニハ仏法ヲ憂キ事ニシ、内ニハ深ク三宝ヲ守リ」と語られるに至ったのである。『沙石集』はさらに、こう述べている。

太神宮御事／都ハ大海ノ底ノ大日ノ印文ヨリ事起リテ、内宮外宮ハ両部ノ大日トコソ習伝ヘテ侍ベレ。天岩戸トイフハ都率天也。高天原トモ云ナリ。神ノ代ノ事皆由アルニコソ。真言ノ意ニハ、都率ヲバ内証ノ法界宮・密厳国トコソ申ナレ。彼内証ノ都ヲ出デ、日域ニ跡ヲ垂レ給フ。故ニ内宮ハ胎蔵ノ大日、四重萬陀羅ヲカタドリテ、玉垣・瑞籬・アラ垣ナド重々ナリ。鰹木モ九アリ。胎蔵ノ九尊ニ象ル。外宮ハ金剛界ノ大日、或阿弥陀トモ習侍也。

（伊勢皇大神宮のこと／朝廷の宮都は、大海の底にある大日如来の印紋を起源として、内宮外宮は両部神道で本地は大日如来であると習い伝えている。天の岩戸というものは密教でいう兜率天である。高天原ともいう。神代のことはすべて密教的な意味と所縁がある。真言密教では、兜率天を内証の法界宮・密厳国という。兜率天を出て日本に垂迹したのである。それゆえ内宮は胎蔵曼荼羅の大日如来、（訳・略）外宮は金剛曼荼羅の大日如来で、阿弥陀如来ともいう。）

また、『通海参詣記』には、大日如来の権現である天照大神が、国を治める証文を仏敵である第六天魔王から請い受け、その際に「外には異なる神教の儀式を顕し、内には仏法を護るところの神兵たる」と誓約したという説が語られている。第六天魔王説話は『中臣祓訓解』から始まるとされ、次のように記されている。

（上略）天地開闢之初、神宝日出之時、法界法身心王大日、為度無縁悪業衆生、（中略）現権化之姿、垂跡閻浮提、請府璽魔王、施降伏之神力、（中略）悉大神、外顕異神教之儀式、内為護仏法之神兵、雖内外詞異、同化度方便、神則諸仏魂、物則諸神性也。肆経云、仏壱住不二門、常神道垂迹云々、惟知以諸神通力、令傾倒衆生、以所求願力、令入於仏道、此則善巧方便、云々

（天地開闢の初め、大日如来は無縁悪業の衆生を度するため、権現の姿で閻浮提に垂迹し、魔王に降伏の神力を施す府璽を請うた。（中略）大神は外には異神教の儀式を顕し、内には仏法を護る神兵となり、内外の詞は異なってい

ても、同じく救済と化する方便である。神は則ち諸仏の魂であり、仏は則ち諸神の性である。）

第六天魔王は、天津神に国譲りをした国津神である大己貴命とする説話にも転化した。[10]

浄土教や密教の伊勢皇大神宮の神祇体系への浸透を受容しつつ、伊勢の神職達が自らの立場から伊勢神宮についての説明をおこなっていったことが、伊勢神道を形成した。伊勢神宮外宮の禰宜であった度会行忠や度会常昌も関わっており、彼らは仙宮院で撰述された『中臣祓訓解』『中臣祓記解』を所持し、研究していたことが分かっている。[11]

度会行忠が『神道五部書』[12]を撰述したのは、『通海参詣記』が書かれていた時期と重なるといわれている。外宮を内宮（祭神・天照大神）と同等以上の存在として格上げすることを目的に、祭神である豊受大神を天之御中主神および国之常立神と同一神とすることで、天照大神をしのぐ普遍的神格であることを主張するために執筆されたと推定されている。その根本経典である『倭姫命世記』には、修験道の立場からなされた神道説の書『大和葛城宝山記』[13]などの影響が指摘されている。

2　中世神道説とアワシマ信仰

中世伊勢神道・度会神道が形成される中で、伊勢志摩の粟島神への信仰はどう位置付けられていったのだろうか。『日本書紀』の神功皇后伝の記述をもとに、志摩国粟島坐三社のうち伊射波神社祭神は稚日女命とされたが、元寇期以後、伊射波神社・別称加夫良古明神は、度会氏祖神の大若彦命（志摩国造大幡主命）の弟の乙若子命が祭神とされている。両部神道では、天照大神＝稚日女命・大日孁命・大日孁貴尊、本地は大日如来とされるが、伊勢外宮禰宜・度会行忠は、伊射波神社祭神を度会氏の祖神として、外宮優位を説く度会神道説に位置付けたのであった。

弘安八年（一二八五）度会行忠『伊勢二所大神宮神名秘書』[14]は次のように記す。

垂仁天皇十四年乙巳、（中略）于時大若子命一名大幡主命。弟乙若子命一名小若子命。亦名乙若子命。亦名加夫良古居命。奉仕矣。（中略）件弟若子命者、神皇産霊神六世孫天牟羅雲命八世之孫也。度会神主遠祖也。（下略）

年不詳（鎌倉後期か）『神祇諸伝図記』[15]には次のようにある。

天御中主神―神皇産霊神―（六代略）―天牟羅雲命―（二代略）―天日別命―（七代略）―大神主大若子命一名大幡主命。大神主乙若子命一名加夫良古。

伊勢志摩ではアワシマ神が外宮信仰に包摂されていく一方、加太淡嶋神社とその別当寺・葛城修験第一宿伽陀寺を巡る中世神道の言説はいかなるものであったのか。

天平年間（七二九〜四九）行基作と仮託される、正安二年（一三〇〇）成立の度会行忠『古老口実伝』[16]のいうところでは、「伊勢神宮秘記　数百巻　内　最極書」と記される『大和葛城宝山記』は、天御中主神は外宮の豊受太神と同一であることを示唆するもので、「天照太神ハ天御中主神を貴ぶ」と、外宮優越の度会神道を補強する書とされてきた。『大和葛城宝山記』はその他にも、大日靈貴尊は大毘盧遮那如来であるとし、葛城に祀られる神として、伊弉諾尊・伊邪那岐尊・天御中主尊・葛木二上尊（豊布都霊神と大国魂尊）等を挙げ、豊布都霊神＝武雷尊、法起菩薩＝熊野権現、大国魂尊＝国津神の大将軍としている。

同書は天照大神を金剛界に生じたいわば形而上的存在と描く一方で、大日孁貴尊と掌を合わせて法起王が山跡《やまと》を「尊王の本行、最勝の験処也。一切の衆生、妙法を信授する清浄の地也」と言うと、「諸天雲のごとく集まり、利生雨のごとく灑ぐ。天神地祇、天地ノ人神、森羅万象は一毫モ差別無し」と、大日孁貴尊を法起菩薩の浄土の形成に関わった二神のうちの一と描いている。その浄土のあり方は森羅万象を差別しないと、非情の仏性を認めている点から、天台本覚思想が受容されているといえよう。

『日本書紀』神功皇后伝が、新羅遠征を勧め、凱旋後の生田沖の遭難時に神託した三神を、天照大神・稚日女命・事代主命と書き分け、稚日女命＝大日孁貴尊を「答志の淡郡の尾田に所居る神」すなわち粟島神としていることに呼応しつつ、『大和葛城宝山記』は、伊勢志摩の粟島神も、紀伊加太の粟島神も同じく大日孁貴尊であり、熊野権現の本地でもある法起菩薩と並ぶ、金剛和泉葛城山の聖地化の祖神としているのである。これは歴史的に、院政期の熊野修験成立とほぼ同時に、役行者修行地であったことを由来として葛城修験が開始されたことにも合致するが、熊野修験にとってもアワシマ神＝大日孁貴尊は、重要な神であったことを意味するといえるだろう。

さて、一方で、元寇とほぼ同時期に石清水八幡宮社僧によって、『八幡愚童訓』甲乙本が編纂された(17)。『神道事典』によると、甲本は延慶元年(一三〇八)から文保二年(一三一八)以前、乙本は正安年間(一二九九～一三〇二)頃の成立とされる。護国神として元寇を退却せしめた霊威に対する報賽の要求(甲本)と、阿弥陀如来の権現として衆生に利益をもたらす神徳の喧伝(乙本)という、相補う二つの自的をもって、両本が前後して作成されたといわれている。

乙本上巻の「三　遷坐事」の中で、

抑宇佐宮より当山(筆者注・男山のこと)にうつり給事は、此地如何なる由緒なるらん。しかるに華厳経をみるに、「海東に山あり。金剛山と名付。法基菩薩の浄土也」とあり。日本国海東にあたれり。鑑真和上、葛城の金剛山に参りて、法基菩薩の布薩にあひ給て、籌を取て帰給へり。彼の籌は唐招提寺に今にあり。男山は葛城の第一の宿なり。故に海東金剛山法基菩薩の浄土は此の山にあたれり(18)。

と、石清水八幡宮のある男山を法起菩薩の浄土とされる金剛山と同じとし、あたかも石清水八幡宮が葛城修験の構成寺院であるかのような記述が見られる。石清水八幡宮側に、東大寺鎮守として八幡神が迎えられた後、石清水に至るルートとは別に、紀北に八幡信仰が伝来していたとの歴史認識があったとすれば、「男山は葛城の第一の宿なり」とは、「同じく八幡信仰の始まりの地なれば」という意が背後に込められているとも言えよう。

さらに「五　本地事」中に宇佐八幡宮の三所について「三所は是空・仮・中の三諦也、法・報・応の三身也、…自然道理の実義に約すれば、「本来性相、各々建立、各々守自性」にて、法爾天然として非情皆三密を具足せり。「観見法界のゆえに、非情草木悉皆成仏」と云にはことなるべし(19)」と、大江正房の子の正覚房が『摩訶止観論弘決纂義』に「一仏成道、観見法界、草木国土、悉皆成仏」と述べているのを批判しているが、非情皆三密具足、と述べていることから、やはり天台本覚思想を受容しているといえる。先に少し見た『中臣祓訓解』にも「凡そ天神地祇は、一切の諸仏、惣べて三身即一の本覚ノ如来ト、皆悉く二一体ニシテ二無シ。(中略)三諦は三身なり。即ち中を法身ト為、即ち空を法身と為、即ち仮ヲ応身と為。(中略)三身三智も亦一心ニ在リ。故に一体には差別無し。是神の一妙なり。是レ皇天ノ徳なり。故に則ち伊勢両宮は、諸神の最貴なり。(中略)謂はゆル一に本覚というハ、伊勢大神宮是なり(21)」といった文言が見え、台密寺院であった仙宮院の述作色の影響がうかがえる。

ことアワシマ信仰に関わる中世神道言説を辿っていくと、度会神道・法華経・台密・天台本覚思想・仙宮院というキーワードが浮かんできた。仙宮院は現在の三重県南勢町河内の仙宮神社に往昔の片鱗が残る。台密による神祇信仰の教説や儀礼についてのシンクタンク的存在であったようだが、同寺については現在、真福寺本『仙宮院文書』の翻刻・分析が進められつつあり、これらの全容はいずれ明らかになろう。

度会行忠の次世代である度会家行の『神祇秘抄』(元徳二年〈一三三〇〉成立)[22]は、密教・天台本覚思想・修験道を受容した神道教説の一つの極を示すものであろう。この中では「役行者＝天照大神＝法起菩薩＝一言主」「天岩戸＝金剛山」となっており、役行者を無限に化身する三身即一の超越的存在にしている。しかし、『大和葛城宝山記』に法起菩薩の浄土形成の功神二神の一つと描かれた大日霎貴尊は、その地位を下りその名を留めていないことには、注意が必要である。

神所反(＝変：筆者注)ずる事

問、神所を反ずること無尽云々、其姿如何、答、神は情非情に及ばず、一偏に随うべからず、或は人と為り、蓄と為り、或は鬼と為り、或は蛇と為り、又草木と為り、山河と為り、只利生に依り、(中略)又経に云う、草木国土悉皆成仏、法身は神体に周遍し、之を以て暫視するを覚知すべし、人を利益すること甚だ多し、爰に以て役優婆塞は此れ神反を作すなり、(中略)神兼ねて彼の瑞相を鑑知し、役行者の身に現じ、伏魔界を降し、剰さえ鬼を仕う云々、是則ち岩戸を再開せる天照大神の徳化なり、此れ役行者は顕密二教明徳なり、(中略)彼の葛木山は法華を以て体を為し、之一乗峯と名づく(割注略)、法喜菩薩の浄土なり、華厳経の説相分明かな、紀伊国の西浦伽陀と云う所、役行者伽陀を誦じ給う所なり、仍ち名と為し境より之を始む、葛木一山法華八軸廿八品の文字、左右に分かれ各三町に之を敷き給う、品々の峯皆之格別なり、(以下二十八宿の説明、略)

以上から見えてくるのは、『大和葛城宝山記』に表れるとおり、熊野・葛城修験成立ほどない頃は、伊勢志摩・紀伊加太ともにアワシマ神＝大日孁貴尊とされ、法起菩薩とともに重視されていたのを、伊勢皇大神宮外宮禰宜・度会氏も受容し、内宮に対する外宮優越説の根拠としたのであった。しかし、両部神道の天照大神＝大日如来説が伊勢皇大神宮にかかる教説や儀礼体系に進入してくる中で、元寇期の神国思想の昂揚を追い風に、外宮禰宜・度会氏は、それらの教説を逆に援用して、伊勢神宮の立場、とりわけ外宮優越の言説を、『神道五部書』等により展開した。その過程で、度会行忠の手により、伊射波神社祭神は度会氏祖神に置き換えられ、大日孁貴尊の存在は消されてしまった。それは行忠の次代の度会家行においても同様で、台密系の徹底した習合思想・天台本覚思想をもって外宮信仰を語り、葛城修験をことに重視した度会神道の中で、伊勢志摩におけるアワシマ信仰は、度会氏族の物語に包摂されたといえる。

一方、文永・弘安の役を挟むこの時期、「神国思想」の昂揚の下、諸国一宮・二宮、総社、国分寺を中心に、顕密仏教の民衆教化が組織的に進み、全国に寺社修造・郷荘鎮守勧請ブームが起きたという。大社寺は院政期に次ぐ隆盛を迎え、神仏興行徳政がおこなわれた(23)。元寇の後、石清水八幡宮により八幡神の霊験が全国に華々しく喧伝され、神功皇后は皇祖・天照大神に並ぶ、護国・中興の女帝女神として、貴賤を問わぬ信仰を集めるようになったという(24)。神功皇后は、新羅遠征凱旋という未曽有の英雄伝説をもった女帝女神であり、弘法大師や聖徳太子のように、皇后の事跡にかこつけたエピソードが無限に付加された存在である。神功皇后の新羅遠征凱旋帰国時のエピソードのヴァリアントとして、嵐に遭った神功皇后を友ヶ島四島のうち最小の神島に坐す少彦名命が救出するという、加太淡嶋神社正縁起もおそらくこの時期に作られたと思われる。同様にして紀伊国石清水八幡宮領荘園内の各八幡宮の、神功皇后の凱旋帰国時の巡幸等々にちなむ由緒も、古く遡ってこの時期に作られたものと考えるのが妥当であろう。これらの縁起は元寇時の神々の働きに対する論功行賞への根拠となるものであった。先に見た『八幡愚童訓』乙本で、石清水八幡宮のある男山と葛城修験が結び付けられていることも、十〜十一世紀に、石清水八幡宮領荘園が紀ノ川流域と紀伊水道沿岸の地域に蓄積されていた事情を顧慮する必要がある。紀伊加太の式内加太神社(淡嶋神社)は、前章で述べた法華経と薬師信仰の道場としての古代以来の正統性を下敷きに、元寇期に少彦名命と神功皇后との結び付きをクローズアップすることで、存在感を高めたであろう。

この後、伊勢志摩のアワシマ信仰の系譜は、史料表面では分かりにくくなる時期が続くが、この時期から台頭してきた金剛証寺・世義寺といった伊勢志摩の真言系修験寺院、後の当山三十六先達の中核をなす寺院の行人階層は、高野山や根来寺・粉河寺等を通じて、加太淡嶋神社とつながりがあったことが推測できる。そういった人々の中から、『神道五部書』中の『倭姫命世記』に記される伊勢志摩の地祇の包摂過程を根拠に、逆に外宮禰宜・度会氏に対して伊雑宮の優越を説く思想が生み出されていったものであろう。第三章一―1で少し触れた、中世志摩国一の宮を巡る伊射波神社と伊雑宮の相論は、こうした過程を顧慮すべきかと思う。中世後期以降、外宮祭神豊受大神・伊雑宮祭神大歳神・粟島大明神がセットで勧請されていった例が各地で散見されるが、天照大神に対する稚日女命・大日孁貴命と同様に、これらの神々の間にも、元宮を巡る葛藤が秘められていたことは理解されるべきである。アワシマ神の本地が虚空蔵菩薩とされた経緯についても、伊勢志摩修験が自らの教線拡大を図ろうとした意図があろう。十五世紀に唐突におこなわれた感がある、加太淡嶋神社境内への能満堂(本尊・虚空蔵菩薩)造営寄進は、その橋頭堡作りとしておこなわれたと思われるが、これらに関する直接史料は甚だ乏しい。

二　中世後期の加太淡嶋神社

1　加太荘宮座の形成

鎌倉前期の加太淡嶋神社と伽陀寺の関係を直截に示す同時代史料は、管見の限り伝来していないようだ。先の『金剛山内外両院代々古今記録』に次ぐ、伽陀寺最古の史料は、文永七年（一二七〇）『向井家文書』「聖護院検校法親王令旨」で、伽陀寺が火災に遭い、復興を覚助法親王が諸国山伏に呼びかけるものである。乾元二年（一三〇三）からは地頭・預所等からの田地寄進が相次ぎ、このときに蓄積した田地が、記録上では戦国期までほとんど変わりなく、伽陀寺の支配するところとなった(25)。一方、この時期の加太淡嶋神社には、先に示した永仁五年（一二九七）『淡島神社文書』「坂上明田地寄進状写」（同年十一月一日の粟島祭料としての田地寄進状）がある。

『向井家文書』に残る田地寄進状について、伽陀寺への田地寄進の名目は「八幡宮放生会」「大般若料」が多い。それについて、蒙古襲来に伴う「全国異敵降伏一斉祈禱」で、放生会とともに大般若経転読が、護国の修法として盛んにおこなわれたといわれているが、伽陀寺でも同様に護国祈禱が盛んにおこなわれ、その祭祀修法のための料田が領家・預所の関係者から贈られたと考えられる。この間に預所が伽陀寺別当向井氏に宛て、加太本庄内の山の当知行・加太惣庄刀禰公文職の重代相伝当知行・網銭浦肴荷物取分先例どおりの当知行をそれぞれ下知している(26)。すなわち加太荘の山・陸・海の収取の権利を向井氏に追認しており、このことを榎原雅治は、加太荘における神仏領興行として捉えている(27)。なお、加太荘は十一世紀頃、近衛家領になったといわれるが、承久の変の際、水軍の梶原氏が一時支配し、その後、関東御家人常陸国茂木氏の地頭職が置かれ、紀伊国内で唯一御家人領が戦国期まで続いた地である。軍事的要衝の地でもあるからに他ならない。

中世に加太淡嶋神社が蓄積した田地として判明しているものは、永仁五年山口庄の八段、正平二十三年(一三六八)約四段、明応二年(一四九三)一段半の合計一三段半＝約一万三八〇〇㎡、一〇〇m四方強で、紀国造氏を筆頭とする祭料分としての寄進である。嘉吉元年(一四四一)の年貢注進状の粟島免は二段大である。一方、向井氏支配の伽陀寺・八幡宮・住吉社等の免田は、約二町四段あり、この他に向井氏には山と海からの徴収があり、さまざまな名目の棟別銭徴収もおこなっている。

十五世紀の加太荘でおこなわれていた祭祀行事を『向井家文書』からまとめると、(28)

正月―松囃子・牛頭天王御頭・御仏供・池祭・狩祭・山祭

二月―二月頭仏事・八幡宮神事

四月二十日―大明神神事

六月―若王子祭・薬師講

七月―夏越祓・薬師講

八月―八幡宮神事

九月―九頭朔幣

十一月―八幡宮神事・粟島祭・八幡宮神事

時期不明―夷祭・白山節供・吉野熊野伊勢勧請祭

である。これらは向井氏が神事仏事を執行したと思われるが、八幡宮神事は年四回おこなわれ、なかなか盛大であった様子が史料に残っている。元寇期以後の八幡信仰ブームと、ムラの鎮守としての定着の恩恵の余禄を、加太淡嶋神社も蒙った可能性を考えてみる必要はある。

　四月二十日の「大明神神事」については論点になっており、氏神春日神社の祭礼とし、『紀伊続風土記』が記す「えび祭り」に引き継がれたという説がある。[29] 加太春日神社では「えび祭り」は慶長二年（一五九七）から続くとしている。ちなみに伊勢皇大神宮には現在、十月一日の伊勢海老漁解禁日の初漁獲を奉納する行事がある。筆者は、『淡島神社文書』田畠寄進状の日付が、ほとんど三月あるいは四月上旬になっていて、神事祭料としての寄進と考えられること、[30] 鎌倉期成立『紀伊国神名帳』に加太荘で「大明神」と記されるのは「粟島大明神」のみであることから、[31]「大明神神事」は加太淡嶋神社祭礼と考える。『向井家文書』年記不明「賀太本荘年貢等注進状案」[32] によると、四月に網銭が領家・地頭公文に納められ、そこから「神酒料」が出されていた。嘉吉二年「毎年卯月廿日大明神神事入物之日記」[33] からは、この四月の祭礼が地頭・領家代参も参加する公的なものであったことが分かる。

　また、浦全体の経済に関わる漁獲の取分や入浦料を定めた弘安三年（一二八〇）四月日「賀太浦肴配分状」[34] が四月日付けであるのも、四月二十日の「大明神神事」と関わると推測する。漁期の始まりに当たって、加太淡嶋神社に海事の無事を祈願する祭りをおこなうとともに、漁に関わる重要な決めごとを、祭事の後に神前でおこなったとも考えられよう。中世の加太淡嶋神社には、四月二十日の神事と十一月一日の粟島祭の二つの大祭が存在した。いずれも紀国造家が執行し、領家・地頭も関与する格式の高い大祭であった。

　『向井家文書』によると、十四世紀末には加太荘全体で百姓請けが始まり、十五世紀半ばには、名田の名主代表が「名衆」として登場し、公文の伽陀寺別当・向井氏と同格に近い位置付けで、年貢高等について発言したようである。[35]「名衆」は早くから荘内の寺社の祭祀にも関与し、八幡宮神事等を仕切る「座衆」として登場している。永享八年（一四三六）の「賀太八幡宮宮座座配注文」[36] は宮座座配としては最古といわれる著名な史料であるが、同文書「近世文書」(和歌山大学寄託分)に分類された、いずれも竪帳の「本坐神酒座名寄帳」(永正二年〈一五〇五〉、和歌山市立博物館整理番号一四四号)「本坐神酒坐名前」(天正五年〈一五七七〉、同一四五号)に、永享の座配前後の年代の座配記録とするものがまとめられている。本坐神酒座の名称については、四月の大明神神事に「神酒料」が出されていて、それを受ける側が「神酒座」、八幡宮宮座が「本座」、構成員は同じなので一括したということだろう。久安年間(一一四五〜五一)から年記が始まるこれらの史料には検討の余地があるとはいえ、座配の席順からは、加太荘有力名主層の祭祀組織の構成原理を読み取ることができ、有用と考える。

それらによると、神殿の神棚を背にして長老に相当すると思われる数人が一列に並び、その列に垂直に、東座・西座と呼ばれる座衆が相対して二列に並ぶ。神棚に近い先頭が各座の代表と思われ、西座筆頭は常に向井氏、東座筆頭は岡本氏である。この岡本氏は、向井氏に次ぐ荘内最大の名主であり、しばしば、さまざまな文書に「禰宜」と書かれる。代々惣領は「助」を通字名乗りにもち、戦国期の雑賀一揆に加太惣荘を代表して参加した加太助兵衛は、この岡本氏である。座配に登場するその他の人名は、例えば「藤右衛門」「藤太夫」の「藤」など、代々の名乗りに通字が継承された男性名(最初の久安のものだけ女性名が一名)で、全体で三〇人未満だが、岡本氏と向井氏以外は席順が一定していない。大永五年(一五二五)「向景義置文」(37)には、「諸事何篇も名主与申合、別之心を不被可有」(何事も名主と相談して、別の考えをもってはいけない)という一文が見え、別格の向井氏と岡本氏もあるいは含めて、座衆内はいたって水平な関係が保たれていたと考えられる。

『向井家文書』「近世文書」には、享保年間(一七一六〜三六)のものらしい紀州藩寺社奉行差出控綴に、施主と神主・禰宜名のみを記した嘉暦年間(一三二六〜二九)から始まる「粟島大明神棟札」記録が残る。筆者が見せていただいたときはまだ整理中で、通し番号もついていない文書の一つだったので、その最初部分を次頁に掲載しておく。そ

れによると、
嘉暦四年（一三二九）　領家坂上氏・神主山口氏・禰宜左京進と房忠、
貞治二年（一三六三）　修理、神主紀氏・禰宜助兵衛と広本、

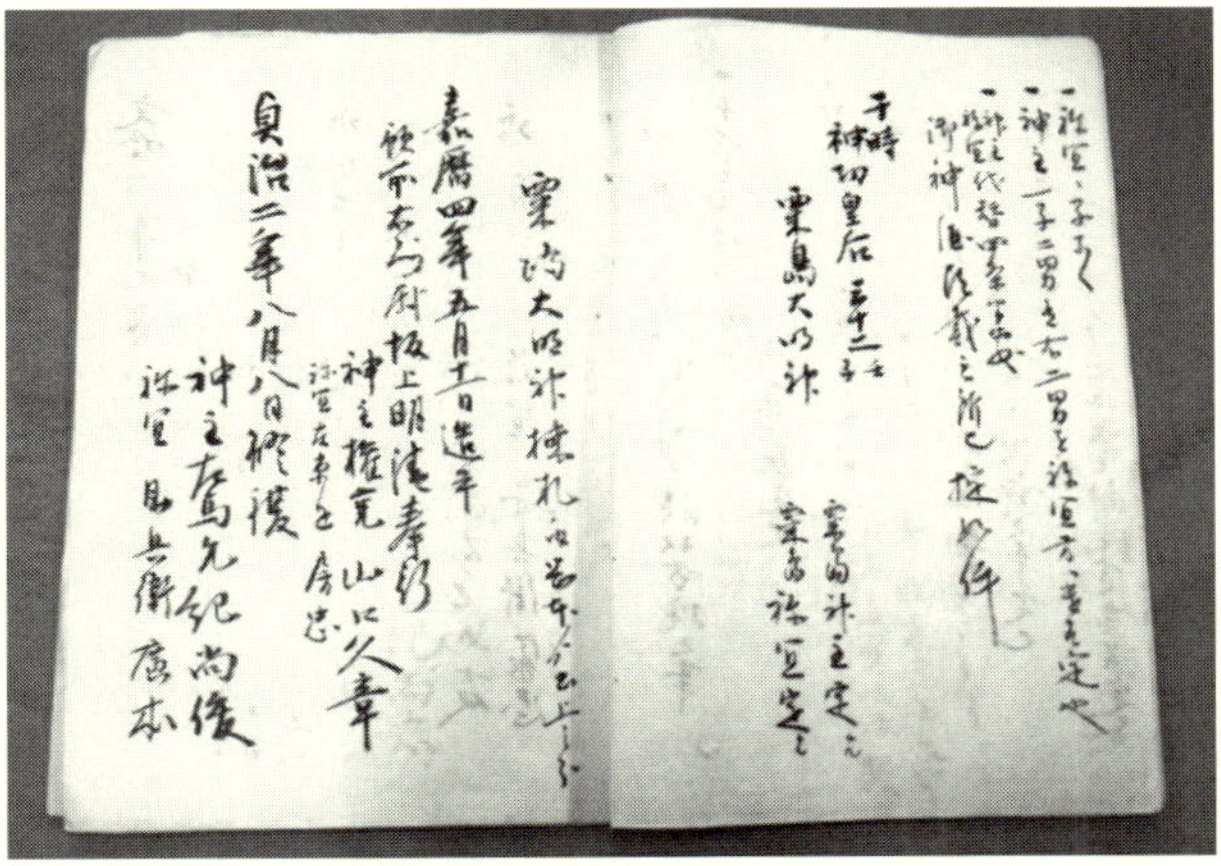

紀州藩寺社奉行差出控綴（『向井家文書』より）

文明六年（一四七四）
十穀沙門進造料、神主山口氏・禰宜助太夫と仲定、
永正二年（一五〇五）
古堂土佐守丞造営、神主淡島氏・禰宜安兵衛と家忠、
永禄十六年（一五七三）
東条紀伊守造営、神主紀氏・禰宜安五郎・清延、
慶長十八年（一六一三）
藩主浅野氏造営、神主山口氏・禰宜助右衛門と好香、

とある。

年記その他について要検討ではあるが、加太淡嶋神社の神主は山口氏・紀氏・淡島氏の三氏が、禰宜も向井氏と岡本氏と、安兵衛・安五郎の氏の三氏が継承していて(38)、神主一名と禰宜二名を置いていたらしいことがうかがえる。中世後期には、加太淡嶋神社の神職に在地有力者が入っていたのである。幕末の加太地誌『みよはなし』(39)には、秀吉の根来攻めの頃に代々女系相続であった神主職に、初めて伊勢松阪か

ら男性神主の山口氏を迎えたとある。同文書には、神主と禰宜の間で、次男坊を相互に養子にする定めがあったらしいことを記している。

次の史料は、時代は下るが、向井新右衛門と岡本助兵衛の間で交わされた定めである(『向井家文書』「近世文書」、和歌山市博整理番号一四八号)。禰宜同士でも子のやりとりをしていたようだ。

栗嶋跡目相続付定

今度栗嶋之跡目之儀、母に候人も、あねにて候人も、相はて候者、我等む春こと其方む春めと一ツニ成して栗嶋をさわき可申候、又其方之子むすこなれは、我等むすめにてもまこにても一ツニ成候て、あとのつつき候可候様に可仕候、其まてハ両方より出合候て、何事ニつきても談合仕しきよくなくさハき可申、以如件、

慶長九年正月廿三日

新右衛門

くすちよ(花押)

こんとあわしまのあとめのきう王にて候人も、は丶にて候人も、相はて候は丶、新右衛門む春ことわれらむ春めと一ツニなし候てあわしまをさはき可申、又われら子む春こにて候ハ丶、新右衛門まこにてもむ春めにても、右のことく一ツになし候て、あとのつ丶きて候可候様ニ可仕候、それまてハ両方よりいてあひ、何事ニ付而もたん可う仕候てしきよくなくあひさハきて申候、以如件

慶長九年正月廿三日

岡本助兵衛(花押)

新右衛門殿まいる

「座衆」は、伽陀寺の鎮守八幡宮と加太淡嶋神社の祭礼に奉仕するために設けられたものであった。先に述べたとおり、戦国期の加太淡嶋神社境内には、「粟島宮」に並んで「日前宮」が存在し、その祭礼行事に座衆として奉仕していたがゆえに、彼らの中に、日前宮氏子としてのアイデンティティとプライドが共有され、日前宮の下に結束する心情が培われた。加太荘は日前宮の神領郷荘で構成されたという雑賀一揆（紀州惣国一揆）に、隣郷の木本荘とともに加わっており、秀吉の根来攻めの際に焼き討ちに遭った。(40) 紀州惣国の中心は現在の和歌山市中心部であり、そこからかなり隔てた場所にある木本・加太荘がなぜ紀州惣国に加わったか、それは両荘とも日前宮神頓宮が営まれたという古伝に基づく「粟島祭」がおこなわれ続けてきた地であるからに他ならない。

明暦年間（一六五五〜五八）の当主・向井加左衛門より出された神主職の相続についての言上案文からは、加太淡嶋神社の神主職、舞姫の差配等は、代々向井氏の職分であった様子がうかがえる（和歌山市立博物館整理番号一五五五号）。

淡島神主相続付言上

乍恐言上仕候

一、加太粟嶋之神主者私筋より持伝候ニ付、私あに宇兵衛神主ニ成申所ニ、宇兵衛夫婦いさかい仕立のき申候然所

ニ、（中略）粟嶋神主筋にて御座候御事、

一、宇兵衛夫婦いさかいハ（中略）

一、粟嶋之儀者~~いにしへハ私家ニ取さばき仕来リ候神主之儀者不申及~~、尓て候間　舞姫之市ニ而も私家に自今置可申候間、私親~~先祖より契約当家~~相続ニ而神主舞姫可相継左証文共御座候、旨私親先祖より□□□私家より取さはき不仕候ては不叶躰ニ御座候　其上粟嶋も友ヶ嶋も葛城峯之行所之内ニ而御座候、御山伏達之御手引いにしへより尓今至るまで　私家ニ仕来り候、当所之人者不申及、洛陽若王子様、勝仙院様、御存知ニ

而御座候御事右之通ニ御座候所ニ、（中略）先観之ことく私家より神主を持伝候様ニ被為　仰付被候者、有難可奉存候、以如件、

明暦三年　　　　海部郡加太村
酉四月　　　　　加左衛門

御奉行様

この案文の翌年、明暦四年に向井家当主広本が「向井家累代血脈相続目録」を作成しており、その中に記される慶長十九年に亡くなった「淡島新五郎守貞」について添え書きで「淡島神主ナリ」と書いている。(41)

このように、中世後期に加太淡嶋神社の神主を向井氏が務めていたことから、同社の社伝縁起に基づく勧化活動は、伽陀寺に入峰し、行所として同所を参拝した諸国の山伏が担ったことが想定できる。

天文・天正年間の加太荘年貢納帳には、有力な根来法師である泉識坊や、杉ノ坊、三原水軍惣領と思しき淡路の六郎なども見え、加太荘との盟友関係を担保として、土地の持合いがあった可能性を示している。(42)近世には加太浦有力者は関東出漁を組織し、漁村として空前の繁栄を築いた。(43)また、荘内の観音堂等の祠堂の堂守を有力者それぞれのイエが継承し、葛城修験入峰者を迎える側として協力し続けたようである。伽陀寺は天台系聖護院末の諸国山伏をはじめとする勧進で、元禄頃には薬師堂本堂を復興し、近世を通じて存続した。宝暦・天保年中には天台系修験本山派の聖護院門跡が、幕末には真言系当山派の三宝院門跡の入峰があった。(44)

2　葛城入峰修験と能満堂

伽陀寺への諸国山伏の入峰記録は、『向井家文書』永正〜天文年間の「葛城入峰先達注文」に残っており、近江（三井寺）・京・摂津・丹波・丹後・播磨などのほか鎌倉からも入峰していた。一方、高野山金剛峰寺僧については、元応元年（一三一九）・嘉暦元年（一三二六）・建武二年（一三三七）・応永二年（一三九五）・二十三年・二十七年・三十四年・天文二十二年（一五五三）・天正三年（一五七五）の各年に阿闍梨級の入峰記録がある。(45)『向井家文書』は近代に一部が散逸したことが知られており、右に留まるものではなかったであろう。葛城修験山伏が定例的に入峰しており、荘内の行場の一つとして加太淡嶋神社参詣をおこなったであろう。

今高野安養院跡粟島神社と薬師堂

これらの入峰者が地方にアワシマ信仰を伝播させた例と考えられるのが、備後国大田庄今高野竜華寺塔頭安養院鎮守粟島神社である。「康暦二年庚申（一三八〇）二月十三日」の日付と大日如来の梵字が刻まれた小さな石鳥居と、その後ろに南北朝期とされる少彦名命を祀る小さな厨子が、境内跡地に今もある。非常に興味深いのは、小さな神さまである少彦名命の祠にふさわしい、高さ一mほどの小さな鳥居が、すでにこの時期に建てられていることである。また、この時期の真言寺院らしく、アワシマ神を稚日女命＝天照大神＝大日如来に習合させた信仰を、石鳥居の梵字に表していることも興味深い。その隣に小さな薬師堂が併設されている。建築年代不明とのことだが、元来から粟島神社と対で建築された可能性がある。小山靖憲は、高野山の行人が備後国大田庄の年貢積み出し等のための往来の航海安全を祈願して、今高野に勧請したものとしており、(46) 筆者もそれに従う。この他にも、その創建伝承の年代の正否はおいて、北九州の門司区奥田の淡島神社が十二世紀、茨城県行方市麻生町の淡島神社と、いわき市勿来四沢向の粟島神社が、十三世紀勧請と伝わる。

元寇以後、準構造船から、より大型で安定的な遠距離航行ができる構造船に代わるとともに、築堤技術も進歩し、九州・関東間の航路に大型構造船が就航し、それらが入港できる津湊が多数拓かれ、海運扱い量や船舶往来の頻度が飛躍的に増加した。一方、沿岸漁業から中沖合漁業へ、さらに沖合漁業へと、先導的役割を果たした紀州海民は、数日かかる他国出漁や海上輸送に従事するようになった。(47) こうした海事全般の技術向上に伴う海上交通の拡大が、一般庶民の海事守護神としての粟島大明神への崇敬を高めたことは間違いない。『宇治拾遺物語』に収録された説話などに見られるように、山伏は呪法や験力を用いて船の航行を自由にできると信じられ、ときに同船していたといわれる。(48) 伽陀寺を拠点とする山伏は、港町の海難防除祈願寺院にアワシマ信仰をもち伝える役割を果たしたであろう。

第二章三-3で伽陀寺鎮守八幡神降臨伝承を述べた向井家文書を紹介したが、その続きには、古来より伽陀寺に伝わる「印紋」があり、「第一に魔除け。女人は難産産死を逃れ、三には水難火難を守り給う」とその効能が説かれ、葛城大峰に入峰する山伏に授けて流布させよという趣旨のお告げが、八幡大菩薩よりあったという古伝承を記している（和歌山市立博物館整理番号一九五号「葛城一之宿伽陀寺由緒旧記録書上」文化四丁卯年〈一八〇七〉）。アワシマ神の利生に女性の守護が加わった背景には、平安期の薬師七仏修法以来の山伏の安産祈禱が源流にある。

葛城一之宿転法輪山伽陀寺　別当迎之坊広本世代

葛城一之宿伽陀寺印紋縁起

（中略）又重て弾正に告て曰、今此印紋を汝に附属春家跡を覆、葛城大峯其体の神山霊窟に登る輩に盤此印紋を授て□□かはしめよ、第一魔除也、其二に曰女人盤難産産死をのかれ、三ニ盤水難火難を守里給ふ、抑此印紋盤神代の昔、天照皇大神高間原の神宮にみそなわしめ給ふ霊印也、印盤真也、是宗如本説秘密加持の霊印にそたて、我可本来の妙体なりとて授け給ふ所も、聖護院宮御入峯の御時に、古の印紋越紙上にうつし、是を奉而直に御笈に古めさせられて、葛城大峯の御□法有之事也、誠に行者尊御告の如く難有可る、延喜帝の依勅願、大伽儖御建立有之所、其後天正の兵乱に消亡春といへとも、今に一天　公武御祈願所たり、毎年三月諸国の大先達幷諸同行家命、当山に入嶺して、宝祚延長、武運長久、天下泰平、五穀成就、萬民豊栄の護摩を修する事、綿々登して終さるもの也、

此度堂社開基年暦由来旧記抔写取出候様との御儀に付、数代持伝候右記禄之侭写差上申候、以上、

文化四年卯六月　　海部郡加太村伽陀寺別当迎之坊

十五世紀、加太淡嶋神社に一つの転換が訪れる。文明六年（一四七四）十二月、十穀聖覚乗なる人物が、加太淡嶋神社境内に、虚空蔵菩薩を本尊とする能満堂を建立したのである。『淡島神社文書』「十穀聖覚乗置文」(49)の読み下し文を次に記す。

右、当国粟嶋大明神の御告げに依って、始めて御在所に御社を立て、御神を勧請申す、年月をふるといえども、御上葺よろいふきにて見苦しく御座候間、覚乗十穀を本願として、御社を檜皮葺に仕り候ものなり、然る処に、当社一殿にまた御神の告げありて、神宮寺を建立し、ご本尊には虚空蔵を安置申すべき趣御夢想の間、一殿十穀をたのみ取り立て申すべき由仰され候条、彼の御堂を建立仕り、御夢想のごとく、泉州堺南北万民をすすめ、ご

本尊を作り立て、寄進申し候なり。しかるに彼の仏前の参銭のことは、末代において当社内造営の針（釘カ）の代に、是も御神の告げによりて定め置き候ものなり、余事に仕ることあるべからず候、すなわち定め置くところ件のごとし

十穀聖はこの頃出現した勧進聖の一種で、古代の穀断聖、後代の木食聖と同義であり、同じ文明年間に清水寺を中興した願阿上人も十穀聖であったといわれる。当時は「勧進聖の時代」といわれるほどに、寺社中興や造営に下級の遊行者である勧進聖が活躍し、貢献した。豊島修・木場明志らによると、熊野三山・近江多賀社・祇園社などを拠点とし、紀伊国では高野山金剛峰寺・紀三井寺に「穀屋」、粉河寺に「十穀坊」と呼ばれた勧進所が設けられていたという。(50)

覚乗については、『紀伊続風土記』が「淡路の人」と述べる以外不明であるが、この置文によれば、能満堂建設に先立って社殿の屋根葺き替えの勧進を請け負っており、加太淡嶋神社に一定食い込んでいた人物であったといえる。虚空蔵信仰を奉じた点から、高野山あるいは伊勢の朝熊山金剛証寺に関係する勧進聖であったと思われる。朝熊山金剛証寺は、空海が虚空蔵求聞持法の修行霊山として開いたとの伝承があり、朝熊山は虚空蔵菩薩の浄土とされた。金剛証寺は伊勢志摩をはじめ、青峰山正福寺とともに、伊豆・尾張から阿波方面の海運漁業に携わる者の信仰を集め、近世には福徳をもたらす「福一満虚空蔵菩薩」と自称した。

一方戦国期には、志摩国粟島郡坐神が紀伊国平田荘で「粟島大明神」と呼ばれていたことが、文亀二年（一五〇二）『紀伊国平田荘感通寺修正会神名帳』で分かっている。他にも、年記不明『三重県上野市岩倉春日神社所蔵本恒例修正二月勧請神名帳』等の「東海道十五カ国」のうちに「志摩国粟島大明神」（粟島の誤記含む）が記されている。(51)この

ことは、遅くとも戦国期には、伊勢志摩において粟島坐神が粟島大明神として唱導勧化されていたことを示しているであろう。その担い手として推測できるのは、『大和葛城宝山記』以来、葛城山を法基菩薩と粟島神・大日孁貴命の浄土と位置付けてきた両部神道の伊勢志摩修験である。

伽陀寺および紀ノ川流域の粉河寺・根来寺等の葛城修験寺院行人は、真言寺院属であっても天台系修験としてのアイデンティティを保っていたといわれ、[52]秀吉の根来攻めには結束して闘い、焼亡している。加太淡嶋神社境内にあった日前宮社は、その後復興されなかった。能満堂の聖らはこれらの天台系修験とは全く別の集団であったと考えられる。下る元禄年間、能満堂について加太淡嶋神社は、紀州藩に次のような覚書を提出している。この中で見られるとおり、覚乗は「両部習合・当社の本地」と自称したとのことであるから、やはり伊勢朝熊山金剛証寺に関係したのではないか。左文書には能満堂は取り除いたとあるが、実際は幕末まで存続し、『紀伊続風土記』にも記された。加太淡嶋神社境内に置かれた虚空蔵菩薩は、随筆『続飛鳥川』に見られるとおり「徳一まんこくぞう」と自称したようであり、「福一満」「徳一満」と金剛証寺の虚空蔵菩薩との対をうたったのであろう（『向井家文書』「近世文書」、和歌山市博整理番号一七〇号）。

覚

海部郡加太村淡嶋大明神社

一、当社者御神躰二座、少彦名命、息長足姫命にて御座候、往古ハ少彦名命一座ニて、今之友ヶ嶋之名を以社号ニ用ひ来り候（中略）

一、当社古より魚味を神饌ニ備え候て、社僧ハ無御座候、古えに文明年中、覚乗と申す行人社内ニ小堂を構へ、虚

空蔵を安置いたし御座候付、両部習合之族当社之本地なと、申触候故、先年御改申上右之堂仏像共ニ取除申候、
（中略）以上
元禄七年戌六月四日（一六九四）　神主　前田美濃守

伊勢志摩のアワシマ信仰がこのような形でリバイバルを遂げたことの背景は、加太淡嶋神社信仰が船舶交通とともに各地に広がっていったのとまったく同様で、伊勢志摩からの関東航路の発展に基づいて、アワシマ信仰が熊野修験や伊勢御師とともに、各地に伝わって行った様子が想定できる。限られた事例に基づく類推ではあるが、港町を主とする筆者の現地調査では、アワシマ神社の近くには熊野神社や天台・真言系密教寺院があり、かつては神仏習合で同一境内にあったであろうと思われた。

延暦寺焼き討ち以後、全国で天台系修験が一定退転し、幕藩体制の中で修験道は本山派・当山派の二派分立を余儀なくされる中で、中世以来の「霞」「檀那場」といったムラ単位の縄張りを失った一方で、新たな顧客として登場したのが、港町という町場の庶民であった。かつては高貴な女性たちの安産祈願等をおこなっていたものが、村や町の草堂や会所でおこなわれる女性講の観音講や十九夜講等に山伏は赴き、祈禱祓い等をおこなうようになっていった。戦国末期からの大型構造船の全国港湾就航と、徳川幕府による全国廻船と街道制度の整備を背景に、十六世紀初、九州にもたらされた梅毒と思われる「疫病」はまたたく間に港町を主とする全国の町場に蔓延した。海事守護・療病平癒・息災延命の利生をうたう少彦名命―本地・薬師如来系アワシマ信仰と、新たに唱導された婦人病・性病に利生を特化した天照大神の妹神としての稚日女命・本地虚空蔵菩薩系アワシマ信仰が、港町や城下町などの内陸都市を主と

して全国に広がった。三都のアワシマ信仰は、願人坊主により遊里の芸能や性風俗と結びついて俗化しつつ、遊里の女性の信仰を獲得していった。その間の様相は、第一章に見たとおりである。しかし明治五年の修験道廃止令で山伏は根底から存在を否定された。柳田・折口ら民俗学者や国文学者たちが見たのは、山伏なき後、あわしまさんと呼ばれる乞食勧進によって俗縁起アワシマ祭文が門付けされる風景であった。

三　中世後期アワシマ信仰の達成―「女人救済」と「海の修験」―

1　二人の女神の意味

元寇以後、英雄的女帝女神として空前の崇敬を集めたという神功皇后は、妊婦の身で夫に先立たれた悲劇の女性であった。腰に石を挟んで男装武装し、軍船を率いて異国に渡った女性の英雄的な活躍は、小さいが万能の少彦名命に常に助けられていたことを、中世の人々は理解していた。一族が血で血を洗う戦国の自力救済の時代、皇統断絶・国内分裂という未曽有の危機に臨んで打ち克った、乳呑児を抱えたシングルマザーの女帝女神を助けた少彦名命に、自己の救いを求めたのだった。

一方で元寇期には、伊勢皇大神宮の神職を中心とする知的サロンによって、大日如来を本地とする天照大神の王権守護神としての機能が、「第六天魔王との冥約」説とともに論理化され、強化された。伊勢皇大神宮は皇室と国家のために祭祀をおこなうためだけに設けられた神社であるが、院政期頃から個人祈願に神職が応じるようになっていったことで、初めて祭神の「利生」が問題となり、それは全能の大日如来を本地とすることで解決された。しかしこの

「第六天魔王との冥約」説という日本版ファウストのような物語は、大己貴命という「負の存在」との対照によってこそ成立し、むしろ言外に「罪」や「悪」をも包摂した、絶対的な「力」をもった存在として天照大神を語りなおしたことに、意義を見出すべきかと思う。

その反作用で、天照大神の原型であった大日孁貴尊や稚日女命といった、原始的な太陽神とそれに仕える巫女の形象と思われる女神像は、「天照大神の妹神」として、『説経節』や『御伽草子』と同系統の、業と欲の因果応報の中に生きる、極めて人間臭い悲劇の女性として物語の中に登場しなおすこととなった。二世を分かたぬ契りであるはずの婚姻関係を、婦人病からの不妊ゆえに、あっさり姑の言うままに破棄して、病身の妻を死出の船旅に捨てた夫・住吉神とその母親の酷薄な身勝手さ、それをどうにもできない、非力な「天照大神の妹神」。その境遇への嘆きの深さゆえに、「二度と再び私に続く女性たちに、私のような目には遭わせない」という誓いは、高い精神性を伴う姉妹的隣人愛と言える。

神功皇后は跡継ぎとして「自家」の危機を背負いつつ夫を突然失った、乳呑児を抱えたシングルマザー。天照大神の妹神は不妊の病気ゆえに病身でありながら「婚家」を追い出されたウマズメ。対照的でありながら、どちらもすべての女性が遭遇しないとは言えない、普遍的で理不尽な「苦」の物語である。法華経が「龍女成仏」「変成男子」などと、そのままでは人の女性は救われないとし、血盆経信仰が「血穢のせい」といった原罪を女性自身に負わせたのに対し、室町期以後のアワシマ信仰は、女性であることの罪悪には言及せず、いかなる理由でそうなったかは問わず、その最も苦しい問題にまっすぐに向かい、救う信仰へと変容した。

このような徹底的に弱者の側に立つ「許しと救済」という思想性の獲得は、女性が「生む性」であるがゆえに避けられない生命の危機と運命の不条理を等しく負っているという、根底的な問題に寄り添った結果であるが、アワシマ信仰の担い手である、古代以来の山岳修行者の系譜を継ぐ修験道行者が生み出した思想性である。修験道においては、「来世成仏」は二次的な目的であり、自らが苛酷な行を修することで得た験力で「今、自らが成仏し」、誰かの「今、ここにある娑婆苦」を「今、直ちに救済する」ことを目指す、それによって仏教の功徳を証して弘通する、「現世利益・現世救済」を第一義とする信仰である。修験道における最高の行は、「代受苦」の捨身行である。他者の苦を一身に負って我が身を苦しめ、時に命を犠牲にすることで、神仏の許しと救済を乞う利他行である。そのような行を、何の報酬を与えることもできない、非力で罪業深いとされる女性のためにおこなったのが、アワシマ信仰である。

しかし、そのような深い思想性をもちつつも、救済の対象となる人々の多くは庶民であり、むずかしい仏教哲学よりは、「貴女(あなた)と同じ」境遇の女神の物語でもって、分かりやすく、時には俗悪な笑いとともに、救いと仏法が説かれたのであった。山伏という存在の出身階層自体が、すでに王院臣家の末裔達が僧侶や神職の上臈を占めるようになっていた時代に、上層でも在地領主層あたりの民衆であった。彼らは庶民の求めに応じて、魔除けや破邪、療病延命、各種災難除け、子授け安産等々を祈願し祓浄めをおこない、験力やご利益があると称して護符や印紋等を授け、時に巫女とともに神がかりの神託をおこない、法楽と称して芸能を演じたりした。かつての山伏と人々の関わり合いのイメージを現代に辿ることはもはや難しいが、藤沢周平の小説『春秋山伏記』などは参考になろうか。著者の郷里・山形県庄内地方に伝わる羽黒修験の伝承をもとにした時代小説である。人々の喜怒哀楽の中にいた山伏と、その修する行の存在なくしては、アワシマ信仰は女性救済信仰とはなりえなかったのである。

2「海の修験」

アワシマ信仰は、近世以降に町場や内陸村落にも流布されるようになるまでは、その原型と展開において、海洋世界から一歩も離れない性質のもので、修験道行者を媒介とすることで成立する信仰であった。その意味で、五来重が唱えた「海の修験」[53]としての性格を指摘できる。周知のように、「海難に遭えば、隠岐の焼火権現の神号を唱えると、海上に神火があらわれて風波をしずめて船を安全に導く」「波切不動尊に祈ると不動明王があらわれ、大火炎を発して剣で風波を切り裂く」等の霊験譚は、修行者が山や洞穴に籠って神仏に捧げる灯火や修行の火に由来すると説明されてきた。火焚きの行は、古神道的な火炎による災厄滅却と、仏教的な光明普照による救済の、二つの目的を果たすものとして重要であった。

本書で実証的に述べ来たった事柄からいえば、海の修験とは、原始的な海上他界観を下敷きに、海岸地先小島や海岸洞穴の、その地域共同体にとって特別な「聖地」に往還する祖霊と、日月運行とそれに連動する潮の干満に代表される海の営みを司る自然神への基層信仰と、薬師経・法華経信仰に基づく行者の籠行を中核に、海難除災・航海安全守護・海生物および人の再生産の順調を祈る祭祀と行と思想の体系である。

先述のとおり『法華験記』には伊勢志摩の海岸洞穴に籠った沙弥の話が見られ、伊射波神社には現在も籠り堂が存在し、伊勢の神前神社に合祀されている、粟島坐神御魂の神体石を祭神とする許母利《こもり》神社の「こもり」も「籠り」を意味するであろう。粟島坐伊射波神社には金剛証寺の八大竜王が勧請されていたらしいので、伊勢志摩修験行者による籠りと火焚き行がおこなわれていた可能性は高い。また場所は異なるが、真言密教による山岳修行がおこなわれた広島・宮島の弥山で山あて遺構と思われる焦げた石壇が発見されていることからも、修行者が海に面した崖の洞穴や崖上の山林に籠り、灯明を焚く行が存在したことは裏付けられる。薬師経・法華経を根拠として、海に生きる人々を現世利益した修行者のあり方の断片を示しているだろう。行者のそうした籠りや火焚きの行の功徳によって、その環境に存在する神からの守護と恩恵を祈願する、習合信仰としての「海の修験道」が存在したのである。五来重が「海の薬師」と形容した事柄は、海の修験道として理解することも可能である。

現在も海岸の地先小島や岩礁・海岸洞穴洞門に注連縄をかけて「聖別」し、祭礼をおこなう地域が、紀伊半島の熊野灘沿岸にいくつか存在するが、社寺も多数見出せており、それぞれの浦ごとの生活体系に根ざした、航海・漁労者のための行や祭祀儀礼がかつて存在した痕跡として見ることができる。かつてこれらに伊勢志摩や熊野葛城の修験者が、祭祀の仲立ちとして活動していた過去が推測される。特に新宮以東の熊野灘沿岸地域は、金剛証寺などの真言系寺院、あるいは仙宮院や伽陀寺のような天台系寺院に属する海を主な活動舞台とする山伏たちが、常日頃に横断的なネットワークをもっていた可能性はある。

大曽根浦夫婦岩　現在は注連縄掛け行事がおこなわれている

熊野灘沿岸でいくつか事例を挙げると、紀伊大島につながる潮岬先端の潮御崎神社のすぐ下には、祭神・少彦名命を勧請した「静の窟」を称する洞窟があり、その近くには「入日のガバ」という西向きの洞窟があり、日没時にはそこに夕日が射し込むという。尾鷲市大曽根浦向井神社には、近世地方文書により、加太淡嶋神社が初穂徴収に回っていたことが判明している。(54) 同地には「夫婦岩」と呼ばれる、人里から歩いて渡れる伏椀型の地先小島があるが(現在はコンクリート突堤が築かれ、地先の埋め立てがおこなわれて地続きとなり、神社跡として存続している)、その全体が聖域になっていた、典型的な

「アワシマ」地形環境である。熊野水軍の中でも造船術に長け、戦国の雌雄を決した大阪湾海戦において徳川方につき、近世を通じて幕府水軍を率いた向井氏の本拠地である。熊野水軍は中世に伊勢国司北畠氏の海上警護を担った海賊衆であった。熊野灘の「海の修験」は、水軍と行動をともにしていたことは想像に難くない。

紀伊半島以外でも、例えば岩手県陸前高田市広田町には雌沼雄沼という海蝕洞穴があり、旧暦三月三日の干潮時に、そのときだけ見ることができる海蝕洞穴に神楽が聞こえるという伝承がある。その洞穴を本宮とする黒崎神社があり、承安二年(一一七二)、山伏の源真が、海を渡って新羅遠征し凱旋した息気長帯姫命を勧請したといわれる。かつてはその前を通る船は、航海安全と大漁を祈願して帆を下げたという。そこから北へ三㎞ほどの子友町の八幡神宮も小半島の岬上にあり、地先は蛇ヶ崎と言い、海蝕崖になっている。

近代海村の生活民俗誌調査の内容をまとめた『海の民俗学』(民俗民芸双書一一、岩崎美術社、一九六六年)では、修験道廃止令以後にもなお山伏が関与した海の信仰の片鱗を見ることができる。東北太平洋岸では、船の炊事係が日没時に薪木で作ったケズリカケに火を点け、「お灯明お灯明」と唱えながら「なむ御祈禱、葉山さん塩釜さん、ナブラ(魚群)のいいのに会わせて下さい」と祈ったという(二八ページ)。彼岸や盆などに、形代に着物や人形を載せた小舟を流す行事も見られ(六九ページ)、新船建造の際の船霊籠めでは、船霊が女神であるからとして、女の髪・針・布きれ等を納めるともに、薬師十二神将にちなんで十二文銭を納めたという(一〇一ページ)。こうした祭祀儀礼の主宰は、主として山伏が担っており、「山伏の時代」というべきものがあったともいう(一七一〜一八一ページ)。造船・航海技術の発展に伴って、その中心的役割を果たした紀伊や熊野、伊勢志摩の海民は全国の津湊や漁場に繰り出していった。そこに山伏が同行して、各地に足をおろし、船霊を込める儀礼や、岬の洞窟に籠って火焚き行などをおこない、堂社を建立していった過程を彷彿とさせる。

「海の修験道」について、五来重が述べるような海を見ながら陸路の遍路道を「巡る」要素は、陸上世界に生活する者が非日常の経験として巡礼をおこなう中にあるもので、海を生活世界にする者の行として捉えた場合には、存在しえないと筆者は考える。それはひとえに背後に重畳たる山々が迫るリアス式海岸地形の前近代の浦においては、陸路は居住集落内の交通の用にほとんど限定され、主要な交通手段は船舶であり、船舶が停泊できる入江も限られていたからである。紀州新宮速玉大社の「御船まつり」のように地先の岩礁を、神主を乗せた船で「巡る」祭祀は、その地に固有に意味づけられた「海の聖地」単体で成立・完結するものであり、連続する行路を苦しい思いをしながら進み、ゴールに達することで修行が成立・完結する「巡礼」ではない。葛城修験第一宿を構成する加太・友ヶ島の行場のうち、友ヶ島が『諸山縁起』成立時には入っておらず、戦国期以降の史料で初めて登場していることも(55)、海を背景にした修験道は、行場を連続的に山林抖擻する山岳修験道とは性質を異にすることを示しているだろう。

海を生活・生業の場とする人々に奉じられた信仰には、宗像・金刀比羅・住吉信仰や観音信仰が主なものとしてあり、豊漁祈願には恵比寿・事代主命を祀る信仰がある。他にもそれぞれの地域や浦ごとに、古くからの固有の信仰もあれば、有力社寺の末社末寺が伝えた信仰も存在している。その中でアワシマ信仰は、紀伊半島の東西の突端を舞台に、海民のアワシマ神への信仰が、薬師・法華経信仰を背景とする習合信仰に基づく権現である、少彦名命・大日孁貴命といった『記紀』の神々への祭祀として再編造形された、固有の性格と歴史性をもったものといえる。その基盤的な「海民の生活体系に根差す基層信仰」のあり方は、紀伊半島の地勢環境に負うところが大きいものである。

以下は、国土地理院地図と航空写真を下敷きに、加太浦から伊勢二見ヶ浦まで、紀伊半島を西から東にぐるっと海岸線を辿り、臨海部にある神社・寺を拾い出してみたものである。海に張り出した小半島の岬上の神社（△印）、地崎小島にある神社（○印）、浦の入江奥に開ける平地の中心にある神社（□印）、火焚き行に関わる地名と観音寺・薬師堂（傍線）が、御坊市以東にはほとんど浦ごとに見られる。南伊勢町と志摩市には「海」「禅」「仙」といった寺院名称が見られる。古神道・道教・仏教が習合した信仰に基づく行場がかつて存在したのを想像させ、中世前期の習合信仰の思想的拠点寺院であった仙宮院との地域ネットワークの存在を推測させる。

葛城修験や熊野修験といった山岳信仰とは様相の異なる、紀伊半島の海に根ざす習合信仰の世界を具体的に描き出すためには、まず民俗調査や史料調査を網羅的に実施して、これらの海事に関わる信仰祭祀の思想と儀礼体系を洗い出し、そこに影響力のある寺院やその檀越の領主層等の世俗権力がどのように関わっていたのか、史料に基づいて検証することが必要である。

・和歌山市　加太淡島神社、田野衣美須神社、和歌浦塩竈神社、毛見浜宮神社
・海南市　冷水浦八幡宮・了賢寺、下津町下蛭子神社
・有田市　初島町戎神社・多美恵比須神社、宮崎町本宮恵比須神社、女浦住吉神社・法月別院、千田高田恵比須神社
・湯浅町　田国津神社、栖原施無畏寺・観音堂
・由良町　網代恵美須神社
・美浜町　阿尾白髪神社
・御坊市　塩屋南恵比須神社、名田町上野恵美須神社・野島首地蔵尊観音寺
・印南町　西之地切目王子神社、津井高泉寺、印南観音寺
・南部町　山浦浦安神社、千里浜千里観音、気佐藤秋葉神社・勝伝寺、埴田鹿島神社・浦安神社、堺浦安神社
・田辺市　芳養町住吉神社、芳養松原浦安神社、○目良元嶋神社・八幡神社・光明寺、上屋敷錦水神社、江川梅龍

寺、磯間浦安神社・神楽神社・覚照寺（磯間岩陰遺跡を囲む）、新庄町若宮神社

・白浜町　瀬戸恵比須神社・本覚寺貝寺、△白良浜熊野三所神社、△権現平金刀比羅神社、西谷えびす神社、椿薬師堂・太子堂

・串本町　出雲朝貴神社・観福寺、○紀伊大島雷公神社、古座神社、○潮御崎神社

・那智勝浦町　浦神塩竈神社・海蔵禅寺、下里天神社、勝浦八幡神社、△狼煙山浦島稲荷神社、浜ノ宮補陀洛山寺

・太地町　太地灯明崎・△金刀比羅神社・蛭子神社・△飛鳥神社、森浦蛭子神社

・新宮市　○三崎町蛭子神社・厳島神社、王子町王子神社

・紀宝町　井田神社

・熊野市　△有馬町花乃窟神社・妙智観音堂・正覚寺、△木本町弁天神社・木本神社、木本新出町稲荷神社、△磯崎町磯崎神社、□新鹿町金比羅神社・徳司神社、遊木町遊木神社、△二木島町室古神社、二木島里町最明寺、甫母町海禅寺・△阿古師神社、□須野町十二所神社・永命寺

・尾鷲市　梶賀町梶賀神社、△曽根町飛鳥神社・安定寺、古江町古江神社、三木浦町三木神社、九鬼町九鬼神社、○大曽根浦向井神社（跡）、港町恵比須神社、須賀利町高宮神社

・紀北町　□海山区小山浦住吉神社、海山区引本浦引本神社、海山区白浦大白神社、紀伊長島区長島神社・長楽寺・海野鏡神社

・大紀町　錦八幡神社

・南伊勢町　古和浦甘露寺、阿曽浦片山寺・大智院、八ヶ竈八幡神社・澄江寺、神前浦仙宮神社、礫浦龍泉禅院、迫間浦迫間神社・海雲寺、五ヶ所浦大仙寺、下津浦長光寺・木谷常慶院、田曽浦慈眼寺

・志摩市　浜島町南張八柱神社、浜島町浜島恵比寿神社・宇気比神社・極楽寺、志摩町和具天真名井神社・片田春日神社・片田稲荷神社、大王町波切神社・仙遊寺・名田光月寺・天之真名井神社・畔名神社・臨江寺、阿児町志島神社・海蔵寺・甲賀見宗寺・国府神社・志摩国分寺、磯部町阿津摩里崎神社・大日堂・的矢神社、堅子町神明神社・宝珠寺

・鳥羽市　畔蛸町畔蛸神社・西明寺、相差町神明神社・大慈山梵潮禅寺、国崎町国崎海士海潜女神社、石鏡町・円照寺、浦村町浦神社、△安楽島町伊射波神社・伝法院・満留山神社、小浜町八幡神社

・伊勢市　池の浦堅神神社・観音寺・粟皇子神社・△許母利神社・正覚寺、二見町興玉神社

第五章　調査紀行―各地の事例―

近年はインターネットの普及によって、ホームページやブログで、さまざまな団体や個人が、当地の祭りや社寺参詣の情報を発信するようになった。そのおかげで、従来は現地へ行く以外に見聞きすることのなかった事柄を知ることができるようになり、筆者もその恩恵を多大に蒙っている。それに加えて、それなりの見方をもって現地へ行くならば、やはり見えてくるものがある。

以下は、第一章二で述べたアワシマ神社祠堂データベースに含まれる社堂の一部に対して筆者がおこなった現地調査報告である。全国約五〇〇件全部に現地調査に行けるわけではないので、数量的に裏付けられる傾向を確認した後、そこから浮かぶ仮説の検証をしに、現地調査に赴いた。その際に設定した仮説とは、「アワシマ信仰は海岸地帯の聖地に発する習合信仰で、山伏など密教行者によって担われた」「女性救済信仰としての拡大・定着の主たる時期は幕末から近代である」であった。

筆者が現地調査した事例のうち、あまり知られていないが特徴的なものを北から順にご紹介し、特論として群馬県前橋市と福島県内の様相を述べたい。

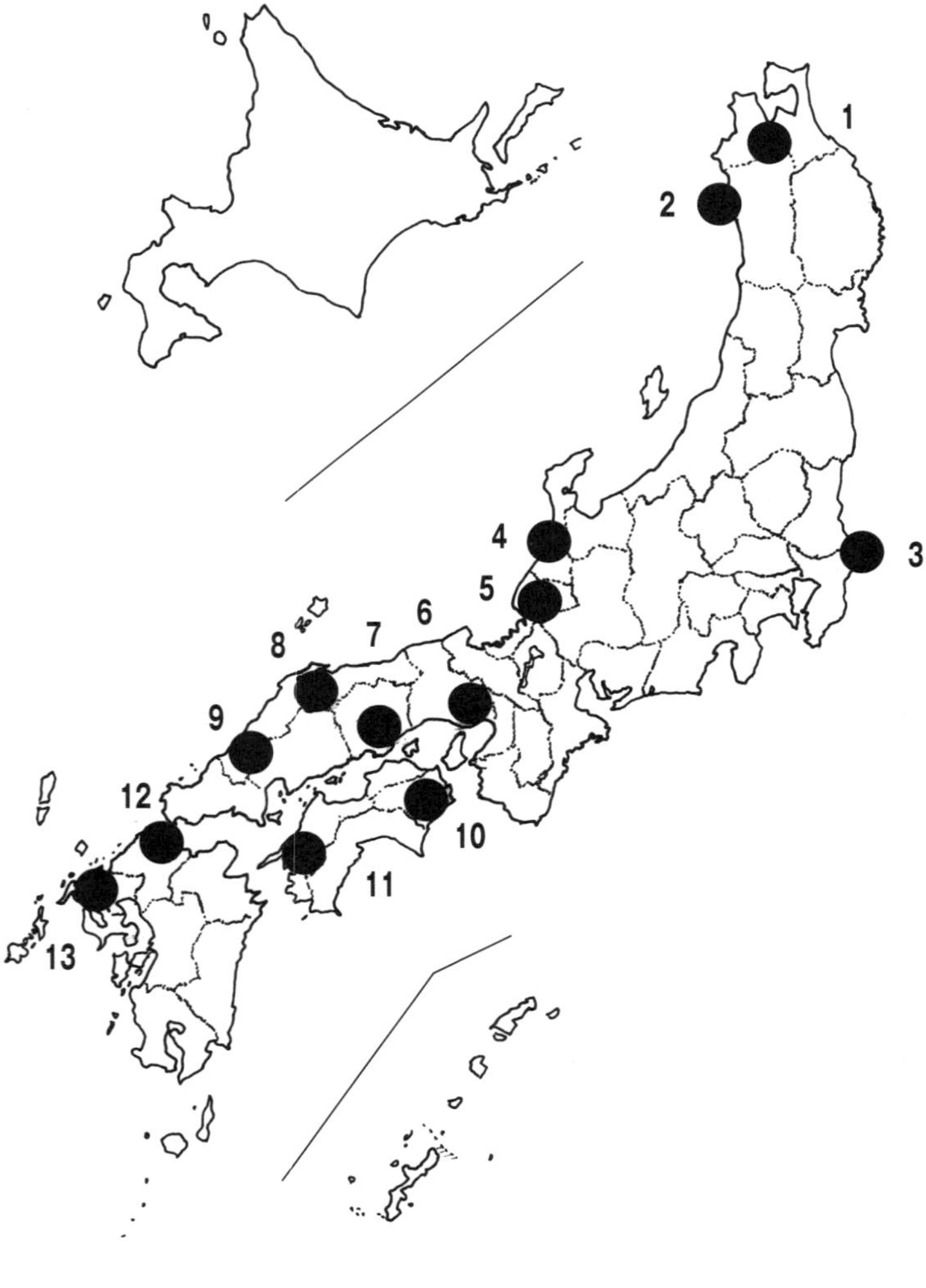

アワシマ信仰全国の事例調査地

一　全国の事例

1　青森県青森市油川浪岸　淡島神社

【歴史】　JR油川駅前の案内板によると「十三森村は近世油川組二十六カ村の中の一村で油川村の支村。江戸後期安永七年（一七七八）に戸数三十八。粟島《ママ》神社は江戸前期元和三年（一六一七）の創建。熊野神社の筆頭願主は森山七郎で寛文十一年（一六七一）の創建」とある。淡島神社は南部家の家臣・奥瀬氏が油川港を築いたとき、海事守護神として勧請したという別伝もある。油川は羽州街道と松前街道が合流する交通の要衝で、鎌倉時代初め、伊勢北畠氏と親戚筋の、北畠顕家直系の浪岡北畠氏が支配し、油川湊によって北方民族と交易をおこなっていたという。この地は、平安時代の北奥への「郡」設置以前に、朝廷への納税・貢納をおこない、かつ律令的な祭祀がおこなわれたことを示す遺物が多数見つかっている（天野哲也・小野裕子編『古代蝦夷からアイヌへ』吉川弘文館、二〇〇七年）。前九年・後三年の役以前から中央に近い立場をとった豪族が地域を掌握しており、北畠氏支配に道を拓いたということらしい。戦国時代に奥瀬氏が城を築き、その後、弘前藩の支配下に入った。大浜と呼ばれた外ヶ浜第一の湊で、近世には近江商人が移住して商人町を築いた。

【現地調査による考察】

本州最北端にある淡島神社で、戦国時代に遡る創建伝承があり、当時青森随一の湊の海辺近くに設けられた、海事守護信仰の好例である。松前街道に面し、海を背にして鳥居、本殿が建つ（図1・2）。淡島神社のすぐ近くに十三森熊野神社があることから、両社の創建に熊野修験が関係しただろう。伊勢国司北畠氏の警護衆を熊野水軍が務めてい

1　青森市油川浪岸　淡島神社

2　松前街道に面する

たので、浪岡北畠氏の進出の際に熊野水軍を伴っていた可能性はある。

現在は近隣の氏子が年一回の大祭をおこなっている。聞くところでは、大祭時に神主は神明宮から来るが、平素、月次祭はおこなっていない。十三森婦人会や個人が幕や飾り物を奉納しているのは、やはり現在は女性の神様であることによる。

松前街道の約一km青森寄りの地点に油川神明宮をはじめ、この地域の社寺を集めた一角があるが、いずれも十八世紀以後の創建。油川最古の神社は淡島神社のようだ。明治期の神社再編と神仏分離、修験道廃止令のため、かつての様子はとどめていない。

この地域は青森市内有数の「ねぶた」が盛んなところで、戦後真っ先にねぶたが復活したそうだ。現在の浪岸海岸は防潮堤が親水公園として整備され、淡島神社の境内から防潮堤を越えたところに海中に親水空間として突堤が作られ、ダイナミックな弓なりの海岸線を眺望することができる。

2　秋田県男鹿市　船川港船川神明社合祀粟島神社・脇本粟嶋神社

【歴史】男鹿は近世北回り廻船の寄港地、日本海と奥羽内陸交通の接点として発展したが、男鹿港を出入りする船舶のランドマークとなったのが寒風山(三三六ｍ)である(図1)。自然の豊かさ・美しさとともに、山おろしの季節風で

1　寒風山遠景

2　脇本粟嶋神社（男鹿水族館撮影）

3　船川神明社

4　船川神明社からの眺望

知られる。それについて、山上の神（少彦名命）がいたずら好きで、気まぐれに強風を吹かせて航行船舶を困らせるので、明治に山麓の脇本に遷座したという伝承がある（吉田三郎『男鹿寒風山麓方言民俗誌』秋田文化出版社、一九七一年）。それが脇本粟嶋神社である（図2）。

　脇本粟嶋神社の由来（平成三年講中口伝碑）は次のようなものである。「当地の粟島神社は前身が薬師堂であり、宝暦九年（一七五九）寒風山頂の薬師長根に建立されたが、宝暦十二年金川の洞泉寺に遷座、その後本尊の薬師如来も幾多の変遷を経て　明治十一年現在地に粟嶋神社として祀られるようになった。明治初期に起こった廃仏毀釈運動の際、神社の名を借りて存続をはかった寺が多くあることなどを考え合わせると、薬師様も粟島様も病苦を救う神仏であり、その経緯も想像されるところである」。

寒風山は赤神神社五社堂を拠点とする男鹿修験の霊山で、ここ同様東北の霊山には、円仁慈覚大師東北巡行伝承をもち、山頂に少彦名命を祀るところが多い。脇本は中世安東氏が山城を築いたのを基礎に、交易で発展した城下町。町内の主要神社は明治まで男鹿修験の山伏支配と伝わる。郷土誌によれば、脇本には遊楼があり、粟嶋神社は遊女の信仰を集めたともいわれている。明治期に船川神明社に合祀された粟島神社は、脇本粟嶋神社を分祀したと思われ、これも「薬師さん」と親しまれていたという（図3）。船川神明社は漁業守護神で、五月に船川港でみこしを乗せた御座船と、大漁旗をなびかせた漁船が一斉に海に繰り出す。

【現地調査と考察】

女性救済信仰について宮司に尋ねたが、漁業航海神の性格のみとのことだった。船川神明社合祀の粟島神社は、かつて習合信仰がおこなわれ、塀を隔てて隣接する大龍寺境内にあったと思われる。大龍寺は永禄年中（一五五八～七〇）開基の密教寺院であったものが、天正年間（一五七三～九二）に曹洞宗となった。同寺には龍女伝承がある。開山の峻厳和尚に男鹿半島の海に棲む龍女が帰依し、長い髪の毛を奉納し、それで作った払子が今も残るという。龍女は「五衰三熱を得る女人の身から救われたい」と言って帰依したそうで、女人救済信仰が唱導されたのであろう。筆者が別途調べたところ、東北は開基を行基・慈覚大師円仁・徳一和尚とする台密系寺院が、戦国期の叡山焼き討ちを機に曹洞宗に転じたところが多いが、こちらもその一つではないかと思う。神明社・大龍寺とも寒風山を遠景に、海を見渡す眺望がすばらしい（図4）。

3 千葉県銚子市南小川町　川福寺境内淡島堂

【歴史】川福寺のある南小川町に隣接する粟島町は粟島台と称された高台で、旧石器時代の漁労集落遺跡が出土した。平安時代の作と思われる地蔵像も出土しており、粟島地蔵尊と呼ばれていたという（『千葉県海上郡誌』一九〇〇年。千秋社、一九九〇年復刻）。鎌倉期頃から海上氏の拠点となり、海運・漁業・商工業などで次第に栄え、戦国期には東北から利根川ルートの廻船の港町が利根川南岸に発展した。その中で伊達藩が海事安全の祈願所としたのが川福寺である（図1）。銚子には海上がりの観音を本尊とする円福寺を本寺とする真言寺院がいくつか存在するが、川福寺もその一つで本尊は大日如来。房総半島には、鴨川市の観音寺、いすみ市大聖寺、山武町長勝寺、富津市真福寺など、真言寺院に「波切不動尊」がいくつもあり、海事に携わる人々の信仰を長く集めてきた。近世、銚子には紀州か

1　川福寺正面入口

2　淡島堂

3　境内の聖観音像群

ら多数の移住者があり、川福寺境内に淡島堂が建立されたのは近世紀州移民の勧請らしい。川福寺は大栄講という不動信仰の講がある。また、子安観音・聖観音信仰(十九夜講)・庚申講も盛んであった。

【現地調査と考察】

境内には本堂の他に淡島堂と女人講中奉納の石仏堂、庫裏、丘上に小川神社(祭神・天御中主命)がある。敷地のほとんどを墓地が占める。淡島堂(図2)は近年建て替え、筆者が調査した日は秋の彼岸前だったので、女人講中の方たち五、六人が淡島堂の掃除をしていた。堂内に祀られているのは聖観音頭部と小さい虚空蔵菩薩像である。祭壇の前には小さい護摩壇が設けられており、本寺住職による密教式の祈禱がおこなわれている。供物に他の淡島堂ではよく見られる衣服(肌襦袢や腰巻)の切片の束は奉納されておらず、薬瓶など空き瓶を集めて供えている。観音の縁日である十八日に講をおこなっているということだ。

川福寺の参道入口脇には、聖観音(如意輪観音)の石仏が集められている(図3)。これらは「子安様」と看板が掲げられており、寛延三年(一七五〇)、他に寛政・文政・嘉永・明治・大正年中のものがあり、「当村女人中」「新田高根女人中」「新田十九夜講中」「本田女人十九夜講」などとある。十九夜講は旧暦十九日に女性たちが集まって聖観音を供養し、産育の無事を祈って真言等をあげ、後に共同飲食を楽しんだ行事で、千葉県北部・茨城・栃木・福島南部に多いといわれる。千葉県は淡島神社・堂が東日本では抜きんでて多いが、聖観音信仰の基盤の上に淡島信仰があるという印象を受ける。

4 石川県能美市川北町壱ツ屋・土室・与九郎島粟島神社

【歴史】白山を源流とする手取川岸の平野に広がる川北町は、川の恩恵を蒙りつつ、その歴史は水害との闘いだった。氾濫の影響が少ない丘陵部は「島」地名がついた集落となっており、「島集落」として全国に知られる。与九郎島もその一つである。与九郎島白山粟島神社由緒の口碑伝承には「仲哀天皇の御宇に与九郎という者が少毘古那命を負って来て当社を創建し、この地に住んだので、地名も与九郎島になったという。明応年間（一四九二～一五〇一）当地にカチヤ島という小村があったが、洪水によって流されたのでその守護神の白山社を当社の相殿とし、その氏子も当字に移住したという」とあり、やはり洪水の影響を留めている。近世に加賀藩は用水を整備し、治水と殖産振興に努めた。

土室粟島神社の資料によると、明治まで薬師如来との習合信仰がおこなわれ、火難除け・眼病に利生ありと手取川対岸の村からも参詣者があったという。木造の本尊薬師如来像の厨子には正徳元年（一七一一）の銘がある。明治に神仏分離し、村社粟島社となり、さらに現社名に変わった。他の粟島神社についても元は神仏習合の薬師堂であったのではないかと想像する。

【現地調査と考察】

美川駅から最初の集落与九郎島まで、整備された広大な圃場の風景が延々と続くが、田子島を過ぎたあたりから旧集落特有の狭いカーブした街路にかわり、しばらく行くと旧街道の真ん中に突如、与九郎島白山粟島神社の鳥居が現れる（図1）。与九郎島の「島集落」は崩れておらず、神社境内地は町営広場と地域集会所が一体で、集落のシビックセンターである。そこから北へ一㎞ほどの土室集落の様相も同じで、集落のはずれの広々とした境内敷地に粟島神社（図2）は設けられ、そこに隣接して地区集会所が新設されていた。境内には「日光遍照十二神将」「月光大士七千夜叉」と刻する石や五輪塔等の一部が散乱して往事をしのばせる。日光・月光菩薩は薬師如来の脇侍仏であるから、土室粟島神社でも薬師信仰との習合があったものと思われる。壱ツ屋地区はこの三地区では最も集落規模が大きく、真

1　与九郎島白山粟島神社

2　土室粟島神社

3　壱ツ屋粟島神社

宗寺院もあり、民家も建て詰まって町場的景観である(図3)。十五世紀創建と聞く粟島神社の境内は、やはり広場と集会所が隣接して、公共広場となっている。秋祭りが近く、当家と思われる家には幔幕と神灯が掲げられていた。

三地区共通して「島集落」という近世村の街区構成のままであり、神社と広場と集会所が一体であることは、神社境内が公共空間で、粟島社がムラの守護神と捉えられてきたのを反映しているだろう。その尊崇の篤さがうかがえる。いずれにも隣接して白山神社があり、白山修験やかつての医王山修験等の活動の痕跡として当地の粟島神社を捉えることができる。墓地は「南無阿弥陀仏」と刻んだ門徒の墓がほとんどで、真宗集落でもある。

5　福井県福井市上細江町　淡島神社

【歴史】細江町は足羽川と文殊山系との間に位置し、慶長十一年（一六〇六）頃の越前国絵図に「細江郷」として記される。足羽川上流は国分寺他古刹のある越前勝山・大野市である。約四〇〇年前に疫病が流行し、粟島神（少彦名命）を祀って餅まきをして鎮めて以来、隣町の下東郷町と一緒に米を出して餅を搗き、二月九日に撒く祭り「だんごまき」をしている。一連の作業は「女人禁制」で、男性だけでする。国指定選択無形文化財に指定。十月七日には秋祭りがあるが、現在は子供のための祭りである。真宗地帯であるが近世中期には、現世利益を願う薬師・観音・地蔵・不動等の巡礼が国内に成立していたといい、薬師信仰と習合した少彦名命信仰がおこなわれた。

【現地調査と考察】

1　小鳥居のある境内入口

2　小鳥居の「薬師如来」刻字

遠くに霊山・白山山系を仰ぎ、そこを源流とする九頭龍川支流足羽川の恵みに開けた広大な農地の中の集落の鎮守として、淡島神社は存在している。東西に農業用水、南北にバス道とバス停、バス停前に集会所、それに隣接して淡島神社・共同墓地が並ぶ。集落の「まつりごと」機能が集中する中にあって、広大な境内地を占めていることから、集落にとっての重要さがうかがえる。神社には、本殿に通じる鳥居とは別に、用水路に面した出入口に高さ一八〇cmほどの小さな鳥居があり、扁額をかける位置には「貞享弐年丑（一六八五）五月」「薬師如来」と刻字がある（図1・2）。少彦名命が薬師如来信仰と習合していたことと、少彦名命が小さな神様なので鳥居も小さく作られたことを示す（小鳥居を立てるのは西日本で顕著）。境内には地蔵と聖観音の石仏を集めた祠があり、それらには「女人」の字が判読できるものもあることから、地蔵・観音を拝む子安信仰がここでもおこなわれていたことがうかがえる。村内には真宗大谷派寺院があり、墓地も大部分門徒様式の、門徒のムラである。

アワシマ神少彦名命信仰集中地帯である北陸三県は、白山・立山・石動山など名立たる修験霊山を背景にしており、福井市内には、ここの他に薬師堂を併設する神社や、薬師神社（主祭神・少彦名命）が多数ある。これらの神社でも薬師・観音・地蔵との習合信仰がおこなわれ、女人講もおこなわれていたのが、明治の神仏分離・廃仏毀釈以後は、様変わりしたと思われる。行き合わせた村内在住の初老の女性に聞いても、おばあさんの時代には観音講がおこなわれたらしい、という話を聞くにとどまった。

6　兵庫県神戸市北区淡河町野瀬　粟嶋神社

【歴史】第一章で同社の「淡島祭文」に似た由緒を紹介した。三木市と接する六甲山中の宿場町で、有馬温泉から直線距離で北西約二〇km。かつては湖底だったという淡河《おうご》川の広々とした河岸段丘上にひらかれた荘園以来の農村で、鎌倉時代には北条氏が支配した。行基開基と伝わる真言宗寺院・石峰寺《しゃくぶじ》（本尊・薬師如来）がある他、中世山城跡や日本最古の農村歌舞伎小屋が残るなど、歴史文化が豊かである。

元寇期に書かれた西大寺中興の叡尊の日記『感身学正記』に、弘安四年（一二八一）三月に石峰寺で殺生禁断と菩薩授戒をおこない、有馬の温泉寺でも授戒をおこなったと記述がある。元寇期に山伏の拠点であった石峰寺に叡尊が来訪したのを契機に真言系寺院に編入されたと推測する。

粟嶋神社の創建は、昭和五年改修時の記録資料では、天正年間（一五七三〜九二）に播磨一円を襲った女性の「白血長血の病」に、村内の坂口氏祖に紀伊国粟島大明神が、我を祀れば救済せんと夢告したのが始まりとされている。天正頃の疫病とは梅毒のことと思われるが、当地に流行したかどうかは不明である。春秋の祭りでは「浦安の舞」を奉納するなど、格式を保った祭礼が氏子組織により維持されている。淡河町には北条氏ゆかりの鶴岡八幡宮を勧請したという中世以来の郷社格の八幡宮があり、祭礼に奉仕する組織も存続している。

【現地調査と考察】

調査日程が田植えシーズン前で、谷あいのあちこちから野焼きの白煙が上がっていた。住居や田畑が美しく整備さ

1　淡河町野瀬粟嶋神社

2　右柱に「清水寺遥拝所」の札

3　准胝観音像

れ、一目で豊かと分かる地域である。粟嶋神社は集落を見下ろす北側の山中にあり、最近、昭和五年以来の建物改修がおこなわれ、祭神少彦名命の表札が新たに取り付けられていた(図1)。境内には「清水寺遥拝所」と札の掛かった覆屋の中に、石像の空海像と、六観音中唯一の女尊・准胝観音像が安置されている(図2・3)。准胝観音は真言宗における子授け観音であるが、天台寺院である京都の清水寺との関係は不明。ちなみに現在、清水寺境内の随求堂には粟島明神が祀られている。八幡宮と同じく旧五大字を氏子とし、春秋の祭りは婦人会が主宰して参詣の人々に甘酒を振る舞い、明るく開かれた雰囲気である。

当地への加太淡嶋神社の勧請は、「白血長血の病」云々の縁起を唱導したことからして、葛城修験寺院伽陀寺に入峰した石峰寺関係の山伏によっておこなわれたであろう。上淡河地区の中心にあたる好徳小学校付近には、当村中を施主とする天明期の伊勢両宮や文政期の愛宕山の石灯籠、西国三十三所観音霊場巡礼奉賛石碑が残っている。同所に近い有馬温泉には式内社・湯泉神社に大己貴・少彦名命、熊野久須美命が祀られ、隣接する旧真言系寺院・温泉寺(本尊・薬師如来)の薬師信仰とも習合していた。同地内外に複数の淡島神社があり、温泉町の女郎の信仰を集めたと伝わっている。

7 岡山県岡山市徳吉町 徳与寺淡島堂

【歴史】旧岡山藩城下町武家屋敷町の一角。徳与寺は天平勝宝年間(七四九～五九)、最澄開基・聖宝中興と伝わる禅光院本坊安住院の末寺で、元東山薬師坊と称し、延喜年間創建と伝わる。文禄三年(一五九四)に没した宇喜多秀家の母堂・法鮮尼(おふく)を祀っており、武家女性の崇敬が篤かった。加太淡嶋神社文書(近世文書)に宝暦八年(一七五八)備前岡山徳與寺入江に分祀勧請と記録があるのは、ここのことと思われる。藩主池田公母堂が庇護し、武家の女性の

1　徳与寺山門

3　淡島大明神神祠
（徳与寺ウェブサイトより）

2　淡島堂客殿、この後ろに神祠

4　針供養
（徳与寺ウェブサイトより）

信仰を集めたという。

【現地調査と考察】

　岡山藩城下町を流れる旭川東岸の、武家屋敷町であった徳吉町の町中にある（図１）。塔の山・東山と呼ばれる小高い丘に登る途中にあり、藩主池田家の社寺旧記によると、安住院末の薬師堂を宝暦三年に徳与寺としたという。現在、境内には薬師如来・観音菩薩・虚空蔵菩薩等を祀るとともに、淡島堂客殿と大殿（神祠）（図２・３）の他、針塚がある。同寺の淡島大明神は、大国主命と国造りをおこなった医薬・裁縫・醸造等の神で、ことに子授けと婦人病に霊験あらたかと伝えられ、岡山市内のみならず、遠方からも参拝客を集めている。淡島神社があるのにちなんで、昭和五十二年から地元和裁士会が針塚を建立、毎年二月八日に針供養がおこなわれている(図4)。毎月三日の淡島神の縁日に講をおこなっている。

8 鳥取県米子市彦名町　米子粟嶋神社

【歴史】古くから神奈備山として崇敬され、『出雲国土記』にある、少彦名命が粟茎に弾かれて常世へ旅立った地とされている(図1)。確実な史料の存在は戦国期の尼子氏の寄進状からで、代々米子城主の崇敬を受けた。現在は干拓事業で陸続きになったものの、粟島は江戸末期まで中海に浮かぶ島であり、初め社殿等の建物は、山麓にあった(図2)。元禄の頃、現在のように山頂に社殿が建てられた(図3)。外縁には少彦名命神霊降臨伝承のある「お岩さん」(図4)や、八百比丘尼が住んでいたとか、少彦名・大己貴命神霊が籠ったとかいわれる、「静の巌屋」(図5)がある。宮司によると、大正十一年に山頂の本社が焼失した。当時、女性の長い髪と自分の名や年を書いた短冊や幟を奉納する習慣があり、灯明をあげて祈願することが盛んにおこなわれていたのが、出火の原因と伝わる。明治期に米子・花園町遊郭の女郎達が淋病や梅毒の病気平癒を祈願したという話もあり、近代に女性救済信仰が盛んであったという。

【現地調査と考察】

「お岩さん」は伏椀型の島のフリンジ部分にあり、かつては中海の波に洗われる岩礁であった。「静の巌屋」も中海に面する岩礁の裂け目である。この形状は、伊勢志摩の粟島神を祀る伊射波宮や神前神社と同様であり、原型的なアワシマ信仰の環境パターンをよく保っている。島(山)の下に境内社として、豊受宮と歳徳神の社があることには注目すべきである(図6)。

豊受宮は伊勢外宮の祭神であり、歳徳神とは別名大歳神で、一説には『延喜式神名帳』にいう「粟島坐三座」の一

1　粟島。かつて周囲は中海

2　正面参道

3　山頂の粟嶋神社

4　外縁部の「お岩さん」

5　「静の巌屋」入口鳥居

6　境内社の豊受宮と歳徳神の社

7　粟島大明神の他五
神名を刻む石灯籠礎石

つとされる、伊雑宮の祭神である。これは志摩の伊射波宮と論社となっているが、筆者は「伊雑神」と「粟島神」が古代史料で区別されていた点から、粟島神として伊雑神（大歳神）を採用しなかったものである。しかし前述のとおり、鎌倉期に伊雑宮を外宮の元宮とする伊勢神道が起こり、江戸期には伊雑宮を、外宮内宮に対する元宮と主張して、伊雑宮神人が歴史の書き換えを迫って鳥羽藩を揺るがす騒動を起こしている。こうした背景とともに、外宮信仰は伊勢志摩修験によって主要に唱えられ、江戸期に地方霊山の修験に伝えられていった中に、米子粟島神社もあったものと考えられる。

境内参道に、六角形の石灯籠礎石が残っている。年号は不明であるが、「粟島大明神／杵築大明神／天照皇太神／金毘羅大権現／勝田大明神／大山大智明権現」とある（図7）。大山を神格化した修験道の神仏習合の神であり、地蔵菩薩を本地仏とする大智明権現の信仰が、この地に及んでいたことを示す。また、勝田大明神は米子総鎮守・勝田神社のことである。これらは、実際に粟島神社境内にかつて祀られていた神々で、現在は伊勢外宮二神のみが境内社として残っているのであろう。山頂の本殿裏には、樹木が茂って眺望が悪いものの、注連縄を張って結界した大山遥拝所がある。東北の霊山に顕著な、霊山山頂の少彦名命社を、ふもとの里から遥拝する様式は見られない。

9　島根県浜田市大辻町　宝福寺粟島閣

【歴史】宝福寺の開基は大同年間と伝わり、鎌倉後期造像の薬師如来を本尊とする。同寺が所蔵する市指定文化財の大般若経全巻写経の奥付には、「宝福寺嘉吉三年（一四四三）始之」とある。粟島閣については、創建年代不明の粟島神社があったものが、明治期に粟島閣となった。現地は国際港浜田港の入江を一望する丘上にあり、大日寺・粟島閣・宝福寺・大歳神社が同一沿道にある。大日寺のさらに奥には浜田城跡がある。元和年間（一六一五～一二四）に伊勢松阪の城主だった古田重治が築城した。

【現地調査と考察】

宝福寺粟島閣がある大辻町は、ＪＲ浜田市駅から車で一〇分程度の、浜田市で最も繁華な市街のはずれにある漁港を見下ろす丘中腹にあり、海事守護神としての信仰から始まったことが分かる（図１）。建物の前に聖観音立像があり、建物内部の祭壇は神式で神を祀っている（図２・３）。もともと粟島神社であったのを粟島閣として、表に観音像を出すことで神仏分離としたそうで、元来は堂内にあった。三のつく日が粟島閣の縁日で、はるばる遠方から女性が参拝に訪れるという。「女性の守護神だから」ということであった。宝福寺は現在石見三十三カ所観音霊場の一つで、粟島閣の観音が拝所になっている。

1　港を見下ろす丘中腹の粟島閣

2　粟島閣前景。左手に観音像

3　祭壇には御幣を祀る

大歳神社・粟島神社・宝福寺・大日寺（ともに真言宗）は一山で、浜田城とも道続きであることから、築城と軌を一にして建立されたのであろう。初代城主が伊勢松阪の人であったことは、この地に伊勢外宮の元宮といわれる伊雑宮の祭神・大歳神をまつる神社が広大な敷地をもって作られていることの合理的な説明となろう。粟島神を伊勢志摩発祥の海事守護神として大歳神社と並べ祀ることも、伊勢志摩系アワシマ信仰のあり方といえる。また、聖観音を祀ることから、かつては血盆経信仰もおこなわれたと考えられる。粟島閣は海事守護と子授け・安産等の女性守護神として、浜田城下をはじめとする町場の女性たちの信仰を集めてきた。その初期には城主浜田氏ゆかりの廻船経営における伊勢海運とのつながり、伊勢御師であった真言寺院の行人階層の活動があったことが想定できる。

10 徳島県阿南市畭町二田　淡島神社

【歴史】 阿南は古くから拓け、『日本書紀』には全国二六カ所の屯倉の一つがあったと記す。室町末期には家臣の専横を逃れて十代将軍足利義植が居住、その後二七〇年にわたり「阿波公方」が支配。阿南市椿泊は中世阿波水軍の根拠地であった。椿泊から土佐室戸までの街道には古い町並が残り、美しい海岸線は阿南室戸国定公園に指定されている。阿南市内には、四国八十八カ所霊場の二十一番大龍寺（本尊・虚空蔵菩薩）、二十二番平等寺（本尊・薬師如来）が、南の日和佐町には二十三番薬王寺（本尊・薬師如来）がある。

淡島神社西方の式内社・八桙神社は、九世紀に紀貫之が海上安全を祈願したことが『土佐日記』に残されている。長寛元年（一一六三）には、後白河法皇勅願で海上安全祈願がおこなわれている。大己貴命を祭神とし、境内奥山神社は少彦名命を祀る。阿南市から紀伊水道に注ぐ、那賀川の河口南部は、紀伊大坂方面への木材・海運等の鑑札を得た特権商人により干拓がおこなわれた。畭町は他の新開地の町とともに、畭町八幡社を総氏神に船だんじりの出る祭り

1　プラント隣の社叢に参道入口鳥居がある

2　丘頂上の社殿

3　参道石祠内の聖観音像

4　淡島神社への道路途中の聖観音像列

をおこなう。

文化十二年(一八一五)成立藩撰地誌『阿波志』には、『日本書紀』の国生み神話冒頭、蛭子とともに流された淡島は同町の淡島海岸最北端沖合の青島である、また同島は少彦名命が常世国に旅立った地で、仁徳天皇の国見歌「おしてる　難波の崎に　出で立ちて　我が国見れば　淡島　自凝島　檳榔の　島も見ゆ　放けつ島見ゆ」その他、『万葉集』に詠まれた粟島の地名もここであるという説が採録されている。紀伊水道を見下ろす丘上にある淡島神社から眺望できる沖合の無人島岩礁群を行者島というが、現地では北から青島・中津・丸島・えぼしと呼んでいる。青島には神祠が設けられている。昭和二十八年に青島灯台が設置され、船舶着岸用の桟橋他が整備された。

【現地調査と考察】

現在淡島神社は、王子製紙の巨大なプラントの脇の叢林の丘上にある(図1)。本殿は昭和六十一年に改修され、畭町遥拝社と位置付けられている(図2)。信者は男女問わず、地域も市内に限らずかなり広がりが見られる。畭町遥拝社にあった淡島神社の由緒は、住吉妃神の淡島俗縁起である。参道の途中に石祠があり、内部に彩色聖観音像が安置されていた(図3)。王子製紙入口から淡島神社へ行く道中で、聖観音石像の一列にも遭遇した(図4)。比較的新しいものだったので、聖観音信仰の女人講が近年まで存続していたものと見える。平安時代以来の航海安全祈願が畭町西部の八桙神社でおこなわれたが、当時はそこまでが入江であったと考えられている。吉野川以南は急峻な山地から大小多くの河川が急流をなして海に注いでおり、阿波藩は氾濫を制御するため河道付替をおこない、河口部を干拓して安定した田地とすることに巧みであった。畭町もそうして近世に開発された町である。その頃まで淡島神社はなかったのではないか。室町期に葛城修験行者が加太から友ケ島に渡海して行場を拓いたのと同様のことが、ここでもおこなわれた名残が「行者島」地名と、畭町からの青島遥拝ではないかとも考えられる。四国八十八カ所巡礼第二十番札所勝浦町鶴林寺境内、南の日和佐町には薬師如来と習合した淡島神社があり、紀伊水道阿波側に淡島神社勧請がおこなわれた一時期があり、諸説が付会されたのだろう。

11　愛媛県大洲市北只常森　粟島神社

【歴史】愛媛県内に多数見られる巨石遺跡の一つ。昭和五年に「大洲文化発祥の地 巨石遺跡 ドルメン」と記された標石が建てられた。大洲藩主加藤氏の崇敬が篤く、現社殿は安政六年(一八五九)建立。粟島神社自体はここから上流の成能にあったのを、臥龍川支流肱川の氾濫のため遷座したという。

【現地調査と考察】

現地は、いくつもの道路が交差し、かつ河川も流れる平地にある丘陵が、河川に向かって突き出たような形になっている突端に巨石があり、そこに神社が設けられている（図1中央の伏椀型小山）。国道上に岩崖がはみ出ている格好で、道路交通上危険というので、調査に訪れたときには河川側への道路拡幅と、神社拝殿正面に昇る階段があった面への擁壁設置工事がおこなわれていた。現地の観光案内資料によると、近世中期に藩主加藤氏がドルメン上に粟島神社を建立したものである（図2）。『伊予風土記』には少彦名命が国土開発で伊予に大己貴命とやってきた際の巡歴地の一つが新谷粟島神社の地と伝わるが、ここ北只常森と成能は伝承にない。

一体に愛媛県では少彦名命信仰が盛んである。道後温泉の鎮守も少彦名命で、県内で死んだとの伝承もある。それ

1　正面叢林が粟島神社

2　巨石ドルメン上の社殿

3　多数の衣服片が吊るされた社殿内部

は県内に多くある縄文巨石遺物と関連付けられるようだ。中江藤樹を招いたともいう、学に篤かった藩主加藤氏は、伊予に来る前、米子藩主であったので、米子の粟島神社への崇敬から、伊予でも少彦名命＝粟島神を崇敬した可能性が高い。ここ北只常森の粟島神社の社地は、縄文時代の祭祀遺跡としては、いくつもの道や河川の合流点を丘から眺める絶好のポイントであり、磐立たす少彦名命を招き祀るのにふさわしい地である。現在は、拝殿内に身の代として衣服片を奉納して、近郷の老若男女を問わず健康を祈願する神となっている（図3）。香川県で昭和二十八年に「淡島願人」の活動が地方誌家に採録されていることから、このあたりも近年まで巡回していたであろう。

12　福岡県北九州市門司区奥田　淡島神社

【歴史】六条天皇代（一一六五～六八年）紀伊加太の淡嶋神社を勧請したと伝えられる。昭和三十三年開通の北九州都市高速道路にかかり、現在地に遷座した。旧境内地には、樹齢約八〇〇年と推定される大槭《おおもみじ》が存在し、シュメール語で書かれたペトログラフと、西太平洋島嶼で見られる盃状穴石が境内にあることでも知られている。ペトログラフは山口県から九州北部に分布するという。

【現地調査と考察】

路線バス終点になっており、地域によく知られた神社ではあるが、旧村社や郷社等の社格はない。小高い丘の途中にあり、最近改修されて非常に華麗な社殿となっている（図1）。拝殿内には、「これで悪いところをなでると、たちまち良くなる。安産・子宝を願いお腹をなでると、元気な子を授かる」という「お撫で石」が置いてある（図2）。

筆者の調査日程が年末年始休暇に入っていたため、参拝客が多く訪れていた。妊娠した女性が両親に連れられて、神主に祝詞をあげてもらって安産祈願を受けるところに行き合わせたり、道路通行中の車両から、鳥居前でわざわざ停車して車中から手を合わせて拝む老齢男性の姿や、生き生きとしたアワシマ神崇敬の様子を見ることができた。

　現地調査で分かったのは、この神社が近年まで、神仏習合で真言寺院と同一境内にあったことである。バス通りに面する現在の正面階段は新しいもので、その横の路地から茶屋の前を抜けて上がる細い石段が、古い参道であった。昇り切った踊り場右手の平地にあるのは十一面観音を本尊とする観音堂（図3）で、表に地蔵の石像もある。そのまま踊り場にある、少彦名命の神社らしく小さな石鳥居をくぐって境内に入る。鳥居の右柱には「天明七丁未歳（一七八七）五月」「同明天日護法五社神（以下磨滅）」、左柱には「□□山（磨滅、削り取ったか）」とある。

　同社ウェブサイトにも道路開通に伴い遷座とあるが、道路を隔てて同レベルの高さの隣地に、横山観音慈明院（本尊・聖観音）という祈禱祓いもおこなう真言寺院があり、境内に建立あるいは中興の尼僧の墓もあった。淡島神社の

1　奥田淡島神社正面

2　拝殿にあるお撫で石

3　観音堂内部

神宮寺であったと考えられる。女人講の本尊としてポピュラーな聖観音と、鳥居脇の十一面観音・地蔵と、安産・子授け・子育てに関わる神仏がすべて揃っていたことになる。明治の神仏分離により、淡島神社が独立した存在となり、さらに道路敷設で物理的にも分断再編されて、現在の姿になったもののようだ。

横山観音の方は、水子供養や納骨受付もおこなっている。現在も産を巡る明暗を淡島神社と一体に受け持っているようだ。

13 長崎県佐世保市船越　淡島神社

【歴史】境内入口の由緒書看板には、江戸中期に松浦藩家臣が下半身の病を患い、四国の金毘羅権現に参拝し、地元宮地嶽神社と合わせ参っての帰途、泊めてもらった老人が娘四人を白血の病でなくし、淡島様を拝んでおり、帰ったら淡島様を祀ってほしいと頼んだので、当社に金毘羅・宮地嶽・淡島三神を合わせ祀ったと記す。宮司の談では、江戸初期くらいに松浦藩主の妻の安産祈願で勧請したのが始まりとのことで、松浦藩の武家妻女の崇敬社であったという。現宮司の千北家は代々松浦藩より、この島の「お守」を命じられてきたといい、三代前から正式な神主になり、社地も千北家所有としたという。

【現地調査と考察】

筆者が「アワシマ型」と命名している立地形態の典型そのまま、伏椀型地先小島に神社がある(図1)。満潮時には沈下するというコンクリートの進入路の突き当たりに、一七〇cm位の人が通れる程度の高さの小さな石鳥居があり、参道へ続く(図2)。島内には田崎真珠の保養施設があるが、それを過ぎた突き当たりにあるのが淡島神社である(図3)。松浦藩の庇護を受けてきた神社にふさわしく、広々と華麗な拝殿が設けられている。四月の大祭時には平戸神社から同社神職団が来て、神職のみによる国指定重要無形民俗文化財「平戸神楽」を奉納する。当初より子授け安産等女性のための神社として藩がかりで設けられた経緯により、現在も同様の祈願と健康祈願に遠方より参拝に来る人が多い。金毘羅神を祀っていることから、元来は海事守護神として地元漁民の崇敬対象ともなっていたと思うが、現在はそうではないという。九州には、小さい神であった祭神にちなんでミニ鳥居を境内に設け、くぐれたら下半身の病平癒や安産とするところが数カ所あるが、こちらもその一つ(図4)。島の地崎岩礁には地主神を祀っている。竜神という。西海国立公園の九十九島が眺望できる風光明媚な場所に立地し、かつては平戸や長崎から海路を遊覧がてら参拝に来たのであろう。松浦藩といえば北九州の歴史的な海民の系譜であり、その海路に対する自由無碍な感覚は筆者の推量を超えたものがある。

1　伏椀型地先小島

2　参道入口の小さな石鳥居

3　淡島神社正面

4　境内のミニ鳥居

二　近代養蚕地帯のアワシマ信仰—群馬・福島県の事例—

1　紡織と女性

福島県内の中通り（奥羽街道）に、幕末から近代にかけて奉納されたアワシマ女神の石像がまとまって見られることは、従来から報告されている（小坂泰子「東北地方の淡島様とその信仰」『日本の石仏九　東北編』国書刊行会、一九八四年）。かつては全国に見られた可能性も否定はできないが、筆者のこれまでの調査からは、幕末から平成まで、地域の女人講が石像を継続的に奉納した事例をまとまって見られるのは、福島県だけである。加えて、群馬県の前橋市内で数カ所、アワシマ女神等石像を女人講が奉納し、現在も講をおこなっている例を見出せた。

福島・群馬の共通項として筆者が仮定したのは、習合信仰であることから、寺院を拠点として勧化唱導活動をおこなった行人組織の活動が存在したことであった。さらに、山間部にアワシマ社堂が集中する福島県伊達市について調べていて気付いたのは、同地をはじめ福島県が近代に我が国有数の養蚕地帯であったことだ。昭和五十四年刊の『猪苗代町史　民俗編』第三章七節「染織」の一八四ページには、それぞれの地区や仲間に受け継がれた機織りの縞模様の見本帳の表紙には「機神淡島神社のおすがたがあり、裏表紙には糸がもつれたときの呪文も書いてあった」と、地区の女性からの聞き取りを記す。養蚕・紡織を生業とする女性達の中では、アワシマ神は親しい存在であった。そして群馬は、富岡製糸場に代表されるように、近代日本を牽引した絹織物産業の一大拠点地域であった。

養蚕絹織物自体は稲作とともに大陸から伝来し、早くから普及して古代律令の租庸調にもなっており、十四世紀の『庭訓往来』に上毛・常陸は養蚕が特産と記されているように、北関東は代表的な養蚕・絹織物地帯であった。『広益俗説弁』の附編（享保四年〈一七一九〉）第三十六には、「蚕食の始の説」として「俗説に云、欽明天皇の御宇、天竺旧仲国霖夷大王の女子を金色女といふ。継母にくみて、うつほぶねにのせてながすに、日本常陸国豊良湊につく。所の漁人ひろいたすけしに、程なく姫病死し、其霊化して蚕となる。是、日本にて蚕食の始なり」と、茨城県の蚕影山神社の縁起を採録している。養蚕は近世中期から幕府に奨励され、飼育方法の向上もあって品質向上・量産化が可能になり、長野・山梨・埼玉・群馬・茨城・栃木・福島の各県が、大消費地江戸を抱えた先進地域となっていき、維新後は外貨獲得手段として一大産業となった。

そもそも、女性と紡織とは切っても切れない関係であった。アワシマ神とされる稚日女命は、『日本書紀』には機織女と描かれ、七夕祭の牽牛・織女の織女は天帝の娘で天衣を織っていた。ギリシャ神話の月の女神アテナイも機織りの守護神である。女神（妖精・魔女）が糸をつむぎ布を織るというモチーフは、世界各地の神話や伝説に見出される。定住農耕の始まった新石器時代の出土品に描かれている織り手は、常に女性である（E・W・バーバー『女の仕事―織物から見た古代の生活文化―』青土社、一九九六年）。近代化以前の部族社会が残っているインドネシア東部のスンバ島は、藍染めの絣織布「コディ」が世界的に知られるが、その製作は周産期にある女性だけの結社で伝承される秘儀であり、初潮・結婚・出産・閉経の各段階で、女性はコディの織柄と同じ紋様を藍染め液で刺青していき、最期は自分の刺青と同じ紋様のコディに包まれて世を去るという（A・B・ワイナー他『布と人間』ドメス出版、一九九五年）。

日本でも布の製作・流通に関わる全過程は、元来女性の掌握するところであったと想像できる形跡がある。以下、網野善彦「日本中世の桑と養蚕」（神奈川大学常民文化研究所論集『歴史と民俗』一四号、一九九七年）に拠って述べると、古代律令では、農耕用の田畑と養蚕用の桑畑は制度的に区別され、『続日本紀』に男は耕耘に女は紡織に励むべしという旨の記述が見られる。中世では、綿座・小袖座神人は女性であり、『七十一番職人歌合』などに見られるとおり、機織り・紺掻き・縫い物師・白布売りなど、繊維製品に関わる職人・商人も女性であった。上州の近世文書には、商人に糸や綿を売ったのは農家の女性という記述がある。筆者の仄聞では、京都・東寺境内での骨董・古着市で古着を売るある女性は、室町時代以来の鑑札をもっており、代々その権利を女系で相続しているという。中世古代にさかのぼって、布の生産と流通によって得る富は女性の収入であったと推測されており、その技術・手段・貨幣やモノなどの財の伝承は、女系を通じておこなわれたとも考えられている。

その名残を伝えると考えられるのが「女紋」である。女紋は、その家の血統を継ぐ女性だけが付ける紋で、主に瀬戸内側各県と近畿で見られるという。女紋をつけるのは、嫁入り道具のうち風呂敷・袱紗・針箱・箪笥・儀礼用の着物とやはり「糸へん」関係であり、広島県では、死んだときに身を横たえる布団に女紋をつけて嫁入りしたという（近藤雅樹『おんな紋—血縁のフォークロア—』河出書房新社、一九九五年）。筆者の知人の広島県の女性（一九六七年生まれ、実家は真言宗寺院）は、やはり右のような嫁入道具に、「五三の桐」といった誰でも使う紋ではなく、その人の母親から受け継いだ、父系とは別の「女紋」をつけたという。おそらく女紋とは、女系相続の財の目印だったのである。

井原西鶴の『日本永代蔵』（貞享五年＝一六八八刊）巻一「問屋の寛闊女」は、当節町方の女房の衣服が豪奢なことを指摘しつつ、「明日分散にあふても、女の諸道具は遁る、によつて、打つぶして又取つき、世帯の物種にするかと思はれける」と、商家が自己破産して債務整理に及んでも、女房の財産は留保する慣習があったことを示す。一方、『西鶴織留』（元禄七年＝一六四九刊）巻四「家主殿の鼻柱」には、女房に恥をかかされた夫が「男のこと葉をもどくからは、暇をとらす程に裸で出てゆけ」とあり、妻の有責による離縁に際して夫方が妻の財産を保護する義務はなかったことを示す。いずれにせよ女性は嫁入に際して、破産・離縁を想定して、自分の持参した財産はこれこれと明確に証拠立てる必要があったことも、女紋の習慣の背景にあろう。

こうした明確な女系相続財でなくても、奈良県での聞き取りによると、明治・大正時代、特産である奈良晒や蚊帳の原料となる苧麻の糸紡ぎをした農村女性は、糸束を売った代価を、麻績みで使う桶に「ほまち」と呼ばれるヘソクリとして貯めた。これはその女性の財産で、誰も手を付けることが許されず、そこから麻績みの桶に特有の霊力を見る伝承なども生まれている。こうした事例は全国で枚挙に暇がない。「糸へんと女系」の抜き差しならない関係を見ることができよう。

アワシマ神石像が見られる、群馬の前橋辺と福島県中通り地域では、女性が自由に使える財産を養蚕や紡績で蓄積しただけでなく、その財でもって、地域共同体の公的な祭祀の場である寺社の一郭に独自に石像を寄進するだけの、地域における正統な地位を、女人講が獲得していたと見てよいだろう。地域社会の組織的な産業として養蚕がおこなわれたこれらの地域では、女性の集団労働がおこなわれた。他地域から流入した女性労働力が、職場などを介して結婚し地域に定着し、新来の嫁として迎えられた。同じような立場の女性達が、アワシマ神の講で家庭や職場からも解放されて、共同飲食して交流し、姑以外の地域のベテラン主婦達とも仲良くなることは、社会生活の安定に大きく貢献したに違いない。

ともあれ、アワシマ大明神俗縁起に、住吉妃神が堺から流されて加太に漂着した際、うつぼ船が桑で作られていたので蚕がわき、それを育てたのが養蚕の始まりなどという、蚕養神社縁起とよく似たヴァリアントが付会されたり、アワシマ社堂で針供養をおこなうようになったりした経緯なども、こうした実態から理解されよう。また、青森県など東北地方の一部で、やはり蚕と関係するオシラサマとアワシマ信仰の混淆が見られることについても、同様の背景で理解できるのではないかと思う。

以下、群馬・福島県のアワシマ神石像について見ていこう。

群馬県と福島県は共通して、アワシマ神石像が奉納される社堂境内には、十九夜講や二十二夜講の本尊である如意輪観音（聖観音）石像や淡島明神名号碑、庚申塔が近くに奉納されており、さらに福島では、二十三夜講、馬頭観音、出羽三山や湯殿山等の名号を刻んだ石塔も見られた。聖観音像は女性の墓標としても江戸中期から広がったという。

2 群馬県前橋市

筆者が把握するところでは、群馬県内には一七カ所にアワシマ神社や石造物がある（巻末表参照）。そのうち一〇カ所が前橋市内で、広瀬町（後閑飯玉神社境内社）がやや東はずれにあるのを除くと、総社町（日枝神社境内粟島明神名号碑）・前代田町（代田神社境内社）・南町（淡島神社）・前箱田町（掛軸・和讃伝承。地図③）・青梨子町（淡島神社・双体道祖神型石像・地図①）・元総社町（徳蔵寺境内粟島明神女神石像。地図②）・鳥羽町（公民館横・双体道祖神型石像・和讃伝承）・江田町（鏡神社横・淡島明神女神石像・和讃伝承。地図④）であるが、概ねＪＲ両毛線前橋―新前橋間の、旧前橋藩城下町の三㎞圏内で隣接しあう。

前橋は江戸末期から養蚕・絹織物が盛んになり、東北・日本海側から農閑期に女性が労働力としてきた。前橋商工会議所編『旧地名への旅』（二〇一一年）によれば、明治期の最も繁栄した頃には、現在の紺屋町に花街ができた。女性人口が多く、男性の倍いたという。前代田の代田神社境内淡島神社は、製糸が華やかだった大正八、九年頃には千人講もつくられ、祭日には参詣者が後を絶たないほどだったという。他の神社の隆盛ぶりも同様だったろう。

明治十二年頃『郡村誌』には男五五人が耕耘、女六〇人が養蚕紡織に従事とある青梨子町の淡島神社（祭神・少彦名命・大日孁貴命他）は、前橋市内のアワシマ神を祀る寺社では最も広い境内をもつ。氏子組織による祭りが年三回おこなわれ、かつての神宮寺とおぼしき南側の曹洞宗瑞雲寺が関係して百万遍念仏や盆踊りもおこなっている。瑞雲寺は寛永年間（一六二四〜四四）、総社町の元景寺（曹洞宗・天正年間〈一五七三〜九二〉創建）住職の私宅として始まったと伝わる。関越自動車道を挟んで西に薬師堂があり、元来は相互に関係があったであろう。

榛名山の秀麗な山容を背景にする元総社町の天台宗徳蔵寺（本尊・阿弥陀如来と観音菩薩）は、上野国総社神社と元同一境内にあったもので、同神社の神宮寺であったものが、明治期の神仏分離に遭った。上野国総社神社は平安末期創建といわれ、天正年間の弥勒像懸仏が残っている。広大な敷地をもつ徳蔵寺の本堂に至る参道入口に、全高二・五mほどの、笠塔婆・台付彩色の女神石像が設置されている（図1）。脇の説明板文言を左に記す。

この尊像は、昭和四年に近郷の多くの婦人の発願により建立された。淡嶋神は女神とされ、婦人の下の病に霊験があるといわれ、安産祈願・縁結びの神として祀られているところも多い。近世に淡嶋願人という乞食坊主が宣伝して歩き、婦人病に効くので多くの婦女

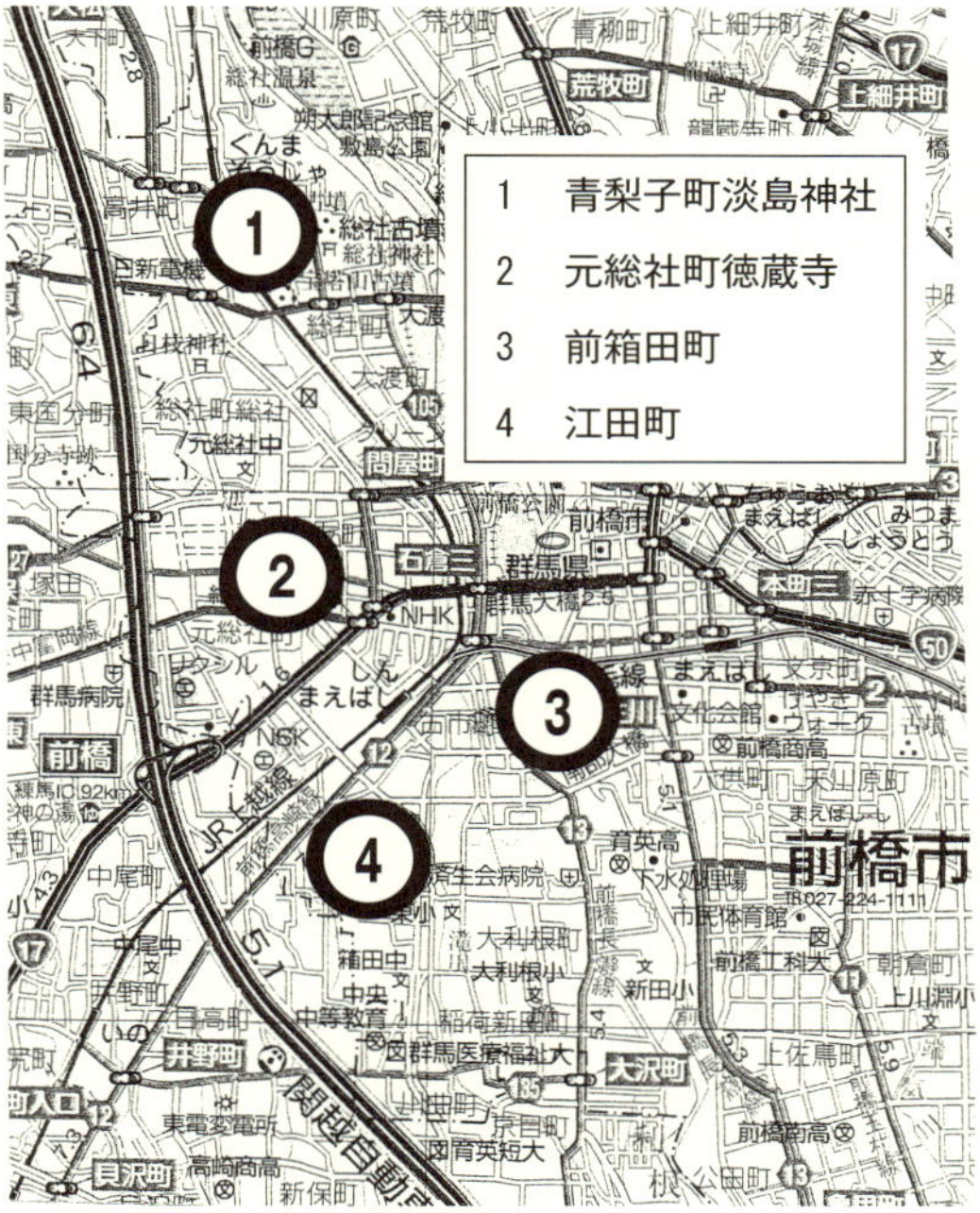

前橋市内調査対象位置図

子に信仰され、祈願して直《（ママ）》ると衣服等の寄進をうけ、この布きれをつけて歩いているので、ボロボロの衣服を身に着けていると「淡嶋様のようだ」などと言われたという逸話が残されている。オンロキャロキャキャラヤソワカ　と真言を唱えてお参りください。

最後の真言は如来・菩薩・明王以下の「諸天」のものである。徳蔵寺境内には、文化年間の聖観音像なども残っている。現在、この像を本尊とする講は同寺ではおこなわれていない。

徳蔵寺に隣接する上野国総社神社参道から続く街道筋を南進すると、ほどなくして釈迦尊寺に至る。同寺は七世紀開基の伝承をもち、中臣氏の創建と伝わるが、徳蔵寺に劣らぬ広大な境内の大部分は墓地であり、宝暦・天明・享和・文化等の近世中期以降の墓碑が膨大に残されている。一族の墓地区画の中に、江戸中期から現在までの一族の石塔が並ぶさまは圧巻で、北関東ならではのものがある(図2)。その中に見られる聖観音像は、「童女」(図3)や若い享年の刻銘が見られることから、特に女児や産死などで若くして亡くなった女性を弔う墓碑として造立されたようだ。

徳蔵寺の粟島女神像は、近世のこうした血貧経による聖観音信仰を基盤とした、新来のものであることが理解される。それを目に見える形で証するのが、徳蔵寺・釈迦尊寺から南へ五〇〇mほどの宇佐美街道に面する鏡神社の脇路傍、江田地区集会所の隣に造立された二十二夜さま(聖観音)・粟島さま並立像である(図4)。正面右側に垂髪に粟穂を持ち波に乗った、彩色の淡島女神像、左側に聖観音像が台座付の立像で造られ、覆屋に納められている(図5)。近郷の二十二夜講の会員さんがほぼ毎日世話をしている。鏡神社拝殿には来迎図らしき色あせた扁額がかかり、境内には庚申塔が立ち並ぶ一角があった(図6)。いずれも江戸中期以降のものである。鏡神社北には薬師霊園なる

4　江田の二十二夜さま・粟島さま

1　徳蔵寺の淡島明神像

5　江田の粟島さま

2　釈迦尊寺墓地の一族墓の一つ

6　鏡神社境内の庚申塚群

3　釈迦尊寺墓地の聖観音像墓碑

墓地があるが、薬師堂があった名残りと思われる。また、神社西には長栄寺という地名が残るが、かつては鏡神社一体を境内とする習合寺院があったのであろう。

江田町の二十二夜和讃の詞章を左に記すが（前橋東地区『東公民館だより』四六七号より）、「さてまた」以降（傍線部）は淡島和讃の内容といえ、二つが合体したようである。

江田町の二十二夜講和讃

帰命頂礼　ありがたや　二十二夜待ち待つ人は　火水あらため精進し　心に悪心持たずして　信心堅固に身をもちて　菩薩を拝し給うべし　如意輪菩薩の御願には　あまたの女人の身代わりに　血の池地獄へ堕ちんとて　すでに入らんとし給えば　あらありがたや不思議やな　池より蓮華があらわれて　紫雲たなびく御仏に　そのまま蓮華に座したまい　左右の御手にみどりごを　いただきあげさせ給いつつ　右の御手を顔にあて　女人を救わん方便に　感じ給いてありがたや　左の御手で招きつつ　我を念ずるともがらは　前世未来を助くべし

さてまた前世の御願には　血癪血塊血の病　長血白血の病でも　薬師観音を坐し坐して　たちまち快気いさすべし　子の無き女人に子を授け　懐胎したる女人には　産前産後の大難を　安産させてえさすべし　末長久と護るべし　なむあみだぶつなむあみだ　なむあみだぶつなむあみだ

江田町は二月二十二日にこの像前で和讃を唱えた後、地区集会所で茶菓のひとときをもつ。前箱田町と江田町は、二十二夜講と淡島講を同時におこなっている。前箱田町は二月二十二日に近い日曜日に公民館に女性が集まり、「二十二夜様」「淡島様」の掛け軸をかけて鉦《かね》をたたき和讃を唱えて拝むという。江田・前箱田の他でも、二十二夜講の行事を、新前橋（二月二十二日）、古市（三月十五日）、稲荷新田（四月三日）がおこなっているというが、この他にも女人講による信仰行事はまだあると思われる。前橋市川原町大興寺境内には二十二夜塔（文化十一年〈一八一四〉）、同町市杵島神社境内には馬上で桑の枝を持つ衣笠明神（嘉永三年〈一八五〇〉）があり、どちらも女人講中の寄進である。前橋市下川淵には産泰神社（下大屋町）に奉仕する産泰講という女性講が近年まで存在したというが、五人一組で、毎年当番が産の安泰を祈って同社の札を受けるものだったという。同総社町山王の五千石用水脇の路傍には、やはり女人講中が寄進した聖観音像二基（文化十三年と天保年間〈一八三〇～四四〉）がある。

3　福島県中通り

全国第三位の広い県土をもつ福島県は、阿武隈山地東側の「浜通り」と、西側で阿武隈川流域平野の「中通り」、奥羽山脈以西の「会津」の三地域に区分される。福島県内にあると筆者が把握しているアワシマ社祠堂は一五カ所、それに路傍などの女神石像九カ所を加えると二四カ所と、東日本では茨城県、千葉県に次いで多いと考えている。このうち一六カ所が「中通り」の奥州街道沿いに分布しているが、県北の伊達市と、須賀川市―白河市の石川街道沿いの間に限られる。十九夜塔・二十二夜塔・二十三夜塔・庚申塔・馬頭観音塔・湯殿山名号石碑と聖観音像・奪衣婆像等の石像とともに、幕末から平成までのアワシマ神石像・淡（粟）島大明神名号碑が豊富に見られる。

筆者が現地調査をおこなったのは、伊達市・須賀川市・石川町・浅川町・棚倉町・白河市・いわき市である。以下、北から南へ、ほとんど見たままの記録であるが、ご紹介しよう。

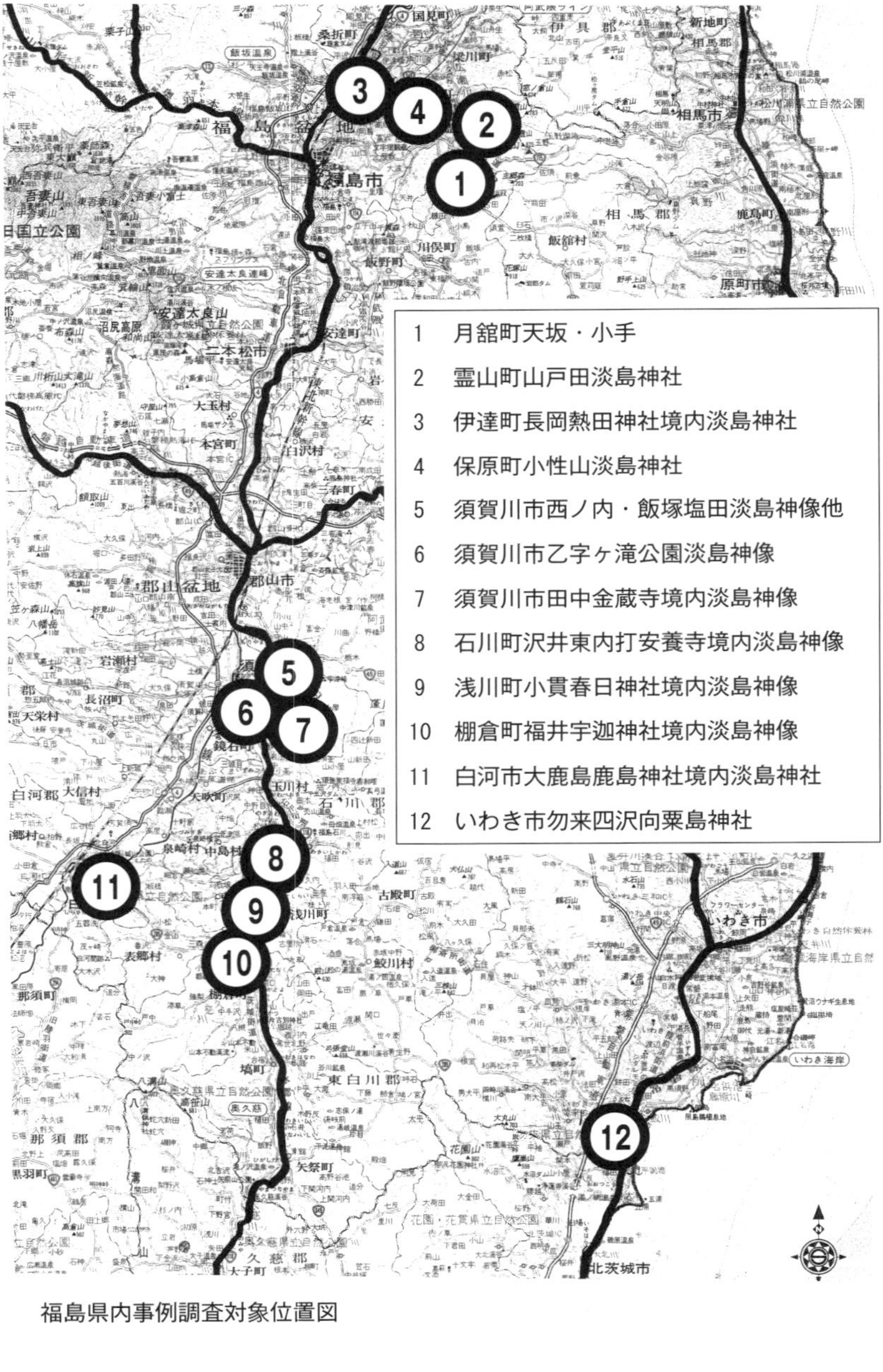
1　月舘町天坂・小手
2　霊山町山戸田淡島神社
3　伊達町長岡熱田神社境内淡島神社
4　保原町小性山淡島神社
5　須賀川市西ノ内・飯塚塩田淡島神像他
6　須賀川市乙字ヶ滝公園淡島神像
7　須賀川市田中金蔵寺境内淡島神像
8　石川町沢井東内打安養寺境内淡島神像
9　浅川町小貫春日神社境内淡島神像
10　棚倉町福井宇迦神社境内淡島神像
11　白河市大鹿島鹿島神社境内淡島神社
12　いわき市勿来四沢向粟島神社
福島市
郡山市
いわき市
相馬市
北茨城市

福島県内事例調査対象位置図

⑴伊達市内

月舘町教育委員会編纂『ふるさとの小径を行く』（一九八七年）によると、修験道霊山でもある伊達《だて》霊山《りょうぜん》西麓に位置する月舘町には、貞永元年（一二三二）創建伝承のある天坂の伊豆箱根権現社内に、文化五年（一八〇八）銘の粟島大明神が併祀されているという（地図①）。建物は小高い丘の上の一間半四方の木造小屋で、他にも稲荷・大山祇神を併祀しているとある。現地では粟島明神の形態や祭祀の状況を聞くことはできなかった。また、小手地区には、安永六年（一七七七）に当地の有力者が娘の病気平癒を祈願して、尼寺・清浄庵があった地に、観音堂を建立寄進したと伝わる（地図①）。一部でアワシマ神を併祀しているとあったので現地で確認したところ、像塔はなかった。小手郷三十三カ所観音巡拝をおこなう女性講が現在もおこなわれている。

隣り合う霊山町の山戸田には霊山淡島神社がある（図1。地図②）。小高い丘の上で、嘉永四年（一八五一）、文久三年（一八六三）の石灯籠が奉納された木造小屋の社殿があり、軒には褪色した女神像扁額が見える。その周囲に、氏子の人々が奉納したと思われる二〇cm長ほどの小さな薄い金属の鳥居がいくつか懸けられていた（図2）。もうだいぶ以前のもので錆びており、新しいものはなかったので、廃れた風習かもしれない。近隣の氏子中で春秋に祭りをおこなっている。

伊達町長岡の熱田神社には境内に三島神社と並んで淡島神社（図3。地図③）が設けられ、年記不詳の神功皇后像タイプの淡島女神と思われる石像も残っている（図4）。この様式の女神像は木造彩色で作られることが多く、石像は珍しい。明治以後の、町内の女人講中の寄進と思われる。境内淡島神社は近世の創建と思われ、仔細は不詳であるが、おそらく天台系修験が地鎮神として大乙貴・少彦名命を勧請したものであろう。後に、女性救済神としての崇敬の流

1　伊達霊山淡島神社

2　軒の扁額と金属製小鳥居

3　長岡熱田神社境内の淡島神社（左）

4　熱田神社境内の淡島女神像

5　保原町小性山淡島神社

6　山神の磐座

7　岩塊の隙間に小祠

行を受けて、加太淡嶋神社の縁起に則って、神功皇后像型の淡島女神像を造立したものと推測する。熱田神社は、尾張熱田神宮を分霊勧請したもので、道路反対側の八雲神社と合わせて「長岡天王社」と呼ばれ、二社で神輿を出す夏祭りは、県内十大祭りの一つに数えられる、大規模で華麗なものである。柵を隔てて曹洞宗金秀禅寺が隣接する。かつての神宮寺であろう。

保原町上保原小性山の淡島神社は、平地の中のなだらかな伏椀型の岩谷山一山が神社境内となっている(図5。地図④)。同社由来によると、慶長十六年(一六一一)に法印・宥教が薬師如来とともに祀ったのが始めで、明治の神仏分離の際に薬師堂と淡島神社を分けたという。保原町には、文化四年霊山寺本尊薬師如来の分霊を祀って、真言宗豊山派本山長谷寺属の法印代・宥弁によって再興されたという薬師堂があるので、伊達霊山修験の勧化活動が背景にあっただろう。拝殿の横に丘上に登って行く参道があるが、片側に庚申塔がずらりと並ぶ。登り切ると「高子二十境・白雲洞」と名付けられた火山性岩塊の光景が目に入る。鳥居が設けられ、岩の隙間には小祠が置かれた聖なる磐座である(図6・7)。少彦名命の本地薬師如来が祀られているが、「磐座に降臨する神」「峰の薬師」の観念がはっきり現れている。そこに登って眺望すると、広々とした平野を流れる阿武隈川と、はるか遠くに吾妻山に連なる山々が見える。

紀伊半島からはるか隔たった福島県の内陸平地に、伏椀型小山・頂上の磐座と、「アワシマ型」聖地の特徴を完璧に備えた淡島神社が存在することは驚きだった。慶長年間(一五九六～一六一五)創建との伝にしたがえば、その頃にもなお、薬師如来・少彦名命信仰を奉じる修験者には、「アワシマ神の坐すところはこういうもの」と観念されていたことを証する事例である。保原町淡島神社は四月十四日が祭礼日。四年に一度山車を従え遷宮をおこなう。

⑵須賀川市内

須賀川市内には、塩田東西ノ内・塩田飯塚の路傍と、乙字ヶ滝・田中の金蔵寺境内の四カ所に石像淡島神像および名号碑がある。西ノ内の小塩江郵便局東・県道二三三号交差点南東角に、さまざまな石造物を集めた一角があるが、その中に現地で「アワシマ様」と呼ばれているらしい石像がある（図8。地図⑤）。元治元年（一八六四）造立で、垂髪に神代らしく筒袖褌様の衣服を着けているが、少彦名命の伝承をなぞり上半身は蛾の羽根紋様である。手には粟穂を持っている。そこからさほど隔たらない飯塚塩田のものは未見であるが、公開されている写真によると、垂髪・袿袴様で、手にはやはり粟穂を持っている。明治三十一年造立という。

阿武隈川中流の乙字ヶ滝は現在、観光公園として整備されているが、かつては前九年・後三年の役（一一〇〇〜〇〇）で戦った源有光の菩提寺として建てられたという、阿武隈川対岸の臨済宗・巖峰寺の行所で、大同年間（八〇六〜一〇）に空海開基と伝える不動堂が、現在も残っている。不動堂への参道には、月山・湯殿山・羽黒山の出羽三山神社の名号碑があり、羽黒修験のテリトリーであったことが分かる。淡島神像は庭内の一角に、馬頭観音や聖観音と並んで一体あるものだが、垂髪・袿袴様の衣服で粟穂を持っているようだ（図9。地図⑥）。

田中の天台宗金蔵寺は、阿武隈川東岸の南北交通路であった旧街道の県道一四一号と、阿武隈川支流初瀬川の蛇行が交差する地点にあり、寺地の背後は初瀬川である。境内には庚申塔・二十三夜塔・出羽三山・大黒天・馬頭観音の名号碑が並び、石塔墓群の一角に聖観音像等を寄せ集めてある中に、淡島神石像がある。垂髪・袿袴様の衣服で粟穂を持つ（図10・11。地図⑦）。童女のような表情が愛らしい。住職御妻室に聞いたところでは、明治期まで近隣女性の二十三夜講があり、その人々が「女人腰下の病」防護平癒を祈って淡島女神も拝んでいたらしい。現在境内にある聖

8　西ノ内小塩江のアワシマ様

9　乙字ヶ滝公園内の淡島神像

10　田中金蔵寺境内の淡島神石像

11　聖観音像群に混じる

観音像は、かつて二十三夜講の女性達が奉納したもので、寺から降りて行った川原に並べてあり、その端に淡島神像があったそうだ。川原にあった理由は、血の不浄を川で流す意味とのこと。同寺に隣接して、近年まで操業していたという、かなりの規模の養蚕所であった建物が残る。五〇〇m東北に羽黒神社があり、神仏分離までは金蔵寺と何らかの関係があったものと思われる。

(3)石川町・浅川町・棚倉町

須賀川市内から玉川村を越えて石川街道・県道一一八号

を南進すると、石川町・浅川町に入り、突当りが棚倉町となる。石川町はウラン等一四三種の鉱物が産出する、国内三大鉱物産地であり、かつ戦前以来養蚕が盛んで、戦後まもなく養蚕農協ができている。

貞観年間(八五九～七七)開基、天正元年(一五七三)中興という同町沢井東内打の天台宗・安養寺は、町指定文化財の阿弥陀如来石像塔婆をはじめ、多様な石造物が伝来している。門前には、明治三十二年の淡島明神名号碑があり、境内の一角には、奪衣婆や聖観音など女人講中寄進の石像が集められ、その中に粟島大明神名号碑とともに淡島神石像が三基並んでいる(図12。地図⑧)。最も古いものは嘉永三年(一八五〇)のもので(図13)、それに明治十四年のものが並ぶ(図14)。いずれも冠物をし、嘉永のものの衣装は宮女風、明治のものは婆梨塞女をイメージした唐風といおうか。もう一基は年号不明である。

浅川町小貫の春日神社には、明治十八年から平成十五年までの十六基の淡島神石像が奉納されている(図15・16・17。地図⑨)。いずれも近郷の女性が、個人で、家族や親族の女性同士で、厄年などに身体堅固等を祈願したものだ。『浅川町史　第三巻　民俗編』(一九九九年)には、往時の淡島講の模様が採録されている。浅川町畑田では、若嫁(初産婦)が講入りし、嫁に代替わりすると脱退したという。二月・六月・十一月の三日に、当番が「宿」を提供して、本尊画軸を懸けて和讃を唱えるなどして拝み、その後は共同飲食して一夜を明かし、若い嫁にベテランが産や子育ての知識を伝えたり、相談に乗ったりしたという。多くは地域の新来者である嫁同士が交流することで、不安や孤独感を解消し、長きにわたる協力を築く場であったといえよう。最後の講員が脱退して後、講はおこなわれていないが、石像奉納だけが続いている。境内には樹齢五百年以上の杉があり、室町時代には同社は存在した。近隣に薬師堂があり、天正期の人である有貞法印の即身入定仏(ミイラ)を祀っている。福島県内唯一の入定仏である。当時同地にあった観音寺の住職となったが、天和三年(一六八三)悪疫流行で苦しむ人々を救済するため、薬師如来の名号を唱え

15　小貫春日神社境内の淡島神像群

12　安養寺境内の淡島神石像等

16　年不明、最古らしき淡島神石像

13　嘉永 3 年の淡島神石像

17　明治23年の淡島神石像

14　明治14年の淡島神石像

18　宇迦神社正面に並ぶ石像群

19　宇迦神社の淡島神石像

20　宇迦神社の淡島神石像

21　神社に隣接する桑畑

ながら入定し、即身仏となったという。明治二十二年に観音寺が焼失した後、大正十四年に貫秀寺薬師堂が建立された。宥貞法印はおそらく羽黒系修験で、観音堂は春日神社と一体であったと思われる。

　棚倉町福井の宇迦神社は、右の小貫と隣り合う小字であり、参道鳥居脇に、庚申塔・二十三夜塔・聖観音像・大黒天像が並んでおり、他にも馬頭観音名号碑などもある（図18。地図⑩）。その中に二基の淡島神石像がある（図19・20：年代不明）。境内を進むと社殿の向こうには墓地と阿弥陀堂があり、聖観音の石塔墓が多数見られる。阿弥陀堂内には阿弥陀仏の他、木造宇迦神像（断片）、享保十二年（一七二七）の願主人名一覧の墨書板が残っている。近世から続く近隣集落の共同墓地のようだ。墓地を含む境内の背後は広大な桑畑で（図21）、現在も養蚕がおこなわれていることがうかがえる。隣の小貫では十九夜講がおこなわれていたが、こちらは二十三夜講であったようだ。同様に淡島講が若嫁を中心に営まれていたと思われる。同社は棚倉町鎮守とされる風呂ヶ沢をはじめ町に五カ所ある宇迦神社の一つで、大清水池の水神とされる。

アワシマ神石像の造形の表徴特性については、前述の小坂氏らの研究に詳細を譲るとして、仏像のように様式が決まっているわけではない俗信の女神の造形は、『記紀』中の少彦名命と神功皇后のいでたちに関わる文言や、歌舞伎や浮世絵の表徴、近世の巫女・宮女風俗等々から自由に創作され、様式的一貫性は乏しく、作られた時期や地域は限られるようである。

⑷白河市・いわき市

この二市内へは、淡島神石像を訪ねての調査ではない。白河市の事例は、大鹿島にある県社・式内社の鹿島神社にある淡島神社である（図22。地図⑪）。実際に訪ねてみると、境内社として勧請されたのではなく、参道脇の宮司宅に隣接して、宮司家の守護神として祀られていた（図23）。案内には加太淡嶋神社の分霊とあり、縁結び・安産・婦人病快癒の神とあった。少彦名・大己貴命・神功皇后に、月読命が祭神に加えられている。本社境内に月読命の名号碑があり、同社にとって重要な神であることがうかがえる。本殿左側に樹齢千年という杉がある。その背後は小山で、頂上付近には、注連縄をかけて聖別した大きな立岩、その背後にさらに巨大な岩塊の磐座がある。巨岩は表面を丸く削り、仏像が彫られていた跡が残っている。廃仏毀釈時に削り取られたのかもしれない。さらにその足元には、「阿夫利神社」の刻銘がある石柱が無造作な感じで置かれている（図24・25・26）。

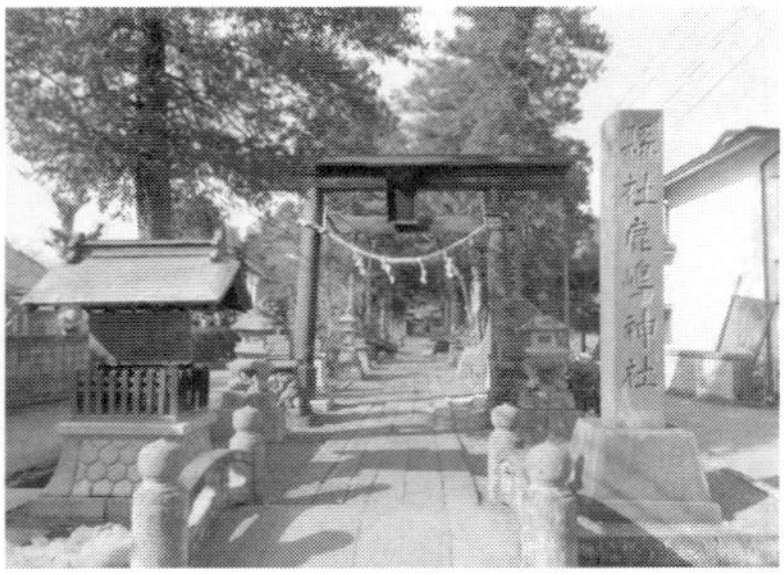

22　白河市大鹿島の鹿島神社参道正面

23　参道脇の淡島神社

24　本殿後ろの小山の磐座

25　岩肌に掘られた仏像痕

26　阿夫利神社の刻銘

筆者は、この磐座が白河鹿島神社の原初の祭祀施設で、その重要性ゆえに、常陸国から勧請した武甕槌命をここに祀ったものと推測する。磐座や立岩は「磐立たす」少彦名命のヨリマシである。境内には最勝寺（真言宗・本尊十一面観音）観音堂・弥勒堂があり、神社自身が習合時代の名残を留めると説明している。全国鹿島神社総社の常陸国鹿島神社に、八世紀末に満願上人により神宮寺が建立されていることから、白河鹿島神社も始めから神宮寺と一体に創れ、観音・弥勒信仰や磨崖仏も創建時以来ではないかと推測する。同神社から南東五㎞ほどに、関辺不動山阿夫利神社（祭神・大山祇神）があり、阿夫利神社石柱はその分霊社があった名残かもしれない。

いわき市の事例は、小名浜港に近い勿来町四沢向の粟島神社である（図27。地図⑫）。これについては菅原千華が「女たちの祈り―紀州加太の淡島信仰―」（『フィールドから学ぶ民俗学』昭和堂、二〇〇〇年）で現地報告をしている。寛元元年（一二四三）加太より勧請との伝承があり、祭神は少彦名・大己貴命、境内に道睦社《どうろくしゃ》と名付けられた、木造の男根を奉納する小屋がある（図28）。菅原によれば、子宝に恵まれない女性がこの男根を借りて家庭で祀り、成就すれば二倍にして返したという。戦前は北茨城の平潟港街の遊郭の女郎の信仰が篤かったという。筆者の現地調査では、現在は男性も厄年などに「身体堅固祈願」と書いて男根像を奉納している他、昭和五十七年にいわき木彫クラブも奉納している。また厄年などに、男性は白い木綿晒の手拭、女性は赤い手拭を手水舎に奉納しており、近郷住民の健康祈願の場となっている。

中世以来存続という同社には、なんらかの宗教者の介在があるはずである。周辺環境に着目すると、南に隣り合う小字・関田に松山寺という真言寺院（本尊・十一面観音）がある。松山寺は、最澄との「三乗一実争論」で知られる徳一和尚の開基と伝わり、同寺蔵の紺紙金字法華経が県文化財になっている。徳一和尚は九世紀の人で、若き日に会津で暮らし、下野国分寺戒壇で円仁慈覚大師から受戒し、常陸で没した。また、JR常磐線を挟んで粟島神社のほぼ真

27　勿来町四沢向の粟島神社

28　奉納された木彫男根像

東に伊勢両宮神社があるが、文禄年間（一五九二〜九六）に松山寺法印宥長が協力して伊勢から勧請したという。粟島神社から北・西各二kmには熊野神社がある。北側の錦熊野神社は、北を小名浜港、南を大津港に挟まれた入江の、ほぼ中心に注ぐ鮫川の河口に近い下流南岸にある。松山寺とほぼ同時期の創建といわれ、稚児田楽・風流が国指定重要無形民俗文化財である。徳一開基という修験寺院は福島県内に多いが、松山寺も熊野修験と関係していたであろう。熊野修験により加太から伝えられていたアワシマ信仰を、戦国期に松山寺が介在して伊勢両宮神社を創建する際に、谷を挟んで向かい合う形で四沢向の地に粟島神社としたのではあるまいか。

　以上、いくつかの事例を紹介した。筆者は執拗なほど、背後でアワシマ信仰を介在した宗教組織の存在を追求したが、最後に、近世まで加太淡嶋神社別当寺であった葛城修験第一宿・伽陀寺と北関東・東北地域との関係を、『向井家文書』近世文書より探っておきたい。安永五年（一七七六）の「諸堂舎修復勧化牒」（和歌山市立博物館整理番号一八六号『萬留控』中）に、伽陀寺諸堂修復のための勧進で集めた金額とともに、諸国の修験寺院名が記されている。それによると、武州の氷川明王院および山本坊、仙台東光院が元締となって、山本坊霞下の修験寺院六院、東光院霞下の修験寺院一八院、寒河江や会津等七院、伊達郡白根村一院、水戸一院、上州一院、武州一院等々から、銀や銅が伽陀寺に納められている。それぞれの地域で山伏が集めた金額を集約して、関東・東北の元締が伽陀寺に納めたものだ。

このように、長きにわたって伽陀寺と密接に協力し合う関係をもつ関東・東北地方の修験寺院が存在していたことを念頭に置くと、それらの地の山伏がアワシマ信仰の唱導勧化活動を担った実態が、自ずと見えてくるであろう。『向井家文書』近世文書には、諸国山伏入峰記録が多数残っているので、関東・東北地方の地方修験に関する現地史料との突き合わせと分析によって、各地の歴史像を実証的に復元していくことが可能である。

註

序章

（1）二〇〇三年四月に入手した岡山県笠岡市北木島流し雛保存会資料（郷土史家・奥野哲夫の論考より引用）の数字。

（2）五来重『宗教民俗集成三　異端の放浪者たち』（角川書店、一九九五年）二〇三ページ。

（3）従来からおこなわれている流し雛は、奈良県五條市阿田、鳥取県八頭郡用瀬町、岡山県笠岡市北木島大浦、福島県三島町高清水など。人形供養は新たに京都市宗徳寺粟島堂や岡山県横尾山地蔵院、神戸市北区温泉神社など。近年の加太淡嶋神社勧請例としては、一九九七年の茨城県常総市松岳寺、二〇〇〇年の岡山県笠岡市北木島など。

（4）成立年不詳「加太淡嶋神社縁起」（『略縁起　資料と研究二』勉誠出版、一九九九年所収）。

（5）近現代の人文科学諸辞事典類におけるアワシマ信仰の項目解説を参照したのは以下の一五種である。吉田東伍『大日本地名辞書　第二巻上　上方』（冨山房、一九〇一年）、宮地直一・佐伯有義監修『神道大辞典』（臨川書店、一九三二年）、中山太郎編『日本民俗学辞典』（梧桐書院、一九四一年）、柳田國男監修・民俗学研究会編『民俗学辞典』（東京堂出版、一九五一年）、大塚民俗学会編『日本民俗事典』（弘文堂、一九七二年）、『国史大辞典』（吉川弘文館、一九七四年）、鈴木棠三『日本年中行事辞典』（角川小事典、一九七七年）、『大百科辞典』（平凡社、一九八四年）、『日本宗教事典』（弘文堂、一九八五年）、『日本地名大辞典三〇　和歌山県』（角川書店、一九九五年）、『日本史大事典』（平凡社、一九九二年）、國學院大学日本文化研究所編『神道事典』（弘文堂、一九九四年）、『広辞苑（第五版）』（岩波書店、一九九八年）、『日本民俗大辞典　上』（吉川弘文館、一九九九年）、大島建彦他編『日本の神仏の辞典』（大修館書店、二〇〇一年）。

（6）以下はすべて『定本柳田國男集』（筑摩書房、一九六二〜一九七一年）より。「巫女考」第九巻二二一ページ、「大白神考」第一二巻二六七ページ、「神送りと人形」第一三巻四五〇ページ、「毛坊主考」第九巻三三一ページ、「秋風帖」第二巻一四五ページ、「うつぼ舟の話」第九巻一六九ページ。

（7）金田一京助「陸中の淡島信仰」（『金田一京助全集一二』、三省堂、一九九三年）、臼田甚五郎「淡島伝説」（『臼田甚五郎著作集五』おうふう、一九九五年）、本山桂川「俗信探訪一　東京及其付近／淡島神社奉納物／太田で見たこと聞いたこと」（『民俗研究』一五、一九二九年）などが挙げられる。

（8）柳田國男「毛坊主考」（『定本柳田國男集　九』筑摩書房、一九六九年）四一五～四一六ページ。

（9）『祠曹雑識』巻三「願人坊主由緒書」延享元年（一七四四）・寛政二年（一七九〇）（史籍研究会編『内閣文庫所蔵史籍叢刊　七』汲古書院、一九八四年）六七～七四ページ。

（10）折口信夫「雛祭りの話」初出一九二四年、「偶人信仰の民俗化並びに伝説化せる道」初出一九二九年（『折口信夫全集三』中央公論社、一九五五年）。

（11）中山太郎「住吉踊考―附・願人坊主考」（『旅と伝説』六―四、一九三三年。『民俗学資料集成　一二』岩崎美術社、一九七八年）。

（12）中山、註（5）『日本民俗学辞典』五七～五九ページ。

（13）堀一郎『我が国民間信仰史の研究』（創元社、一九五二年。『堀一郎著作集　七』未来社、二〇〇二年）五（二）宗教史編第四部第十一編第三章第五節「願人切主、その他」（六四六ページ）、同第九編第三章第二節「陰陽師村と唱門師」（五三四ページ）。

（14）渡邊恵俊「淡島信仰」（『関西民俗学論集　創立十周年記念』関西民俗学研究会編、一九七四年）。

「向井家文書」は中世加太荘の刀禰公文であった向井氏に伝わる膨大な文書。そのうち、中世史料が『和歌山県史　中世史料二』に翻刻されている。和歌山市立博物館に寄託され、近世文書を和歌山大学が協力しつつ、現在整理中。

『みよはなし』は、加太生まれの国学者仁井田道貫が文化五年（一八〇八）著。故郷に残る習俗等を綿密に調べた地誌で、火水風餘の四巻からなる問答形式の書。件の記述は風の巻、「淡嶋の社人平井村に有は謂ある事哉。答、昔は加太の平井町に在しが、勝手の為にや有けん貴志荘へ引越一村と成しより、町名を移して村名とは呼来れるとかや」。『紀伊続風土記』。仁井田道貫の子・好古他編。『紀伊名所図会』と並び紀州藩官版。「貴志荘平井村」の条「平井はもと海部郡加太浦の街名なり。其地のもの此地に移るを以てその街名をとりて村名とすといふ。村居谷を限り東を本郷とす。西を新田とす。新田には陰陽師・神子・加太淡嶋の社人多く住す。小名奥谷本村は此山中にあり。東谷・西谷と分る。東谷は巫の居処なり。西谷は陰陽師の居なり」。

(15) 大島建彦「淡島神社の信仰」(『民俗民芸双書九八　疫神とその周辺』岩崎美術社、一九八五年)。

(16) 大島建彦「アワシマの信仰」(『日本の神仏の辞典』大修館書店、二〇〇一年)。

(17) 安藤潔『「もう一つの粟島」紀行―少彦名命の謎に触れて―』(近代文芸社　一九九六年)。

(18) 菅原千華「女たちの祈り―紀州加太の淡島信仰―」(八木透編著『フィールドから学ぶ民俗学―関西の地域と伝承―』昭和堂、二〇〇〇年)。

(19) 菅原、註(18)三一〇ページ。なお、菅原の淡島信仰関係の論文・報告は、他に以下がある。「『産む性』の苦悩―淡島様と女人救済―」(八木透編『日本の通過儀礼』思文閣出版、二〇〇一年)、「淡島信仰に介在する宗教者―福岡県内を中心に足跡をたどる―」(『旅の文化研究所研究報告』一一、二〇〇二年)。

(20) 鬼頭宏『人口から読む日本の歴史』(講談社学術文庫、二〇〇〇年)「第四章　江戸時代人の結婚と出産」「第五章　江戸時代人の死亡と寿命」を参照した。

(21) 三尾功「近世寺社の開帳について―紀州加太淡嶋神社の場合―」(『和歌山市立博物館研究紀要』一七、二〇〇三年)。

(22) 原淳一郎『近世寺社参詣の研究』(思文閣出版、二〇〇七年)「第八章　淡島信仰にみる都市の医療と信仰」で、江戸・代沢の森巌寺淡島堂を取り上げている。なお原はその後「近世における淡島信仰とその展開」(西海賢二編『山岳信仰と村落社会』(岩田書院、二〇一二)、「関東における淡島信仰」(澤登寛聡編『関東近世史研究論集2〈宗教・芸能・医療〉』岩田書院、二〇一二年)で、淡島信仰を例とする庶民の寺社参詣の拡大に焦点をあてた論考を提出している。

（23）伊藤正敏『中世後期の村落―紀伊国賀太荘の場合―』（吉川弘文館、一九九一年）二九ページ。
（24）小山靖憲「備後国大田荘から高野山へ―年貢輸送のイデオロギー―」『中世寺社と荘園制』（塙書房、一九九八年）八九ページ。
（25）丸山顕徳「淡島神社」（谷川健一編『日本の神々―神社と聖地六　伊勢志摩伊賀紀伊』白水社、二〇〇〇年）三二五～三二九ページ。
（26）有安美加「「淡島願人」と修験―紀州加太淡島神社への信仰を巡って―」（『山岳修験』三八、二〇〇六年）、「淡島信仰の原像と歴史的展開」（『日本民俗学』二六〇、二〇〇九年）。
（27）『桜井徳太郎著作集　歴史民俗学の構想』（吉川弘文館、一九八九年）に、桜井の民俗を歴史学的に捉える方法の論考が収められている。
（28）高取正男『民間信仰史の研究』（法蔵館、一九八二年）。
（29）孝本貢・圭室文雄・根本誠二・林雅彦編『日本における民衆と宗教』（雄山閣、一九九四年）。

第一章

（1）中山、序章註(11)に同じ。
（2）序章註(9)に同じ。
（3）『続飛鳥川』寛延年間から文化の頃(一七四八～一八〇四)成立(『日本随筆大成(第二期)一〇』吉川弘文館、一九七三年)。
（4）『塵塚物語』天文二十一年(一五五三)「巻第四　淡島由来之事」(『改定史籍集覧一〇』臨川書店、一九三三年)。
（5）「粟島大明神御縁起」延宝九年(一六八一)以前(『古浄瑠璃正本集　加賀掾　第二』大学堂書店、一九九〇年)。
（6）鯉𩅦龍「怪談信筆」正徳五年(一七一五)、厚誉春鶯「本朝怪談故事」正徳六年(一七一六)（高田衛・阿部真司校註『本朝怪談故事』伝統と現代社、一九七八年）。

（7）「粟島大明神雛祭由来」貞享～元禄年間（一六八四～一七〇三）か、山本角太夫「粟島御祭礼」貞享～元禄年間（一六八四～一七〇三）か（若月保治『古浄瑠璃の研究　三』桜井書店、一九三三年）、「粟島金龍滝」正徳五年（一七一五）（『希書複製会叢書　一九』一九三一年）、「敵討襤褸錦」元文年間（一七三六～四一）（『名作歌舞伎全集　丸本時代物集三』桜井書店、一九三三年）、以下は題目のみ伝来、竹田出雲他「粟島譜嫁入雛形」寛延二年（一七四九）、「淡嶋栄華聟」宝暦三年（一七五三）、「粟島園生竹」宝暦九年、「関東小六後雛形」明和七年（一七七〇）、「禿紋日雛形」文化四年（一八〇七）、「女郎花喩粟島」文政五年（一八二二）、「種々薩陀誓掛額」安政六年（一八五九）。

（8）「沢辺の蛍　下の巻鞍馬山師弟杉の段」正徳年間（一七一一～一七一六）註（7）『古浄瑠璃の研究　三』。

（9）井原西鶴「好色一代男」天和二年（一六八二）（『日本古典文学大系四七　西鶴集上』岩波書店、一九五七）。西鶴は他に、「西鶴五百韻　上巻何坪」延宝七年（一六七九）（『校訂西鶴全集』共益社出版部、一九二六年）、『西鶴諸国噺』貞享二年（一六八五）（『新日本古典文学大系七六』）でも加太の風俗に触れている。

（10）「好色具合」貞享四年（一六八七）（西鶴学会『古典文庫一六』一九四八年）。

（11）「松の落葉」正徳五年（一七一五）（藤田徳太郎校註『校註 松の落葉』岩波文庫、一九八四年）。

（12）『傾城音羽滝』享保十六年（一七三一）～宝暦六年（一七五六）の間。（『鶴賀若狭掾直伝　日本歌謡集成巻一一　近世編第五　新内節正本集』東京堂出版、一九六一年）。

（13）細川敏太郎「淡島願人」（初出一九五二年）（『民間伝承』復刻合冊集一六―一〇、国書刊行会、一九七二年）。

（14）「賢女心化粧」延享二年（一七四五）（『八文字屋本全集　一八』汲古書院、一九九八年）。

（15）「広益俗説弁」正徳五年（一七一五）（『広益俗説弁』平凡社東洋文庫、一九八九年）。

（16）「大隅正八幡宮縁起俗伝」（『広益俗説弁　正編巻三　神祇』）。

（17）「牡丹長者」（柳田國男「うつぼ舟の話」『定本柳田國男集九』）。

(18)「鴨姫神社縁起」(牧田茂『民俗民芸双書一一　海の民俗学』岩崎美術社、一九六六年)。
(19)三浦佑之『昔話にみる悪と欲望—継子・少年英雄・隣のじい—』(新曜社、一九九二年)。
(20)池田正樹『難波噺』明和八年(一七七一)(『随筆百花苑　一四　地誌篇二』中央公論社、一九八一年)。
(21)「人倫訓蒙図彙」元禄三年(一六九一)(『人倫訓蒙図彙』平凡社東洋文庫、一九九〇年)。
(22)平田篤胤「志津の岩屋」文化七年(一八一〇)(『新修平田篤胤全集　一四』名著出版、一九七七年)。
(23)『紀伊国名所図会』文化八〜嘉永四年(一八一一〜五一)(『大日本名所図会 第二輯七編一巻』大日本名所図会刊行会、一九二二年)。
(24)津村正恭(淙庵)「譚海」寛政七年(一七九五)(『国書刊行会叢書六—五』一九一七年、『日本庶民生活史料集成　第八巻』三一書房、一九六九年)。
(25)吉田伸之「江戸の願人と都市社会」(『身分的周縁』部落問題研究所、一九九四年)。
(26)五来重『増補・高野聖』(角川選書、一九七五年)二六九ページ。
(27)目録は吉田伸之作成。竪帳で『三丹洲檀家覚帳』『播磨国檀那帳』等として残る。
(28)序章註(9)に同じ。
(29)「大坂住宅組仲間覚」(『鞍馬寺大蔵院願人関係文書』吉田伸之整理番号、一七号文書)。
(30)「鞍馬下願人由緒状」(同右、一二号文書)。
(31)註(14)に同じ。
(32)森鷗外「護持院原の敵討」(『森鷗外選集四　小説四』岩波書店、一九七九年)。原資料『山本復讐記』は『内閣文庫天保雑記　巻五』に奉行所記録として事件記載。ほとんど手を加えていないという評は、尾形功『森鷗外の歴史小説—史料と方法—』(筑摩書房、一九七九年)に記載。
(33)「備後国品治郡風俗問状答」文化十五年(一八一八)(『日本庶民生活史料集成　九　諸国風俗問状答』三一書房、一九六九年）。
（34）大島建彦「沼津市の淡島信仰」（『西郊民俗』一七七、二〇〇一年）。
（35）三尾、序章註（21）に同じ。
（36）菅原千華の分類整理目録による。
（37）本島知辰「月堂見聞集」（『続日本随筆大成　別巻四』吉川弘文館、一九八二年所収）。
（38）「藤岡屋日記」（鈴木棠三・小池章太郎編『近世庶民生活史料一〇』三一書房、一九九一年）。
（39）源順編『和名類聚抄』承平年間（九三一〜九三八）、（元和古活字本による国立国会図書館デジタル資料）。
（40）橘忠兼編『伊呂波字類抄』十二世紀中期成立、（『古辞書音義集成一四　伊呂波字類抄』汲古書院、一九八六年）。
（41）曲直瀬道三「薬聖能毒」慶長十三年（一六〇八）、国立公文書館内閣文庫所蔵（『臨床本草薬理学選集　第六冊』オリエント出版社、一九九五年所収）。
（42）富士川游『日本疾病史』大正元年（一九一二）（平凡社東洋文庫、一九六九年）、小鹿島果編『日本災異志』明治二十六年（一八九三）（国立国会図書館デジタル資料）。
（43）浜田潔「日本疾病史のデータベース化」（『関西大学経済論集』五四―三・四合併号、二〇〇四年）。
（44）橋本伯寿「断毒論」文化七年（一八一〇）、早稲田大学図書館所蔵（古典籍総合データベースデジタル資料）。
（45）竹田秀慶「月海録」、富士川游により発掘と伝わり、『日本疾病史』への引用のみ伝存。「月海雑錄」は国立国会図書館デジタル化資料「漢方」にあり。
（46）三条西実隆「再昌草」（『新日本古典文学大系四七　中世和歌集 室町篇』岩波書店、一九九〇年）。
（47）ルイス・フロイス『ヨーロッパ文化と日本文化』（岩波文庫、一九九一年）。
（48）ビルギット・アダム『王様も文豪もみな苦しんだ性病の世界史』（草思社、二〇〇三年）、ジャレド・ダイアモンド『銃・病原菌・鉄　上・下』（草思社、二〇〇〇年）。

(49) 永富独嘯庵「漫遊雑記」文化六年(一八〇九)(『叢書日本漢方の古典　医聖永富独嘯庵』東洋医学薬学古典研究会、一九九七年所収)。
(50) 杉田玄白「形影夜話」文化七年(一八一〇)(緒方富雄訳註『杉田玄白　形影夜話』医歯薬出版、一九九七年)。
(51) 鈴木隆雄『骨から見た日本人』(講談社学術文庫、二〇一〇年)第六章。同書によると、江戸市中人口の成人五五%が梅毒に感染し、武士階級は四〇%、町人男性は七〇%、娼妓は八〇%以上に達していたという。民俗学者の瀬川清子によれば、農村男性にとっては都市的流行の一種で、明治以後は梅毒に感染することが、成人男性が一人前になる風としてとらえられていたという(『若者と娘をめぐる民俗』未来社、一九七三年)。
(52) 香月牛山撰「小児必用育草」元禄十六年(一七〇三)(『子育ての書一』平凡社東洋文庫、一九七六年所収)。
(53) 富士川、註(42)一一四～一一八ページ「痘瘡　原因」の項。
(54) 『日本書紀』巻二十二推古天皇二十年夏五月五日条。この海中嶋へ棄てられようとした白斑の男は百済の工人で、呉橋を建てる技術があったので助けられた。
(55) 『山岳宗教史研究叢書』(名著出版、一九七五～二〇〇〇年)の二巻から十三巻を参照した。
(56) 神田より子「早池峰の山伏神楽」(慶應義塾大学アジア基層文化研究会ウェブ上でのテキスト公開のみ。http://www.flet.keio.ac.jp/~shnomura/hayatine/index.html)。
(57) 但馬地方の拠点的修験寺院円光寺の存在をはじめ、横山神社のチャンチャコ踊り(宍粟市指定文化財)や法印入定伝承など、修験文化圏といえる。
(58) 頼杏坪他編『芸藩通志』文政八年(一八二五)完成(国書刊行会、一九八二年)第一巻・宮島大聖院のくだり。
(59) 菅原千華「淡島信仰に介在する宗教者―福岡県内を中心に足跡を辿る―」(『旅の文化研究所研究報告十一』旅の文化研究所、二〇〇二年)中に報告。
(60) 修験道のこうした「地域密着」的な性質については、五来重『山の宗教』(角川書店、一九九一年)が参考になる。

（61）高達奈緒美「血盆経信仰の諸相」（慶応義塾大学アジア基層文化研究会 http://www.flet.keio.ac.jp/~shnomura/repo2001/koudate/youshi0122.htm）に、総括的にまとめられている。

（62）『今昔物語集』巻十七「第二十七話　越中立山の地獄に堕つる女、地蔵の助を蒙る語」、同巻十四「第八話　越中国の書生の妻、死にて立山の地獄に堕つる語」。

（63）海村における女系相続財の総括的研究は管見の限り未見であるが、戦前の柳田國男による全国山村・海村調査を嚆矢に、戦後の渋沢敬三による九学会連合総合調査等、島や海村の民俗調査等はさまざまな形でおこなわれ、沖縄の干瀬《びし》が代々女系に相続される漁場である等の情報が散見される。これらは、主として瀬川清子の仕事である。『海女記』（古今書院、一九五三年）、『海女』（未来社、一九七〇年）、『日間賀島・見島民俗誌』（未来社、一九七五年）、『十六島紀行・海女記断片』（未来社、一九七六年）、『女の民俗誌—そのけがれと神秘』（東京書籍、一九八〇年）など。

　房総半島の海女のすぐれた聞き取りとして、田仲のよ著・加藤雅毅編『海女たちの四季—房総海女の自伝—』（新宿書房、二〇〇一年）がある。

　二〇一一年には、三重県鳥羽市の海の博物館が「日本列島海女存在確認調査報告書」を発表し、同書中、以下の地域で潜水漁がおこなわれていると報告されている。北海道松前町、岩手県久慈市、宮城県石巻市、福島県、千葉県白浜町・千倉町・御宿町、新潟県、静岡県伊豆半島、三重県志摩半島、和歌山県串本町、石川県輪島市、福井県三国町、京都府、鳥取県鳥取市、山口県長門市、徳島県美波町、福岡県宗像市、佐賀県玄海町、大分県鶴見町・臼杵市、長崎県壱岐市・対馬市、熊本県天草市他。

（64）易名儀礼の解釈は山上伊豆母『日本の母神信仰』（大和書房、一九九八年）による。塚口義信『神功皇后伝説の研究—日本古代氏族伝承研究序説—』（創元学術双書、一九八〇年）、前田晴人『神功皇后伝説の誕生』（大和書房、一九九八年）など。

（65）アワシマ信仰の要素と海村民俗の重複は事例、註（18）『海の民俗学』でも読める。産の玉石は全国でみられるもので、柳田國男『産育習俗語彙』（愛育会、一九三五年）など。房総の例は田中著・加藤編、註（63）による。

第二章

（1）折口、序章註（10）「雛祭りの話」四八ページ。
（2）琉球大学付属図書館伊波普猶文庫蔵。公開デジタル資料による該当箇所は一七ページ。http://manwe.lib.u-ryukyu.ac.jp/cgi-bin/disp-img.cgi?file=iha0230&page=16
（3）外間守善『海を渡る神々―死と再生の原郷信仰―』（角川選書、一九九九年）第三章「来訪神アラ神の素性」。
（4）谷川健一『海神の贈物―民俗の思想―』（小学館、一九九四年）九九～一〇四ページ。
（5）高取、序章註（28）一一五～一二二ページ。
（6）『日本霊異記』中巻第一「己が高徳を恃み、賤形の沙弥を刑ちて、現に悪死を得る縁」。
（7）「みたまのふゆ」の初見は、折口信夫「ほうとする話」（『折口信夫全集二』中央公論社、一九九五年。初出『古代研究第一部 民俗学篇第二』大岡山書店、一九二九年、草稿一九二七年）。
（8）辰巳和弘『風土記の考古学―古代人の自然観―』（白水社、一九九九年）第三章「洞」による。
（9）臼田甚五郎「淡島伝説」（『臼田甚五郎著作集五』おうふう、一九九五年）。
（10）『日本古典文学大系六七　日本書紀上』校註者は、『日本書紀』編纂時の挿入とする。
（11）『日本書紀』巻第五　崇神天皇五年「国内多疾疫。民有死亡者」、六年「百姓流離、或有背叛。…請罪神祇。先是、天照大神、倭大国魂二神、並祭於天皇大殿之内。然畏其神勢共住不安、故以天照大神、託豊鍬入姫命、祭於倭笠縫邑。仍立磯堅城神籬」、七年八月癸卯朔己酉「…是夜夢有一貴人。対立殿戸、自称大物主神曰。天皇勿復為愁国之不治、是吾意也。若以吾児大田田根子、令祭吾者則立平矣」、十一月丁卯朔己卯「即以大田田根子、為祭大物主大神之主。…於是疫病始息」。

（12）『先代旧事本紀』推古二八年（六二〇）勅作とあるが、実際は平安初期の成立といわれる。全十巻。国史大系、神道大系に所収。第四巻「地祇本紀」に、三輪山の大己貴命の系譜が載る。

（13）『日本書紀』巻第五　崇神天皇六十年七月丙申朔己酉「従天将来神宝、蔵于出雲大神宮。是欲見焉。…兄撃弟飯入根而殺之。…則遣吉備津彦與武渟河別、以誅出雲振根。故出雲臣等畏是事、不祭大神而有間。」

『日本書紀』巻第六　垂仁天皇二十三年九月丙寅朔丁卯「…皇子仰観鵠曰。是何物耶。…時湯河板挙遠望鵠飛之方、追尋詣出雲而捕獲」

二十五年二月丁巳朔甲子「…五大夫曰。我先皇御間城入彦五十瓊殖天皇、惟叡作聖。…礼祭神祇、剋己勤躬、日慎一日。是以人民富足、天下太平也。今当朕世、祭祀神祇。豈得有怠乎」

同年三月丁亥朔丙申「離天照大神於豊鍬入姫命、託于倭姫命。爰倭姫命求鎮座大神之処、…時天照大神誨倭姫命曰。是神風伊勢国、則常世之浪重浪帰国也。傍国可怜国也。欲居是国。故隨大神教。其祠立於伊勢国」「是時倭大神、著穂積臣遠祖大水口宿禰、而誨之曰。…然先皇御間城天皇、雖祭祀神祇、微細未探其源根。以粗留於枝葉、故其天皇短命也。是以、汝御孫尊、悔先皇之不及而慎祭。則汝尊寿命延長、復天下太平矣」

二十六年八月戊寅朔庚辰「天皇勅物部十千根大連曰。屢遣使者於出雲国、雖検校其国之神宝、無分明申言者。汝親行于出雲、宜検校定。則十千根大連校定神宝、而分明奏言之。仍令掌神宝也」。

（14）富士川游、明治七年（一八七四）『日本医学史綱要　上・下』（平凡社東洋文庫、一九七四年）。

（15）『薬師瑠璃光如来本願功徳経』永徽元年（和暦白雉元年＝六五〇）成立（『大正新脩大蔵経　経集部』所収）。冒頭に薬師如来の十二の大願を記す。義浄訳『薬師瑠璃光七佛本願功徳経』（七仏薬師経）は平安時代、天台宗の円仁によって息災・安産をもたらす密教呪法「七仏薬師法」に用いられた。

（16）『続日本紀』養老七年（七二三）四月壬寅条、天平七年（七三五）八月乙未条、同閏十一月戊戌条、十二月条「是歳、…自夏至冬、天下患豌豆瘡（俗曰裳瘡）、夭死者多」、天平九年四月癸亥条、六月甲辰条「廃朝、以百官宦人患疫也」。

(17)『続日本紀』天平十三年(七四一)二月乙巳条、天平十六年十二月壬申条、宝亀元年(七七〇)十月丙辰条。
(18)最澄伝承は『扶桑略記』延暦二十二年(八〇三)十月壬午条(『国史大系』)。空海伝承は『覚禅抄』巻三裏書四四(『大日本仏教全書』四五)。
(19)村山修一「序説　三　沙弥・聖の活動と神宮寺」『三輪流神道の研究』(大神神社史料編修委員会、大神神社社務所、一九八三年)。逵日出典『八幡神宮寺成立史の研究』(続群書類従完成会、二〇〇三年)三九五〜四〇九ページ。
(20)古代、未開の山は魔の地であり(『今昔物語』巻十七第十九話参照)、寺院別所が設けられ破邪力のある修行者により開発がおこなわれた。黒田日出男『日本中世開発史の研究』(校倉書房、一九八四年)二八二〜三一七ページ、保立道久「中世における山野河海の領有と支配」(『日本の社会史　二』岩波書店一九八七年)一四一〜一四六ページ。
(21)『日本後紀』延暦十八年(七九九)六月乙酉条。
(22)『続日本紀』延暦十年(七九一)九月甲戌条。『類聚三代格　十九　禁制事』に同日付で太政官符「応禁制殺牛用祭漢神事」。
(23)門田誠一「東アジアにおける殺牛祭祀の系譜―新羅と日本古代の事例の位置づけ―」(『佛教大学歴史学部論集』創刊号、二〇一一年三月)。
(24)『古事談』巻五ノ二十「園韓神社託宣ノ事」「…猶坐此処、奉護帝皇」。『江家次第』等にも同様の記事がある。
(25)『古事記』「上つ巻　四　大国主神」最終段:大年の神の系譜「故、其大年神、娶神活須毘神之女、伊怒比賣、生子、大国御魂神次韓神、次曽富理神、次白日神、次聖神。五神。…上件大年神之子、自大国御魂神以下、大土神以前、幷十六神」。
(26)辰巳和弘「三　水と古代王権」(辰巳和弘ほか『三輪山と日本古代史』学生社、二〇〇八年)六七〜七〇ページ。佐井寺については堀池春峰「佐井寺僧道薬墓誌について」(『南都仏教史の研究　下　諸寺編』法蔵館、一九八二年)。
(27)『日本書紀』神功皇后九年九月庚午朔己卯「令諸国集船舶練兵甲。時軍卒難集。皇后曰、必神心焉。則立大三輪社以奉刀矛矢、軍衆自聚」。

(28) 西尾正仁『薬師信仰—護国の仏から温泉の仏へ—』(岩田書院、二〇〇〇年)七六〜八七ページ。渡辺宏治「平安時代初期の薬師修法」(『関西学院大学人文論究』四二—一、一九九二年六月)。

(29) 『文徳実録』斉衡三年(八五六)十二月戊戌条。

(30) 村山、註(19)八〜一五ページ。

(31) 『三代実録』貞観二年(八六〇)六月戊子条。

(32) 海面領有の動向については、保立道久「中世前期の漁業と庄園制—河海領有と漁民身分をめぐって—」(『歴史評論』三七六、一九八一年)、保立、註(20)一四六〜一四八ページ。

第三章

(1) 「倭姫命世記」(『日本思想大系一九　中世神道論』岩波書店、一九七七年)、垂仁天皇二七年九月のこととして記される。

(2) 「伊勢太神宮式」『延喜式』四。

(3) 中世諸国一宮制研究会編『中世諸国一宮制の基礎的研究』(岩田書院、二〇〇〇年)九三〜九九ページ。

(4) 「大成経事件」「伊雑宮事件」といわれる。磐田貞雄「皇大神宮別宮伊雑宮謀計事件の真相—偽書成立の原由について—」。(『國學院大学日本文化研究所紀要』三三、一九七四年)。

(5) 「志摩国輪庸帳」『大日本古文書』編年文書一。

(6) 『鳥羽贄遺跡発掘調査報告　第二次』(鳥羽市教育委員会、一九八七年)。

(7) 岩田貞雄「伊射波神社」(谷川健一編『日本の神々—神社と聖地　六　伊勢志摩伊賀紀伊』(白水社、二〇〇〇年)一九二〜一九三ページ。

（8）「伊勢国風土記」（『新校群書類従　第二一巻雑部三』名著普及会）、「豊受大神宮禰宜補任次第」（『群書類従　第六六輯補任部』および『神道大系三五　神宮編（五）　太神宮補任集成（下）』神道大系編纂会）。
（9）「大神宮儀式解　管度会郡神社行事」（『増補大神宮叢書　大神宮儀式解　前篇五』吉川弘文館、二〇〇六年）。
（10）世古口藤平「神三郡神社参詣記」（『神道資料叢刊一一』皇學館大学神道研究所。二〇〇五年）。
（11）製塩方法については廣山堯道・廣山謙介『古代日本の塩』（雄山閣、二〇〇三年）、製塩をおこなった海民と鍛冶の関係については、森浩一・網野善彦『馬・船・常民―東西交流の日本列島史―』（講談社学術文庫、一九九九年、「Ⅲ　歴史の原像一　鋳物と塩の交流」。古代の尾張は鉄を貢納しており、尾張海民が鉄器をもっていた可能性について、東海地域の褐鉄鉱による製鉄を示唆する「高師小僧」に着目する論もある。
（12）「皇大神宮儀式帳」（『群書類従　第一輯　神祇部』および『神道大系三一　神宮編一』）。
（13）出口延佳「日本書紀神代講述鈔」（『神道大系九四　論説編七　伊勢神道（下）』）。
（14）卜部宿禰「諸国一宮神名帳」（『神道大系三六　神社編　総記（上）』）。
（15）フレーザー『金枝篇』（一八九〇～一九二二年）に提出された概念で、類似の性質をもったもの同士は共鳴しあうとその性質を増幅させるという考え方の呪術。冬至や夏至に火焚き祭りをして、太陽の衰弱を賦活させる、あるいは強すぎる太陽にさらに熱を送って、陽を極めて陰に転じるなどの祭礼も類感呪術といえるだろう。
神島の社会組織に関しては多くの研究蓄積があるが、ゲーター祭の構造人類学的研究は以下の二例がある。中山正典「民俗的時間および空間認識の変化―鳥羽市神島の事例を用いて―」（『日本民俗学』一九三、一九九三年）、山田仁史「太陽・蛇・海神　神島ゲーター祭の象徴世界（上）」（『法政人類学』六五、一九九五年）。
（16）前之園亮一「ウヂとカバネ」（大林太良編『日本の古代一一　ウヂとイエ』中央公論社、一九九六年）二七四～二七五ページ。
（17）『延喜式』巻第七・神祇七　践祚大嘗祭由加物の条（『新訂増補国史大系　延喜式前篇』）一四七～一四八ページ。

(18) 栄原永遠男『紀伊古代史研究』（思文閣出版、二〇〇四年）では、「賀多」を「和歌浦」とする。
(19) 「紀伊国神名帳」（『神道大系三六　神社編　総記（上）』）。
(20) 「長講法華経後分略願文」（『伝教大師全集　四』比叡山図書刊行所、一九二六年）。
(21) 『古語拾遺』（岩波文庫）原文一二四ページ。「於是、従思兼神議、令石凝姥神鋳日像之鏡、初度所鋳、少不合意。［是、紀伊国日前神也。］　次度所鋳、其状美麗。［是、伊勢大神也。］」。
(22) きのくに古代史研究会編『官幣大社日前神宮・国懸神宮本紀大略』（日前・国懸両神宮社務所、一九八四年）。
(23) 松前健「日前・国懸神宮」谷川、註（7）『日本の神』三〇一〜三〇九ページ。
(24) 伊藤信明編「日前宮文書太神宮神事記」（『和歌山県立文書館紀要』七、二〇〇二年）。
(25) 「坂上明田地寄進状写」（「淡嶋神社文書」『和歌山市史　第四巻』鎌倉一六五号）。
(26) 中世淡嶋神社への寄進状は、正平二十三年（一三六八）楠見荘内（『和歌山市史　第四巻』「淡嶋神社文書」南北朝一九九号）、正長二年（一四二九）秋月郷内（同室町一三四・一三五号）、嘉吉三年（一四四三）加太荘磯脇（同室町一八一号）、明応二年（一四九三）田井荘内（同戦国六四号）、永正八年（一五一一）加太本荘内（同戦国一二三号）、慶長元年（一五九六）加太本荘内（同戦国六四五号）。
(27) 首藤善樹編『大峰葛城嶺入峯日記集』（岩田書院、二〇一二年）五ページ「葛城手日記表紙見返指図」。
(28) 仁井田好古・本居内遠他編『紀伊続風土記』（文化三年〈一八〇六〉着手、天保十年〈一八三九〉完成）（臨川書店復刻、一九九〇年）。
(29) 松前、註（23）に同じ。
(30) 天武天皇の神祇政策と国家戦略については、岡田精司「伊勢神宮の成立と古代王権」『古代祭祀の史的研究』（塙書房、一九九二年）、松前健「天武天皇と古事記神話の構成」（『奈良大学紀要』二〇、一九九二年）、小倉慈司「八・九世紀における地方神社行政の展開」（『史学雑誌』一〇三―一二、一九九四年）、田中英道「日本「宗教国家」の誕生―天武天皇と

白鳳・神仏融合文化―」(『新日本学』一三号、二〇〇九年)など。

(31) 神谷正昌「冬至と朔旦冬至」(『日本歴史』六三〇、二〇〇〇年)など。天皇が天文運行と暦を政治日程に結びつけて捉えていたと思われる顕著な例として有名なのは、延暦三年(七八四)の朔旦冬至における長岡京遷都の詔である。この日は「甲子朔旦冬至」で、干支の始まりと朔旦冬至が重なる、四六一七年に一度の日であったとされる(『続日本紀』「勅曰。十一月朔旦冬至者、是歴代之希遇」)。実際には冬至に朔旦をあわせるよう人為的な改暦がおこなわれた(広瀬秀雄『日本史小百科 暦』東京堂出版一九九三年、一一〇～一一一ページ)。なお、第二章二-2で紹介した熊本県玉名市小天天子宮の火渡り神事が十一月朔日におこなわれていることは、加太の粟島祭と関係すると思われる。「望日夏至」(満月に重なる夏至)は古代以来我が国で重視された形跡はないようである。

(32) 一山神社(さいたま市中央区本町)の火渡り、穴八幡神社(新宿区西早稲田)の一陽来復祈願、正暦寺(奈良市)冬至祭など。冬至の火焚祭は北欧のユルが著名。

(33) 『日本書紀』神功皇后九年九月庚午朔己卯「令諸国集船舶練兵甲。時軍卒難集。皇后曰、必神心焉。則立大三輪社以奉刀矛矣、軍衆自聚」。

(34) 『日本書紀』巻五 崇神天皇八年辛卯十二月乙卯条。

(35) 『日本書紀』『続日本紀』を基本に、『尊卑分脈』、宝賀寿男『古代氏族系譜集成』(東京堂出版、一九八四年)、近藤敏喬『古代豪族系譜集覧』(東京堂出版、一九九三年)を参照。

(36) 『日本書紀』崇神天皇八年十二月丙申朔乙卯条。

(37) 中野幡能『八幡信仰史の研究』(吉川弘文館、一九六七年)序章。

(38) 「八幡宇佐宮御託宣集」(『神道大系 神社編四七 宇佐』)、重松明久校註『八幡宇佐宮御託宣集』(現代思潮社、一九八六年)。大神比義云々は第三巻序文。

(39) 中野幡能『八幡信仰と修験道』(吉川弘文館、一九九八年)一七三～一八一ページ。

(40) 花郎については、金瑛泰　沖本克己監訳『韓国仏教史』（禅文化研究所、一九八五年）四四〜四八ページ。
(41) 三品彰英「新羅花郎の研究」（『三品彰英論文集　六巻』平凡社、一九七四年）。
(42) 『八幡宇佐宮御託宣集』第六巻、神亀二年正月二十七日条。
(43) 村山修一編『三輪流神道の研究』（大神神社社務所、一九八三年）一二〜一四ページ。
(44) 小倉暎一「石清水八幡宮祭祀の背景」（中野幡能編『民衆宗教史叢書二　八幡信仰』ＰＯＤ版、雄山閣、二〇〇三年）。
(45) 逵日出典『八幡神宮寺成立史の研究』（続群書類従完成会、二〇〇三年）三三六〜三三八ページ、三五三ページ。
(46) 『続日本紀』天平勝宝元年（七四九）十二月戊寅条「迎八幡神於平群郡。是日入京」。
(47) 古代紀氏の神祇関連への参入に関する事項年表は、有安美加「紀北地域の八幡信仰と修験道」（『山岳修験』四七、二〇一一年）五九ページ参照。
(48) 「辛島氏系伝承」は『大日本古文書　石清水文書之三』所収。
(49) 逵、註(45)第四章「八幡神の大安寺・薬師寺への勧請」。
(50) 『紀伊続風土記』巻二十三「伽陀寺」の項。「当寺は役行者の開基にして延喜帝の勅願にて堂社伽藍あり」。伊藤、序章註(23)三三ページに、「伽陀寺寺僧連署置文」（『和歌山県史中世史料二』向井家文書四号）から粉河寺級の陣容という。
(51) 「金剛山内外両院代々古今記録」（『神道大系　神社編五　大和国』）。『東大寺要録』延喜二十年（九二〇）十二月に「造徒東大寺講堂検校兼大僧都法眼和尚位観賢」とある。
(52) 「預所右衛門尉盛弘下知状案」（『和歌山県史　中世史料二』向井家文書一五号）一二四ページ。
(53) 「大神宮法華十講会縁起」（「諸寺縁起集　醍醐寺本」『校刊美術史料　寺院編上巻』中央公論美術出版、一九七二年）により、天暦四年（九五〇）には日前宮に神宮寺があったとされている。
(54) 『続日本紀』天平六年（七三四）十一月戊寅条、天平宝字二年（七五八）八月庚子条。
(55) 『続日本紀』宝亀三年（七七二）三月丁亥条。

(56) 堀池春峰『南都仏教史　下　諸寺編』(法蔵館、一九七七年)四〇八～四〇九ページ。
(57)『律令』僧尼令二「凡僧尼、卜相吉凶、及小道巫術療病者、皆還俗。其依仏法、持呪救疾・不在禁限」。
(58)『続日本紀』大宝三年(七〇三)三月辛未条。古代の大般若経信仰については堀池春峰『南都仏教史　遺芳編』(法蔵館、二〇〇四年)六七三～七〇二ページ。
(59)『日本後紀』逸文延暦十一年(七九二)正月庚午条。
(60) 三宅和朗『古代国家の神祇と祭祀』(吉川弘文館、一九九五年)三五～四〇ページ。
(61) 三宅、註(60)二〇ページ。
(62)「粉河寺縁起」(『日本思想大系二〇　寺社縁起』岩波書店、一九七五年)。
(63)『日本霊異記』下巻第十七話。上記説話に関連する史料として「聖教題跋」(『粉河町史　二』七ページ)がある。
(64)『日本霊異記』下巻第十六話・第三十話。
(65)『日本霊異記』下巻第三三話。
(66)『日本霊異記』下巻第十九話。
(67)『日本霊異記』中巻第三九話。
(68)『法華経』(岩波文庫、一九七六年)。鎌田茂雄『法華経を読む』(講談社学術文庫、一九九四年)。
(69) 五来重『民衆宗教史叢書一二　薬師信仰』(雄山閣出版、一九八六年)第一篇「総論」四「海洋宗教と薬師信仰」。
(70) 山本義孝「厳島における山岳信仰とその遺跡」(『日本宗教文化史研究』一五―二、二〇一一年)などはその最新の成果で、真言宗の大聖院に拠った修験が、厳島の弥山の瀬戸内航路の山あてに基壇を設け、火焚行をおこなっていた遺構が確認された。
(71) 伊藤正敏「地籍図に見る紀伊国賀太荘」(石井進編『中世村落と現代』吉川弘文館、一九九一年)二四九ページ。
(72) 錦昭江『刀禰と中世村落』(校倉書房、二〇〇二年)第二章「中世刀禰論」。

第四章

（1）八世紀後半から九世紀の初めにかけて、全国でその地域の大神として人々の信仰を集めていた神々が、次々に神であることの苦しさを訴え、その苦境から脱するために、神々の身を離れ（神身離脱）、仏教に帰依することを求めるようになってきた（義江彰夫『神仏習合』岩波新書、一九九六年、一二ページ）。もちろん「神身離脱」は仏教側の論理であり、「神身離脱」がいわれ始めるのとほぼ同時期に、仏意識も芽生えてきたという（高取、序章註（28）『民間信仰史の研究』第一部「排仏意識の起点」）。

（2）本文の主な参考資料は、田村芳明「道元と本覚思想」（浅井圓道編『本覚思想の源流と展開』平楽寺書店、一九九一年）二七二〜二七四ページである。天台本学思想についての基本的な解説と資料として『日本思想大系九　天台本覚論』。この他、本文にあげた大久保良峻『天台教学と本覚思想』（法蔵館、一九九八年）。批判的観点から本覚思想の特徴を明瞭にしているものとして、袴谷憲昭『本覚思想批判』（大蔵出版、一九八九年）を参照した。

（3）末木文美士『日本仏教史―思想史としてのアプローチ―』（新潮社、一九九六年）一一五ページ。

（4）末木、註（3）一五七〜一六三ページ。

（5）『江談抄』（『新日本古典文学大系三二　宇治拾遺物語　古本説話集』岩波書店所収）。

（6）『古事談』第五巻「神社仏寺」（『新日本古典文学大系四一』岩波書店所収）。

（7）『通海参詣記』（『日本庶民生活史料集成二六　神社縁起』三一書房、一九八三年所収）。

（8）『中臣祓訓解』（『日本思想大系一九　中世神道論』岩波書店所収）。

（9）『沙石集』（『新編日本古典文学全集五二』小学館所収）。

（10）伊藤聡「第六天魔王説の成立―特に『中臣祓訓解』の所説を中心として―」（『日本文学』四四、一九九五年）、弥永信美「第六天魔王と中世日本の創造神話（下）」（『弘前大学国史研究』一〇六、一九九六年）二九〜三二ページ。

(11) 外宮・度会氏を中心とする知的サロンが存在したようである。牟礼仁「度会行忠の人と書物」(『神道宗教』五九、二〇〇六年)。

(12) 神道五部書：鎌倉時代に、伊勢外宮禰宜・度会行忠らが、内宮に対する外宮の優越を説くために、伊勢神宮の古伝を踏まえて執筆したとされ、以下の五編をいう。『倭姫命世記』、『天照坐伊勢二所皇太神宮御鎮座次第記』(御鎮座次第記)、『伊勢二所皇太神御鎮座伝記』(御鎮座伝記)、『豊受皇太神御鎮座本記』(御鎮座本記)、『造伊勢二所太神宮宝基本記』(宝基本記)。一部を『日本思想大系一九　中世神道論』(岩波書店)、全部を『神道大系　論説編五　伊勢神道(上)』に所収。

(13) 巻頭に「行基菩薩撰」、また巻末に「天平十七年」と書かれるが、正安二年(一三〇〇年)成立の度会行忠『古老口実伝』に「伊勢神宮秘記　数百巻　内　最極書」とされており、これが本書に関する最古の記述である。鎌倉時代後期、密教僧、特に修験道の立場から書かれた。後の神道五部書等に大きな影響を与えた。『日本思想大系一九　中世神道論』(岩波書店)に所収。

(14) 『続群書類従　第二輯　神祇部』、『神道大系　論説編五　伊勢神道(上)』所収。

(15) 註(14)に同じ。

(16) 註(14)に同じ。

(17) 甲本は延慶元年から文保二年以前(一三〇八～一三一八年)頃成立、『群書類従　第一輯　神祇部』巻十三所収。乙本は正安年間(一二九九～一三〇二年)頃成立、『続群書類従 第二輯 神祇部』所収。萩原龍夫 校註『八幡愚童訓 甲・乙』(『日本思想大系二〇　寺社縁起』岩波書店所収)。

(18) 萩原、註(17)二一八ページ。

(19) 萩原、註(17)二二七ページ。

(20) 「草木国土悉皆成仏」の有名なフレーズが出てくる最古の仏教教説書といわれる。『大日本仏教全書』所収、道邃『法華玄義釈籤要決・法華疏記義決・摩訶止観論弘決纂義』(仏書刊行会、一九一七年)もある。

(21) 註(8)五四ページ。
(22) 『神道大系　神社編二　伊勢神宮』所収。
(23) 海津一朗『中世の変革と徳政―神領興行法の研究―』（吉川弘文館、一九九四年）。
(24) 上嶌真弓「日本書紀注釈にみる神功皇后―『釈日本紀』を基軸として―」（『寧楽史苑』五四、二〇〇九年）。
(25) 向井氏が別当の伽陀寺・八幡宮および住吉社等への田地寄進状は、『和歌山県史中世史料二　向井家文書』文書番号三・九～一四・一九・二一～二九号、正安二年（一三〇〇）から建武四年（一三三七）までであるが、その伽陀寺分総計は六三六〇歩である。嘉吉元年（一四四一）「賀太本荘年貢注進状」（向井家文書四三号）では六〇一〇歩なのであまり変わっていない。
(26) 「加太荘内山当知行」（向井家文書一六号）、「刀禰公文職重代相伝当知行」（同一七号）、「網銭等下知重加」（同一八号）。
(27) 榎原雅治『日本中世地域社会の構造』（校倉書房、二〇〇〇年）第一章第一節。
(28) 応永三十一年（一四二四）「伽陀寺二月頭免田定状」（向井家文書三五号）、嘉吉元年（一四四一）「賀太本荘年貢等注進状」（同四三号）、享徳元年（一四五二）「向井孫四郎知行注文写」（同四六号）から抽出整理した。
(29) 伊藤、序章註(23)第二章一「賀太荘の領主と年貢・公事」。
(30) 永仁五年（一二九七）十一月一日（『和歌山市史　第四巻』鎌倉時代一六五号）、正平二十三年（一三八八）三月二日（同南北朝時代一九九号）、正長二年（一四二九）四月十五日（同南北朝時代一三四・一三五号）、嘉吉三年（一四四三）八月十七日（同南北朝時代一八一号）、明応二年（一四九三）三月十日（同戦国時代六四号）、永正八年（一五一一）三月二十三日（同戦国時代一二三号）、慶長元年（一五九六）九月三日（同戦国時代六四五号）。嘉吉三年・慶長元年分は、九月の「明神九頭朔幣」料と思われる。
(31) 『続群書類従　第三輯上　神祇部』、『神道大系　神社編一　総記（上）』所収。
(32) 『和歌山県史　中世史料二』「向井家文書」五九号。

(33)『和歌山県史　中世史料二』「向井家文書」四五号。「賀太八幡宮神事入物日記」と題されているが、端裏書に「毎年卯月廿日大明神神事入物之日記」と書かれている。

(34)「向井家文書」二号。

(35)『和歌山県史　中世史料二』「向井家文書」三五号（応永三十一〈一四二四〉）に「衆中」、同三六号（応永三十一年）に「惣庄座衆」、同三七号（永享二年〈一四三〇〉）に「名衆」の呼称がそれぞれ初見。伊藤、序章註(23)「第四　賀太村の惣と宮座」に向井氏と座衆の対等な関係を指摘。

(36)『和歌山県史　中世史料二』「向井家文書」三九号。

(37)『和歌山県史　中世史料二』「向井家文書」六七号。

(38)「淡島氏」という氏族が存在したことは、『和歌山県史　中世史料二』「向井家文書」中の「天正年間公文方月々帳」（たとえば一〇五号）や「頼母子講証文控」（一二四号）宛所に「粟島殿」がたびたび登場することで裏付けられる。禰宜の助兵衛・助太夫・助右衛門は「助」通字名乗りを継承する岡本一族と判断。広本は明暦年間の文書に向井広本とあり、家忠・清延は「向井家塁代血脈相続目録」に見える。安兵衛・安五郎は、「本坐神酒坐名前」長禄二年（一四五八）に東座禰宜助兵衛久勝に次いで「同安兵衛久秀」とあり、「安」を通字名乗りとする一族と見られるが、氏は不明。

(39)『みよはなし』文化五年（一八〇八）仁井田道貫著。加太荘のみについての地誌。日本常民文化研究所刊『紀州加太の史料　第一巻』（一九五五年）に、向井家文書中世文書、『紀伊続風土記』とともに収録された。

(40)紀州惣国の結合原理について日前宮を結集軸とする論として小山靖憲『中世村落と荘園絵図』（東京大学出版会、一九八七年）「第七章　中世の宮井用水について」。全体的な研究動向は「紀州惣国研究の展望と課題」（『和歌山地方史研究』四六、二〇〇三年）。

(41)淡嶋新五郎守貞については、『和歌山県史　中世史料二』「向井家文書」中の天正年間年貢納帳等に複数記載がある。向井氏より淡島氏に婿入りしたものか。

（42）『和歌山県史　中世史料二』「向井家文書」九九号「天正五年年貢納帳」に「あわち六郎太郎・六郎次郎」、一二三号「天正十二年布海苔日記」に「はりま助衛門」「ししくい藤二郎」といった人名も見える。戦国期には瀬戸内航行船舶の交通証にあたる伊予村上水軍の過所旗を向井氏がもっていた（和歌山県立博物館蔵）。

（43）『和歌山市史　第二巻　通史編（近世）』など。加太漁民は近世にいち早くイワシ漁で関東出漁し、元文年間（一七三六〜四〇）には幕府公認の干鰯問屋を形成。

（44）『みよはなし』火の巻には、加太の神社仏閣紹介の中に、「牛頭天王社　中村氏別当、戎社　佐藤氏支配、天神社・弁財天社・西福寺・常念庵　室谷氏支配、毘沙門天社・長福寺　浜口氏支配、観音堂　利光氏支配」と見え、このうち室谷氏は「本坐神酒坐名寄帳」に氏名が見える。門跡の入峰に関する史料は、「向井家文書」近世文書・和歌山市立博物館整理番号一八二号、二〇九号、二二八号が主なもの。

（45）『和歌山県史　中世史料二』「向井家文書」諸国山伏「葛城入峰先達注文」八〇号、高野山伏「先達引付案」四八号。

（46）小山靖憲『中世寺社と荘園制』（塙書房、一九九八年）「根来寺と葛城修験」。

（47）沿岸から沖合へと漁業範囲が広がっていった過程については、春田直紀「水面領有の中世的展開—網場漁業の成立をめぐって—」（『日本史研究』三七三、一九九三年）。造船操舵技術の向上については、石井謙治『和船（Ⅰ・Ⅱ）』（ものと人間の文化史、法政大学出版局、一九九五年）。

（48）山伏の験力が船の航行を自由にできると考えられていたことを示す説話に、『宇治拾遺物語』巻第三の四「山伏舟祈り返す事」がある。山伏の呪法・験力・修行については和歌森太郎『山伏—入峰・修行・呪法—』（中公新書、一九九四年）。

（49）「十穀聖覚乗置文」文明六年（一四七四）『和歌山市史　第四巻』戦国時代二四号、八七六ページ。

（50）豊島修・木場明志編『寺社造営勧進　本願職の研究』（清文堂、二〇一〇年）第三部「諸寺社本願概説　紀伊」。

（51）三橋健編『国内神名帳の研究　資料編』（おうふう、一九九九年）。

(52)『大乗院寺社雑事記』明応元年(一四九二)「紀州根比山者別当三宝院也、東寺末寺、然而山伏共聖護院之下方也」、高野山・粉河寺・根来寺の三カ寺の行人組織の連携関係については、関口真規子「「三ヶ寺行人」と修験道」(『山岳修験』三八、二〇〇六年)。

(53) 五来重『遊行と巡礼』(角川選書、一九八九年)第四章「六海の聖火」、同『山の宗教—修験道講義—』(角川選書、一九九一年)第八章「四国の石鎚山と室戸岬」中などで言及されている。

(54) 高牧實『宮座と村落の史的研究』(吉川弘文館、一九八六年)三七六ページに、明和五年(一七八五)「子ノ年諸小入用帳」に「加田あわ嶋大明神初穂」の支出記録の存在が指摘されている。

(55)『向井家文書』万治三年(一六六〇)の紀州藩への書上「友箇嶋行場ニ付」(和歌山市立博物館整理番号一五四号)が、友ヶ嶋行所について公式に提出された初見のようである。

資料編

アワシマ祭文 細川敏太郎採録 香川県三豊郡巡回淡島願人の祭文（『民間伝承』一六―一〇、一九五二年）

（口上）もつたいなくも南海道紀州和歌山県名草の郡、女一代守り本尊淡島大明神なり。／御年十七の時に縁づかれ。不幸にも十八歳の時白血長血の病を患い遊ばされ。住吉様母御前に御殿のけがれになるで離縁をせられ。わが里に立ち帰れどわが母にあらずしてわが家に入れられず。わが家の裏に数十年たつた桑の木を。月の三日に切り落とし。十三日には三十三枚の板に切り割つて。二十三日にはうつろの船を作つて姫を乗せて流したり。（原文欠落）腰から下の病を治して下さるとのご誓願。女一代守り本尊淡島大明神。

【参考】淡島祭文パロディー 『賢女心化粧』（一七四五）より

身共が生国紀州渚の郡かだの者。同じ浦の漁師の女房とてんがうがこうじて。真事に成。女房と心を合せてつれて立退談合あらはれ。既にうきめにあはしまの。腰より下の仕損じにて所を払はれ。雑炊さへたかぬ内証のごすい三熱の苦みをこたへ。それから堺七堂ヶ浜の芝居へ済。役者と成て鉄をくさらかし。三十六枚のはぐきを染。花車形をつとめても埒あかず。出来心で盗出した櫓の太鼓に。綾の巻物を相添。住吉やといふ質屋へやつて。其銀腰に引つけ。大坂へ欠落し。去寺にかかつてゐたりしが。長老の姪ありて。是も寺にかかりゐたりしを。密通してぬすんで当地へのぼり。此長屋をかりて。身共は当町をすすめ奉り。元手入ずに銭米をぬれ手でつかむ。淡嶋大明神の御陰出過れば。女どもは本が寺にゐたりし女なれば。おふくの面をかけて。大黒舞に出て。女夫ゆるりと暮せば。世は案じたが損也。をのをのも停止の手計まもつてゐずとも。おばらどのの神子に化けて成共面々稼ぎなされと。噺の跡は大笑いになり手果てけり。

アワシマ神社祠堂 都道府県別集計表（附：少彦系・薬師系神社）　※第一章表１・表３参照

	アワシマ系	少彦系	薬師系	計	アワシマ系内訳								
					立地		社祠堂別				祭神		
					沿海	内陸	本社祭神	神社境内	寺院境内	石像等	少彦名命	淡島神	その他
青森	9	5	5	19	4	5	9	0	0	0	7	2	0
秋田	7	6	29	42	2	5	4	2	1		6	1	0
岩手	2	6	17	25	0	2	0	2	0	0	0	1	1
山形	3	9	32	44	1	2	0	1	2	0	0	2	1
宮城	2	7	17	26	0	2	1	0	0	1	0	2	0
福島	24	9	10	43	3	21	8	5	7	4	11	13	0
東北計	47	42	110	199	10	37	22	10	10	5	24	21	2
茨城	29	8	1	38	6	23	17	11	1	0	27	2	0
栃木	10	7	97	114	0	10	4	6	0	0	7	3	0
埼玉	8	4	5	17	0	8	5	3	0	0	7	1	0
東京	16	5	1	22	3	13	6	5	5	0	13	3	0
千葉	26	2	1	29	12	14	13	7	6	0	15	9	2
神奈川	14	1	1	16	5	9	4	7	3	0	9	5	0
群馬	17	4	7	28	0	17	4	9	1	3	9	8	0
関東計	120	31	113	264	26	94	53	48	16	3	87	31	2
山梨	3	9	1	13	0	3	1	2	0	0	3	0	0
長野	4	6	1	11	0	4	3	1	0	0	4	0	0
静岡	14	5	3	22	11	3	7	3	4	0	5	7	2
新潟	11	9	4	24	4	7	4	5	1	1	7	3	1
富山	6	13	5	24	1	5	6	0	0	0	6	0	0
石川	12	34	3	49	5	7	11	1	0	0	10	0	2
福井	3	22	11	36	2	1	1	2	0	0	2	1	0
愛知	6	4	0	10	4	2	3	2	1	0	4	2	0
岐阜	2	3	0	5	0	2	2	0	0	0	1	0	1
中部計	61	105	28	194	27	34	38	16	6	1	42	13	6

三重	5	8	0	13	5	0	3	2	0	0	1	0	4
滋賀	3	5	0	8	0	3	1	2	0	0	2	0	1
京都	18	4	0	22	2	16	4	11	3	0	9	8	1
兵庫	27	22	1	50	5	22	13	8	6	0	17	9	1
大阪	7	8	2	17	1	6	2	4	1	0	4	2	1
奈良	3	5	1	9	0	3	2	1	0	0	3	0	0
和歌山	8	2	0	10	5	3	4	4	0	0	6	2	0
近畿計	71	54	4	129	18	53	29	32	10	0	42	21	8
岡山	22	9	3	34	5	17	12	4	6	0	10	12	0
広島	18	2	0	20	11	7	8	6	4	0	15	2	1
鳥取	2	9	1	12	2	0	2	0	0	0	2	0	0
島根	9	13	2	24	4	5	0	7	2	0	9	0	0
山口	10	2	0	12	9	1	1	4	5	0	3	6	1
中国計	61	35	6	102	31	30	23	21	17	0	39	20	2
徳島	8	4	0	12	4	4	3	1	4	0	5	3	0
香川	12	3	0	15	9	3	4	5	3	0	9	3	0
愛媛	14	3	2	19	10	4	4	7	3	0	11	2	1
高知	4	0	1	5	2	2	4	0	0	0	4	0	0
四国計	38	10	3	51	25	13	15	13	10	0	29	8	1
福岡	42	1	3	46	17	25	19	12	7	4	27	15	0
長崎	8	4	1	13	8	0	4	3	1	0	7	0	1
大分	8	5	1	14	8	0	5	3	0	0	7	1	0
佐賀	9	1	0	10	3	6	3	6	0	0	8	1	0
宮崎	4	1	0	5	3	1	1	2	1	0	3	1	0
熊本	16	1	0	17	5	11	8	4	3	1	11	5	0
鹿児島	3	3	2	8	3	0	1	2	0	0	3	0	0
九州計	90	16	7	113	47	43	41	32	12	5	66	23	1
合計	488	293	271	1052	184	304	221	172	81	14	329	137	22

全国アワシマ神社祠堂等 所在地一覧（二〇〇八年三月作成、二〇一四年六月追加修正）並び順は所在地の五十音順

【凡例】

「所在地・本社寺」欄　＊＝臨沿海地（海岸線から５㎞以内）、○＝神社境内、●＝寺院境内、△＝路傍石塔・画軸、番地特定できなかった分は町字まで、所在は確認。

略称一覧　少＝少彦名命、淡＝淡島神、淡女＝淡島女神、大＝大己貴命、功＝神功皇后、薬＝薬師如来、観＝観音、不＝不動、大日＝大日如来、女＝女神、石＝神体石、蛭＝蛭子神、熊＝熊野神社、金＝金精さま、虚＝虚空蔵菩薩、加＝加太より勧請。

地域	所在地・本社寺	名称	祭神	関連特徴	近世前	創建年代・伝承、本社寺情報
青森9	＊青森市浅虫馬場山	淡島神社	少＝薬	薬		鳥海山薬師如来を本地に岩木山修験が勧請と伝
	＊青森市油川浪岸三六	淡島神社	少	熊	○	戦国期の油川港開発時、奥瀬氏により勧請
	＊青森市金沢五	淡嶋神社	少			
	＊青森市新城	淡島神社	少	金		
	青森市孫内山科	淡島神社	淡	石		旧法量権現。境内地蔵堂三五〇年前と伝
	五所川原市前田野目字野脇	淡島神社	淡	石		神体石。梵珠山信仰と関連
	中津軽郡相馬村相馬字薬師平四九	淡島神社	少	薬	○	坂上田村麿東征時の伝
	弘前市城東北三	淡島神社	少	薬		貞享検地帳に薬師堂、維新後分離
	南津軽郡藤崎町水木福西四八	淡島神社	少		○	永正十七（一五二〇）
秋田7	大館市上町六　真言宗遍照院●	淡島神社	少	薬		本寺至徳三（一三八六）常陸に立
	大館市曲田鞍掛山	淡島神社	少			
	＊男鹿市船川港船川　船川神明社○	旧粟島神社	少	薬		旧薬師さん・明治に合祀。隣接・真言宗大龍寺
	＊男鹿市脇本脇本富永	粟嶋神社	少＝薬	薬		前身薬師堂、宝暦九（一七五九）
	湯沢市松岡坊中四五	淡島神社	少			

	横手市平鹿町浅舞蒋沼	浅舞八幡宮○	淡島明神	淡女			淡島大明神女神石像二基
	横手市睦成城南町八		淡島神社	少			
岩手2	花巻市豊沢町六	藤木稲荷神社○	淡嶋神社	不明			
	盛岡市向中野	榊山稲荷神社○	淡島神社	淡			性神信仰(金精+淡島)あり
山形3	＊酒田市日吉町二	真言宗海向寺●	粟嶋水月観音堂	他(石)	薬		文化一一(一八一四)鉄門海上人越後粟島より
	鶴岡市砂田町三	真言宗南岳寺●	淡島大明神	淡			霊能者長南年恵氏に因む
	鶴岡市青龍寺金峰六	金峰神社○	粟島神社	淡	熊		隣接・真言宗青龍寺(慈覚開基伝)と熊野社
宮城2	角田市島田枝野	佐藤(啓)家△	淡島神社	淡			佐藤家屋敷神
	刈田郡蔵王町曲竹淡島山三		淡島神社	淡	虚		日本武尊命代と伝。宮寺町に真言宗蓮蔵寺(虚)、慶長
福島24	石川郡浅川町小貫森後	春日神社○	淡島大明神	淡女			明治三三(一九〇〇)から平成十五(二〇〇三)まで女神石像一六基
	石川郡石川町沢井	天台宗安養寺●	淡島大明神	淡女			嘉永三(一八五〇)以後女神石像等三基、名号碑
	いわき市平七〇	普門寺境内●	淡島神社	少			
	＊いわき市平豊間八幡町一		粟島神社	少			
	＊いわき市勿来町四沢向一六		粟島神社	少	加	○	寛元元(一二四三)加太よりと伝。関田に言・松山寺
	大沼郡昭和村下中津川	熊野堂●	淡島神社	少			
	郡山市田村町川曲	きょく宣寺●	淡島大明神	少			明治一〇(一八七七)石像
	白河市大鹿島八	鹿島神社○	淡島神社	少・大・功			宮司宅守護神として祭祀。鹿島神社は八世紀
	白河市東下野出島坂口	鹿島神社○	淡島大明神	淡女			昭和二九(一九五四)女神石像
	須賀川市乙字ヶ滝	不動堂脇路傍△	淡島大明神	淡女			明治?女神石像
	須賀川市塩田飯塚	県道二三三号路傍△	淡島大明神	淡女			明治三一(一八九八)女神石像
	須賀川市塩田東西ノ内一九	路傍△	淡島大明神	少			元治元(一八六四)石像
	須賀川市田中綱ノ輪	天台宗金蔵寺●	淡島大明神	淡女			明治?女神石像
	伊達市伊達町長岡	熱田神社○	淡嶋神社	少			

伊達市月舘町久保田 清浄庵観音堂●	粟島大明神	淡			
伊達市月舘町糠田天坂 伊豆箱根権現●	粟島大明神	淡	薬		文化五(一八〇八)
伊達市保原町上保原小性山四五	淡島神社	少	薬		慶長一六(一六一一)法印宥教が薬師如来とともに勧請
伊達市霊山町山戸田山在家九一	淡島神社	淡	虚		天保八(一八三二)。中ノ内に元・天台、現・曹洞宗成林寺(虚)
田村郡常葉町西向	粟島神社	淡			
*原町市大甕字鶴蒔三〇五	粟島神社	少	薬	○	天文期佐藤家内。梨木下に真言宗・医徳寺(薬)
東白川郡棚倉町福井 宇迦神社○	淡島大明神	淡女			昭和五(一九三〇)女神石像
東白川郡塙町薬師堂 JR水郡線沿い路傍△	粟島明神碑	淡			年号不詳、名号石塔
福島市松川町青麻山	青麻粟島神社	少	薬		
耶麻郡猪苗代町長田	淡島神社	淡			
石岡市下林二六六五 やさと石岡ゴルフ場内	淡島神社	少			
潮来市徳島一九〇七	淡島神社	少			
稲敷市結佐一二二〇	淡島神社	少			
小美玉市小川町中延一八二五	淡島神社	少	虚		
笠間市笠間一 笠間稲荷神社○	粟島神社	少	薬		
笠間市土師六五六	粟島神社	少			
*鹿島郡大洋村大蔵一九四 近津神社○	淡島神社	少			
*鹿島市神野二 鹿嶋稲荷神社○	淡島神社	少			
*鹿島市根三田七八	淡島神社	少			
かすみがうら市大和田二三三 三峰神社○	淡島神社	少			
かすみがうら市田伏三〇三〇	粟島神社	少			
北茨城市華川町花園 花園神社○	淡島神社	淡	薬		本社貞観三(八六一)天台寺院として開基
桜川市真壁町田	阿波島明神	淡			

茨城 29	桜川市真壁町山尾五〇三　五所駒滝神社○	粟嶋神社	少			本社長和三（一〇一四）創建
	下妻市大園木二五八	淡島神社	少			
	常総市沖新田四三四　曹洞宗松岳寺●	粟嶋様祈願所	少（女）			平成九（一九九七）地域要請に応じ勧請
	筑西市甲九〇〇　薬師堂・三峰神社○	淡島神社	少			
	那珂市額田北郷四一七　糠田神宮○	淡島神社	少			
	行方市麻生町新宮四九七	淡島神社	少・他	虚・加	○	正元元（一二五九）平塚氏祖が加太よりと伝
	行方市玉造乙　大宮神社○	淡島神社	少			
	常陸太田市中野町八八二	淡島神社	少			
	常陸大宮市長田	淡島神社	少			
	日立市諏訪　花園神社○	淡島神社	少			本社坂上田村麿勧請の伝
	＊鉾田市大竹七四	淡島神社	少			
	＊鉾田市上沢三〇　高釜公民館西	淡島神社	少			
	＊鉾田市二重作九六〇	淡島神社	少			
	水戸市河和田町三五〇〇	淡島神社	少			
	水戸市元山町一丁目　別雷皇太神○	淡島神社	少			
	水戸市米沢町三〇四	淡島神社	少			
栃木 10	大田原市那須野町実取七八二　温泉神社○	淡島神社	少			
	小山市西黒田三二〇	淡島神社	少			隣接して光永庵寺
	小山市間々田二三七一　間々田八幡宮○	淡島神社	少			
	佐野市犬伏上町二二〇八	淡島神社	少	薬	○	天正五（一五七七）出雲よりと伝
	佐野市馬門町一四〇七　浅田神社○	粟島神社	少			
	下舘市大町甲　三峰神社○	淡島神社	淡			
	那須郡西那須野町太夫塚淡島山	淡島神社	淡			明治四一（一九〇八）
	那須塩原市塩原一〇二二	粟島神社	少			
	芳賀郡茂木町山内一三〇四　国神神社○	淡島神社	淡			
	真岡市東郷九三七　式内大前神社○	淡島神社	少	薬		

埼玉8	大里郡江南町御正新田四三八	雷電神社○	粟島神社	少			明治四〇（一九〇七）、北内手より遷座合祀。本社慶長年間創建
	春日部市藤塚根郷四二八		淡島神社	少	虚・薬		『埼玉苗字辞典』に安政五（一八五八）淡島社記載あり
	久喜市鷲宮一―六―一	鷲宮神社○	粟島神社	少			
	さいたま市北区本郷町五五七		淡島神社	淡	薬		近世は高林寺別当、維新後分離合祀で現地へ
	さいたま市西区高木一九二		淡島神社	少			かつての遊水地に浮かぶ金子山に鎮座、戦国期堀口氏居館
	さいたま市見沼区中川一四五―六五	中山神社○	淡島神社	少			本社武蔵一ノ宮、元・氷川神社。天正一九（一五九一）御朱印社に
	比企郡小川町青山五八九		淡島神社	少			
	深谷市蓮沼五七八		淡島神社	少			戦国期蓮沼氏居館跡
東京16	あきる野市五日市入野		粟島神社	少			
	荒川区南千住三―二八	石浜神社○	粟島水神	少・大他			
	＊大田区本羽田三	真言宗正蔵院●	淡島明神	淡			
	国立市谷保	谷保天神○	淡島神社	少			
	江東区富岡一	富岡八幡宮○	粟島神社	少			本社寛永四（一六二七）
	品川区南品川一―二	日蓮宗海徳寺●	淡島堂	淡			
	墨田区堤通二	隅田川神社○	粟島神社	少			
	＊世田谷区代沢三	北沢八幡森厳寺●	淡島堂	少・大			本社室町中期、本寺慶長三（一六〇八）水源
	＊台東区浅草二―三	天台宗浅草寺●	淡島堂	淡＝虚	加		元禄年間加太より
	田無市新町二―七		阿波洲神社	少	加		宝暦年間加太より
	豊島区要町二―一四		粟島神社	少		○	鎌倉期より弁天祭祀
	豊島区長崎町一―九	真言宗金剛院●	粟島神社	少			水源
	西東京市新町二―七		阿波洲神社	少			
	八王子市館町一八〇〇		淡島神社	少			
	町田市根岸町四五七		淡島神社	少			
	町田市矢部町二六六六	箭幹神社○	淡島神社	少			

千葉26

＊旭市イ二二二〇	熊野神社○	淡島神社	大	石		
＊安房郡富浦町原岡七六	真言宗西方寺●	淡島大明神	淡	加		享保一〇（一七二五）加太より
＊夷隅郡岬町江場土二九一	六所神社○	淡島神	淡	薬		
＊市原市姉崎二二七〇	姉崎神社○	粟島神社	少	薬		
印旛郡栄町龍角寺	龍角寺●	粟島神社	淡	薬		本寺天台宗、聖武帝勅願「龍女化現の薬」と伝
印旛郡白井町名内五八六		粟島神社	少	加	○	永禄年間加太より
＊勝浦市鵜原九八〇		粟島霊神堂	少	虚・加		加太より
香取市白井四四〇	清涼院●	淡島神社	少			
香取市牧野二〇七四		淡島神社	少			
＊木更津長須賀一三二〇		淡島神社	淡			長須賀一六六九に真言宗福寿寺
佐倉市上座七一〇	縁結神社○	粟島神社	大			近世佐倉藩士勧請
佐倉市江原四五		○淡島神社	少			
佐倉市野狐台町四五	子安神社○	淡島明神	少			
佐原市牧野一六〇〇		淡島神社	少	薬		牧野一七五二に真言宗観福寺（寛平九〈八九七〉、薬＋地蔵）
＊山武郡松尾町武野里五六		粟島神社	少			
＊山武郡横芝光町於幾六六〇		粟島宮	少			
千葉市若葉区下泉町		淡島神社	少			
＊銚子市南小川町二九二〇	真言宗川福寺●	淡島堂	淡			本寺応永三四（一四二七）、伊達家廻船安全祈願所
長生郡一宮町一宮	玉前神社○	粟島神社	少	不		
＊長生郡長生村一松戌八二三	長生観音●	粟島神社	淡			
流山市平方三一		粟島神社	少			
＊富津市八幡二〇〇		粟島神社	少			
＊船橋市宮本五	船橋大神宮○	粟島神社	淡			宮本四に真言宗西福寺
松戸市小金原四―二七		淡島神社	少			
松戸市中金杉四	真言宗医王寺●	粟島神社	淡	薬		

	八千代市真木野		淡嶋神社	淡			
神奈川14	＊足柄下郡真鶴町真鶴一一一七	貴船神社○	淡島明神	少			明治期合祀、本社寛平期
	＊足柄下郡湯河原町福浦一二九	子之神社○	淡嶋神社	少			
	厚木市厚木町三	厚木神社○	淡島神社	少			
	厚木市及川六二八	八幡神社○	淡島神社	少			
	厚木市小野四二八	小野神社○	淡島神社	少			
	綾瀬市深谷二〇一三	日蓮宗大法寺●	淡島堂	淡			本寺応永二(一三九五)
	小田原市西大友四八〇		淡島神社	少			
	＊鎌倉市浄明寺三	臨済宗浄妙寺●	粟島大明神	淡			江戸期木造彩色女神像。元密教寺院、熊野神社隣接
	＊鎌倉市台四―二〇―一六	神明神社○	淡島社(合祀	少			
	平塚市下島三八四	浄土宗霊山寺●	淡島堂	淡			本寺元真言宗、慶長末
	＊横須賀市芦名一―二一―一〇		淡島神社	少(女)		○	一二世紀頃。少彦名命は女神とする
	横須賀市公郷町三	貴船神社○	淡島神社	淡	薬		神宮寺の天台宗宗元寺薬師堂→曹洞宗曹源寺
	横浜市都筑区折本町西原一四五八		淡島神社	少・大功他			
	横浜市戸塚区矢部町		淡島大明神碑	淡			
群馬17	邑楽郡板倉町籾谷		淡島明神	少			隣接に真言宗安勝寺(大日・不動)
	邑楽郡明和村川俣四二七		粟島神社	少			文化一一(一八一四)水天宮
	桐生市川内町三―七二六	三島神社○	淡島神社	少			曹洞宗雲祥寺隣接
	佐波郡玉村町下新田一	玉村八幡宮○	淡島神社	少			本社建久六(一一九五)。下新田九に神宮寺天台宗神楽寺
	高崎市下小鳥町二	幸宮○	淡島大明神	淡			名号石塔
	利根郡水上町東峰九二九	野々宮神社○	淡島女神像	淡	石		
	沼田市利根町老神一三〇	老神神社○	淡島神社	少			
	前橋市江田町六八九	鏡神社横△	淡島大明神	淡女			彩色石像。聖観音と並立。明治以後
	前橋市上青梨子町二一八		淡島神社	少他			寛永年間。双体道祖神型石像もあり
	前橋市総社町総社一二三〇	神明宮○	粟島神社	少			

	前橋市総社町総社二四〇八　日枝神社○	淡島大明神	淡			名号石塔
	前橋市鳥羽町八一五　東部公民館横△	淡島大明神	淡			双体道祖神型石像。和讃伝承
	前橋市広瀬町二―二八　後閑飯玉神社○	淡島神社	淡			
	前橋市前代田町　代田神社○	淡島神社	少			
	前橋市前箱田町　△	淡島大明神	淡女			掛軸。和讃伝承
	前橋市南町三	淡島神社	少他			
	前橋市元総社町一―三一―一三八　天台宗　徳蔵寺●△	淡島大明神	淡女			明治期石像女神像。本寺総社神社神宮寺
山梨 3	大月市七保町葛野　御嶽神社○	粟島神社	少			
	大月市七保町林九三四	淡島神社	少			
	甲府市御岳町二三四七　金桜神社○	淡島明神	少			
長野 4	小諸市甲四五	粟島神社	少			
	諏訪郡下諏訪町武居北七六六〇	粟島神社	少			
	長野市松代竹山町一五〇二　竹山随護稲荷○	竹山淡島神社	少			
	松本市浅間温泉二―四	浅間粟島神社	少			
静岡 14	*伊東市音無町二　曹洞宗最誓寺●	淡島尊敬堂	淡			本寺真言宗、鎌倉期
	*静岡市葵区古庄四四七	淡島神社	少			宝永四（一七〇七）棟札あり
	*清水市清水区庵原町一九三七　臨済宗一乗寺●	淡島堂	淡＝虚	虚		本寺元真言宗、永禄年間
	*清水市清水区淡島町一―一	淡島神社	少・大		○	慶長年間
	*下田市本郷浅間神社口西	淡島明神	淡			
	*沼津市内浦重寺淡島	淡島弁財天	他			
	*沼津市大岡中石田　臨済宗大光寺●	淡島堂	淡			本寺天正四（一五七六）
	*沼津市大平東三分市	阿波嶋大明神	淡			
	*沼津市上香貫二瀬川町一六〇七	淡島神社	淡			延享四（一七四七）備前淡島勧進を葬り祀る
	*沼津市西椎路八五四　浅間神社○	粟島神社	不明			
	*富士市田中新田二〇六	淡嶋神社	少			

	三島市梅名一 右内神社○	淡島神社	少			
	三島市大宮町二 三島大社○	淡島神社	少	薬		近隣に真言宗薬師院（薬＋不動・観音）
	三島市徳倉三 歓喜寺地蔵堂●	淡島神像	淡	薬		近隣の中一○に真言宗→曹洞宗医王寺（薬）
新潟 11	＊岩船郡粟島浦村内浦一一四 脇川氏屋敷神△	粟島様	淡	石		文化一一（一八一四）鉄門海上人勧請
	＊柏崎市緑町 諏訪神社○	淡島神社	少			
	北魚沼郡小出町旭町二 成田山明王院●	淡島大明神	淡	薬		明治一八（一八八五）
	北蒲原郡中条町中条三六○一	淡島神社	大			
	五泉市粟島一―二三	粟島神社	少・大他		○	天正元和頃、堤防保護
	胎内市新栄町五―九○	淡島神社	少			
	中蒲原郡村松町甲五九七六 日枝神社○	粟島神社	少・大他	虚		
	長岡市寺泊下桐一八○	淡島神社	少			
	＊新潟市中央区一番堀通町一 新潟白山神社○	淡島神社	淡			
	新潟市西蒲区下山四五四 下山神社○	淡島神社	少			阿南市の淡島神を村内氏家神に、大正八（一九一九）遷座
	＊新潟市沼垂東一―一 沼垂白山神社○	粟島神社	少			
富山 6	＊富山市粟島町三―八	粟島神明社	少			
	富山市大沢野町上二杉九二	粟嶋神社	少			
	富山市大沢野町下伏五八五	粟嶋神社	少			
	富山市大沢野町下伏八一五	粟嶋神社	少			
	富山市大沢野町下伏八二七	粟島神社	少			
	富山市水橋入部町一六三	粟島神社	少			
	石川郡河内村吹上ロ一	粟島神社	少			
	石川郡河内村中直海イ二四二	粟島神社	少			
	石川郡河内村奥地ハ四○	粟島神社	少			
	石川郡鶴来日詰町曽谷 白山金劔宮○	粟島神社	少			
	江沼郡山村温泉町中津原ハ	粟島神社	少			

石川12	＊加賀市新保町二七	粟島神社	蛭	薬	○	文禄年間
	加賀市山中温泉中津原町ハ一〇〇	粟島神社	少			
	＊金沢市八日市出町イ二三	粟嶋神社	少			
	＊能美市川北町与九郎島イ一	白山粟島神社	少			
	＊能美市川北町土室フ二五	土室粟島神社	薬	薬		
	＊能美市川北町一つ屋へ一五	壱ツ屋粟島神社	少・他	薬		文明年間
	白山市神子清水町甲四―二五	粟島社	少			
福井3	＊小浜市小浜男山一〇　八幡神社〇	粟島神社	少			
	＊敦賀市三島字八幡六　八幡神社〇	粟島宮	淡			本社文化元（一八〇四）絵馬
	福井市上細江町二六	淡島神社	少・他	薬	○	十六世紀末疫病流行時。文殊山楞厳寺と関連
愛知6	春日井市玉野　五社神社〇	粟島神社	少			本社永享元（一四二九）
	＊江南市鹿子島町生島一一八	淡島神社	少			
	＊豊川市小田渕町七丁目二九	淡洲神社	少・大			
	豊橋市賀茂町字神山二　賀茂神社〇	淡嶋神社	少			
	＊西尾市寺部町浜田七〇	粟島大明神	淡			
	＊西尾市寺部町林添　六三　真言宗太山寺●	粟島堂	淡	薬		
岐阜2	中津川市山口一六〇五	山口粟島神社	他			
	中津川市山口七三〇	粟島神社	少			
三重5	＊伊勢市二見町松下尾谷一四〇七―五　神前神社〇	許母利神社	他		○	祭神粟島坐神御魂
	＊伊勢市二見町松下字鳥取一六八七―二	粟皇子神社	他		○	祭神粟島坐神御魂
	＊北牟婁郡紀北町海山区引本浦四二八　引本神社〇	粟島宮	他			祭神粟島坐神御魂
	＊鈴鹿市伊船町伊船口	粟島大明神	少			
	＊鳥羽市安楽島町一〇二〇	伊射波神社	他		○	式内志摩一の宮。祭神粟島坐神御魂
滋賀3	大津市中庄二　秋葉神社〇	淡島神社	他			中庄一に天台宗円福院
	長浜市当目町四六〇	粟島神社	少			

	東浅井郡びわ町安養寺	大安養神社○	粟島大明神他	少		○	宝徳（一四四九～）銘函
京都18	綾部市上野藤山一乙	若宮神社○	粟嶋神社	淡			寛永一〇（一六三三）藩主九鬼氏、志摩より勧請か
	亀岡市篠町篠上中筋四五	篠村八幡宮○	粟嶋神社	淡			本社延久三（一〇七一）
	亀岡市篠町浄法寺土取五四		粟島神社	少			江戸時代
	京丹波町下山字野田		粟島神社	淡			不動・地蔵と並立
	京都市上京区上御霊竪町	御霊神社○	粟島神社	少			
	京都市下京区三軒替地町一二四	宗徳寺●	粟島堂	淡	薬・加	○	応永年間加太より
	京都市東山区音羽	清水寺随求堂●	粟島明神	淡			
	京都市伏見区中島鳥羽離宮町七	城南宮○	粟島神社	少			
	京都市伏見区久我石原町三	菱妻神社○	粟島神社	少			本社永久元（一一一三）
	綴喜郡井手町多賀天王山一	高神社○	粟島神社	大			
	福知山市宇土師内記五	朝暉神社○	粟島神社	少			
	福知山市京町	三木稲荷神社○	粟嶋神社	少			
	福知山市新庄城山三六		粟島神社	少			
	船井郡日吉町田原梅田山五―一		粟嶋神社	少			
	船井郡八木町氷所中谷山一一	幡日佐神社○	粟島神社	淡・他			
	＊舞鶴市伊佐津三〇七	三柱神社○	粟島社	淡			天保一一（一八四〇）棟札
	＊与謝郡岩滝町石川	神宮寺●	淡嶋明神	淡	薬		
	与謝郡野田川町三河内一四五三	倭文神社○	粟島神社	少			
	＊淡路市志筑天神九〇七	志筑神社○	粟島神社	淡	加		加太より勧請の伝
	小野市粟生町七四七―一	曹洞宗来迎院●	粟島神社	淡			
	小野市粟生町七五三		粟島神社	淡			
	加古川市加古川町大野一七五五	日岡・高御位神社○	淡島神社	少・大他	薬	○	欽明代伝。本社天平二（七三〇）、隣接真言宗常楽寺（薬）

兵庫27						
加西市坂本町	一乗寺●	栗島堂	淡			
神戸市北区有馬町一七四五杉ヶ谷	有馬稲荷○	粟島神社	少・他	薬		有馬町一六三九に清涼院「温泉薬師寺」
神戸市北区淡河町野瀬二三四		粟嶋神社	淡	薬・加	○	天文七(一五三八)加太より。神影に真言宗石峯寺(薬)
＊神戸市兵庫区永沢町四	厳島神社○	淡島神社	淡・他			本社平清盛勧請の伝
篠山市魚屋町四五	浄土宗誓願寺●	粟島神社	淡		○	慶長一五(一六一〇)か
篠山市西古佐六六五		淡島神社	少			
篠山市上立町五〇		淡島神社	少			
佐用郡上月町円光寺七〇〇		淡島神社	少			
宍粟市一宮町横山	横山神社○	淡島祠堂	淡			本社室町期山伏勧請伝
宍粟市波賀町谷二三五		淡島神社	少			
＊洲本市安乎町平安浦一九八七		事代主淡島神社	少	虚		平安浦五九六に真言宗小川寺
多可市加美町鳥羽	産土神社○	粟嶋神社	少			
＊高砂市高砂町横町一〇八〇	延命寺●	淡島堂	淡女	薬		明治期勧請と伝。境内聖観音像多数
＊高砂市高砂　高砂神社東宮町一九〇		粟島神社	少			
たつの市上岡町沢田	椰八幡神社○	淡島神社	少			
たつの市龍野町中霞城	龍野神社○	粟島神社	少			
たつの市間宮町野保四八四		淡島神社	少			
丹波市春日町棚原	浄土宗浄円寺●	粟嶋神社	他			宝暦四(一七五四)伊勢の粟島坐神御魂を勧請
丹波市氷上町上成松二二〇		粟島神社	少			
豊岡市日高町道場一四八		粟島神社	少			
氷上郡春日町多田	曹洞宗円光寺●	淡島神社	少			本寺元禄以前。天台宗
姫路市林田町六九谷六三一		粟嶋神社	少			
養父郡養父町藪崎字家ノ脇三五〇		粟島神社	少			

大阪7	大阪市北区西天満五—四　堀川戎神社○	淡島神社	少			
	＊大阪市住吉区住吉二—二　生根神社奥の天神○	淡島さま	少		○	式内社
	大阪市中央区道修町二—一—八	少彦名神社	少＝淡			安永九（一七八〇）五条より。「淡島様・神農さま」
	大阪市天王寺区下寺町一—三　浄土宗光伝寺●	淡島堂	淡			
	富田林市伏見堂九五三	淡島大明神	淡			
	東大阪市西石切町　石切神儀教会○	石切淡島宮	不明			
	松原市北新町二　布忍神社○	淡島大明神	少			
奈良3	生駒郡平群町福貴一五八	淡島神社	少			
	御所市御所五一四　鴨都波神社○	粟島神社	少			
	御所市小殿北	かやの木淡島神社	少			
和歌山8	＊有田郡吉備町天満七二二　藤並神社○	粟嶋神社	少			
	＊海草郡下津町方一一〇一	粟島神社	少		○	景行代伝、文永遷座。隣接天台宗竜泉寺、元・神宮寺
	＊海草郡下津町塩津一一九　蛭子神社○	淡島神社	少			
	＊西牟婁郡上富田町朝来二八二三　櫟原神社○	淡島神社	淡	石		
	日高郡美山村寒川	粟島神社	少			
	美里町長谷宮二三八　長谷丹生神社○	粟島明神社	淡			永享年間の文書に長谷明神
	＊和歌山市加太一一八	加太淡島神社	少・大功		○	式内社加太神社
	和歌山市栗栖一	淡島神社	少			
	英田郡西粟倉村坂根四三五　金刀比羅神社○	淡島神社	少			享保二（一七一七）毛利氏勧請、洞巌山洞穴に薬師
	英田郡美作町林野四八　真言宗仁王院安養寺●	粟嶋大明神	淡			

岡山22	赤磐郡吉井町中勢実		淡島明神	淡			
	井原市井原町三三四六		粟島神社	少			
	井原市木之子町三三〇五		粟島神社	少			
	岡山市北区吉備津一六二三		粟島宮	淡			
	岡山市徳吉町一	真言宗徳与寺●	淡島堂	淡	薬		
	岡山市矢井	真言宗薬王寺●	粟島神社	少	薬		
	*邑久町本庄四六四三	真言宗地蔵院●	淡島堂	淡			元禄頃の伝。本寺静円寺塔頭
	*笠岡市北木島大浦	荒神社○	淡島社	少			
	勝田郡奈義町宮内八六九		淡島神社	少			
	吉備中央市上田西一七七〇		粟島神社	淡			
	倉敷市阿知二―二五	真言宗観龍寺●	粟島神社	少	薬		
	*倉敷市児島上の町四―六〇		粟島宮	淡			
	倉敷市玉島陶		粟島神社	淡			明治二七（一八九四）酒田・海向寺より勧請
	総社市門田七〇八		粟島神社	少			
	*玉野市北方二〇七二		淡島神社	少			
	*玉野市広岡七一五		粟嶋神社	少			
	都窪郡早島町前潟一五〇四		粟島神社	淡			
	津山市二宮六〇一	高野神社○	淡島神社	淡＝少			向陽小学校近くの路傍の祠を昭和四四（一九六九）現地遷座
	真庭市藤森	建部神社○	淡島神社	淡			
	和気郡吉永町南方一三三八	松本寺理性院●	粟島明神社	淡	薬		本寺真言宗「吉永薬師」、建治開基、天文現地へ
	*大竹市大竹町大竹	八王子稲荷○	粟島大明神	淡			
	*大竹市白石一―四	大瀧神社○	淡島神社	少			
	*大竹市元町四―一三	疫神社○	粟島神社	少			
	*尾道市瀬戸田町福田七六九		淡島神社	少			
	*佐伯郡大野町梅原一―一		粟島神社	少			
	*佐伯郡大野町下の浜一一二		粟島神社	少			

広島18	庄原市掛田町掛田下七〇		淡島神社	少			
	世羅郡甲山町梶田八四一	最上稲荷○	粟島神社	少			
	世羅郡甲山町甲山一五二	真言宗龍華寺安養院●	粟島神社	少・大	薬	○	康暦二(一三八〇)鳥居
	*廿日市市天神三正覚院西		粟嶋大明神	淡			
	*廿日市市宮島町滝町二一五―一		粟島神社	少	薬	○	天正年間、大聖院塔頭東泉坊勧請
	広島市安佐北区可部三―二九	高畑祇園神社○	淡島神社	少			
	広島市西区己斐西町三二	真言宗西福院●	淡島大明神	少	加		元和四(一六一八)加太より
	深安郡神辺町川南二九一二		粟島神社	少			
	*福山市瀬戸町長和三二〇五		阿波洲神社	少			
	*福山市鞆町後地一二一七―一	真言宗大観寺●	粟嶋大明神	虚	虚		
	府中市出口町七四五	甘南備神社○	粟島神社	少＝淡・蛭			
	*三原市本町二	成就寺●	淡島神社	少		○	文禄年間
鳥取2	*東伯郡琴浦町八橋二六〇		粟島神社	少			
	*米子市彦名町一四〇四		粟嶋神社	少大功他		○	出雲風土記の地
島根9	大田市大代町八代　一七〇一	山辺八代姫神社○	淡島神社	少			
	大田市川合町川合一五四五	物部神社○	粟島神社	少			
	大田市久利町久利一四九九	大前神社○	淡島神社	少			
	邑智郡美郷町都賀本郷四七〇	松尾山八幡宮○	淡島神社	少			本社元亀二(一五七一)
	仁田郡奥出雲町三成宮山六八七	三成八幡宮○	粟島神社	少			
	*浜田市大辻町八二	真言宗宝福寺●	粟島閣	少＝淡			
	*益田市栄町中島五	辻ノ宮八幡宮○	粟島神社	少			
	*益田市東町二五	清滝山天満宮○	淡島神社	少			

	＊松江市浜乃木町一—一四　時宗王寺●	淡島神社	少			
山口10	＊岩国市今津町六　白崎八幡宮○	粟島神社	大			
	＊岩国市岩国四　椎尾八幡宮○	粟島神社	少			
	＊大島郡周防大島町九七〇　正岩寺●	淡島さま	淡	加		加太より
	小郡町下郷六二八　龍光寺●	淡島大明神	淡	薬		
	＊下松市西豊井本町　普門寺●	粟嶋明神	淡			
	＊下関市阿弥陀寺町　赤間神社○	淡島神社	少			
	＊下関市豊前田町一　真言宗福仙寺●	粟島堂	淡	薬		
	＊萩市浜崎二四〇　住吉神社○	粟島宮	淡			
	＊防府市田島北山手	粟島大明神	淡			
	＊柳井市姫田　普慶寺●	粟島神社	少			
徳島8	＊阿南市畭町二田八(西路見町三田三)	淡島神社	少			少ここで死亡の伝
	板野町黒谷居内五　第四番大日寺●	淡島堂	淡			
	板野町羅漢字林東五　第五番地蔵寺●	淡島堂	淡			
	勝浦町生名鷲ケ尾一四　第二〇番鶴林寺●	淡島堂	淡			
	土成町土成前田一八五　第八番熊谷寺●	粟島神社	少			
	＊那賀郡那賀川町北中島二反畑七五	粟島神社	少			
	＊美波町日和佐浦三七〇—一　日和佐八幡宮○	淡島神社	少	薬		隣接の真言宗薬王寺、文治期現地へ
	＊三好郡池田町佐野　境目トンネル南西	粟島神社	少			
	綾歌郡綾川町陶六一〇七	粟島神社	少			
	＊綾歌郡宇多津町一四三五　第七八番郷照寺●	粟島明神堂	淡			
	＊観音寺市室本町二七九七　稲積大社○	粟島神社	少			
	＊坂出市川津三〇九三　春日神社○	粟島神社	少			
	善通寺市一〇九一　第七三番出釈迦寺奥の院禅定寺●	粟島堂	淡	虚		

香川12	＊善通寺市弘田町一七六五—一　第七四番甲山寺●	淡島大明神	淡	薬		
	仲多度郡琴平町八九二—一　金刀比羅神社○	粟島神社	少	石		
	＊丸亀市郡家町八幡下二三三七　神野神社○	粟島神社	少			
	＊丸亀市土器町東四—三〇七	粟嶋神社	少		○	鎌倉期細川定禅により勧請か
	＊三豊市詫間町粟島	粟島神社	少			近世か
	＊三豊市三野町吉津乙四六八	粟島神社	少			
	＊三豊市三野町大見田所　若王子○	粟島神社	少			
愛媛14	＊宇和島市藤江一三四〇　多賀神社○	粟島神社	少			
	大洲市北只常森甲	粟島神社	少	巨石		メンヒル上。藩主加藤氏より崇敬
	大洲市成能乙一七七	粟島神社	少			
	＊越智郡上浦町甘崎一三七三　荒神社○	粟島神社	少			一八世紀後期か
	＊越智郡上島町弓削下弓削二一〇　弓削神社○	阿波島神社	他			
	温泉郡川内町北方五三〇　医王寺自性庵●	淡島大明神	淡	薬		
	＊北宇和郡吉田町　住吉神社○	淡島神社	少			
	＊新居浜市光明寺町二　光明寺不動堂●	粟嶋神社	少			昭和八（一九三三）
	＊新居浜市外山町七　浦渡神社○	粟島神社	少			
	＊西宇和郡三瓶町朝立厚朴　地福寺●	粟島堂	淡			昭和初期堂建立
	東宇和郡野村町貝吹	粟島神社	少			
	＊松山市興居島泊町　厳島神社○	淡島神社	少			
	＊松山市南吉田町	淡島神社	少・大功			元文年間か
	＊南伊予郡松前町南黒田　天神社○	淡島神社	少			
高知4	吾川郡池川町土居四七〇・四七三	粟島神社	少			
	＊香美郡夜須町坪井岸ヶ岡七八七	粟島神社	少			
	香美市土佐山田町北本町二—二四三〇	粟島神社	少			
	＊高知市五台山竹林寺境内	淡島神社	少			平成二一（二〇〇九）頃勧請か？

福岡42

朝倉市日向石一二〇二	粟島神社	少			
朝倉市林田二一〇　美奈宜神社〇	粟島宮	少			
朝倉市菩提寺町甘木公園内　金刀比羅神社〇	粟島神社	少			甘木野鳥に天台宗本覚寺、修験霊場
朝倉市山見中仁鳥	粟島薬師堂	淡女	薬		宝暦一二(一七六二)
うきは市吉井町若宮三三六	淡島神社	少			
*大川市大野島二三一八　厳島神社〇	粟島神社	少			
*大川市小保九五　小八幡神社〇	粟島神社	少			
大牟田市今山妙聖院東	粟島神社	少			
大牟田市三池三池山　三池奥の院〇	粟島堂	淡			
*遠賀郡芦屋町山鹿柏原海岸	粟島神社	少			
糟屋郡篠栗町篠栗一八九一　真言宗千手院●	淡島大明神	淡女			鎮守社として近年勧請
糟屋郡篠栗町篠栗八〇　真言宗祖聖寺●	淡島大明神	淡女			木造彩色女神像
糟屋郡篠栗町篠栗二一九二　真言宗一ノ滝寺●	淡島大明神	淡女			平成、女神石像
糟屋郡篠栗町田ノ浦一五七五　田ノ浦阿弥陀堂●	淡島大明神	淡女			石造女神像、平成の個人奉納
糟屋郡篠栗町松ヶ瀬四七七　真言宗松ヶ瀬阿弥陀堂●	淡島大明神	淡女			木造彩色女神像
*糟屋郡新宮町新宮八九　磯崎神社〇	淡島大明神	淡女			
*北九州市小倉北区菜園場二　愛宕神社〇	粟島大明神	少			
*北九州市門司区奥田四	淡島神社	少	加	〇	永万元(一一六五)頃加太よりの伝
*北九州市門司区田野浦二―四	淡島大明神	少			
*北九州市八幡西区畑　釈王寺●	粟島神社	淡			
*北九州市八幡西区上津役六―二九	粟島大明神	淡			
久留米市大石町速水一三二　伊勢天照御祖神社〇	粟島神社	少			

久留米市上津町本山二〇七七　天満宮○	淡島神社	少			寛延年中書上あり
久留米市草野町草野四四三　須佐能袁神社○	粟島神社	少			
久留米市城島町江上本一三五四	粟島神社	少			
久留米市日吉町一九	粟島神社	少			
久留米市御井町下町　高良下宮社○	粟島明神	少			
田川郡川崎町安真木字黒木	淡島神社	淡			
筑上郡築城町上香楽一九七	淡島神社	少			
筑後市水田二四二	淡島神社	少			
筑後市山ノ井羽犬塚　六所神社○	粟島神社	少			
*中央区天神三―一四(萬町)　安国寺●	粟島神社	淡			
福岡市早良区西入部三三七	淡嶋神社	淡			
*福岡市西区大字元岡二六一四	淡島神社	少			
*福岡市博多区上川端町一―四一　櫛田神社○	淡島神社	少			
*福岡市博多区古門戸町(倉所町)　沖濱稲荷○	淡島堂	淡			
*福岡市博多区住吉三―一―五一　住吉神社○	淡島堂	淡			
*福岡市博多区諸岡二―一〇	諸岡淡島神社	少			
*福津市福間南二―二二	粟島神社	少・大他		○	応永二三(一四一六)
*宗像郡津屋崎宮司　宮地嶽神社奥の宮○	淡島神社	少			
柳川市椿原町	淡島神社	少			
八女市北矢部堤谷	淡島神社	少・他			
*諫早郡小豆崎町　熊野神社○	淡島神社	少			
*北松浦郡鹿町町北鹿町　青島宮○	淡島神社	少			
*佐世保市船越町八五	淡島神社	少			
*対馬市厳原町田淵　東谷院●	粟島大明神	少			

長崎8	＊長崎市白町三九五		淡島神社	不明			
	＊長崎市向町三一四		淡島神社	少			
	＊松浦市志佐町浦免八六〇	淀姫神社○	淡嶋大明神	少			
	＊南高来郡国見町神代甲西里		粟島神社	少			文化九(一八一二)
大分8	＊宇佐市長洲字西浜三七四一		長洲粟島神社	少・他		○	天平年間伝、文化九(一八一二)棟札あり
	＊宇佐市南宇佐二八五九	宇佐神宮○	粟島神社	少			男根サヤンサマ
	＊臼杵市臼杵五　八坂神社		粟島神社	少			
	＊大分市長浜町一―八―七	長浜神社○	淡島さま	淡			本社応永一三(一四〇六)
	＊津久見市大字四浦狩床五七〇〇		淡島神社	少			
	＊中津市北原五九七	原田神社○	淡島神社	少			
	＊豊後高田市臼		粟嶋神社	少	加		寛永二(一六二五)加太より
	＊南海部郡米水津村小浦四二一		粟嶋神社	少・大		○	延文二(一三五七)
佐賀9	＊壱岐市郷ノ浦町田中触	天手長男神社○	粟島神社	少			延宝四(一六七六)比定
	伊万里市大川町大川野	淀姫神社○	淡島神社	少	薬		江戸時代、大川山口の女性により勧請
	小城市三日月町金田一三二八		粟島神社	少			
	＊唐津市南城内三	唐津神社○	粟島神社	少		○	慶長七(一六〇二)、中町守護神
	＊唐津市西寺町一三七一―一	熊野原神社○	粟島神社	少			
	佐賀市北川副町新郷七八七		粟島神社	淡＝少			
	佐賀市鍋島町八戸一〇五四―二	五龍神社○	淡島神社	少			
	佐賀市大和町尼寺字真島九九五		阿波島神社	少			旧国分寺跡
	佐賀市与賀町二―一〇	与賀神社○	粟島神社	少			
宮崎4	北諸県郡山之口町古大内		粟島神社	少			
	＊延岡市古城二―一三	真言宗光明寺●	淡島大明神	淡			
	＊日向市財光寺往還町	五十猛神社○	粟島神社	少・神他			本社元禄年間
	＊宮崎市折生迫青島二―六	青島神社○	旧淡島神社	少			
	阿蘇郡小国町黒渕	鉾納神社○	淡島神社	少			近年勧請
	＊天草市本渡町本渡		淡島神社	淡			

熊本16	＊宇土市新開町五五七		宇土粟嶋神社	少			寛永一〇（一六三三）伝
	＊上天草市松島町合津稲戸		粟島大明神	淡（石）	薬		
	鹿本郡植木町辺田野一一〇〇		粟島神社	少			
	球磨郡山江村下城子		淡島神社	少			家神を明治一一（一八七八）
	熊本市中央区横手一―一三	下馬神社○	淡島大明神	少			
	熊本市中央区横手一―一四	日蓮宗本覚寺●	淡島大明神	淡			彩色木造女神像
	熊本市南区田迎二丁目三三	田迎神社○	淡島神社	少			
	＊玉名郡横島町横島新屋敷		粟島神社	少			
	人吉市老神町二二	老神神社○	淡島神社	少			近年加太より勧請。ミニ鳥居あり
	＊八代郡鏡町大字鏡村	印鑰神社○	粟島さん	少			
	八代市鏡町貝洲八六三		粟島神社	少			
	山鹿市西牧		西牧粟島神社	少			
	山鹿市山鹿五五	日蓮宗円頓寺●	淡島大明神	淡			
	山鹿市山鹿七九	日蓮宗本澄寺●	淡島大明神	淡			
鹿児島3	＊鹿児島市武二―二八		神光教会淡島神社	少			
	＊曽於郡大崎町仮宿一五八九	都萬神社○	粟島神社	少			
	＊枕崎市鹿籠麓町三九八	南方神社○	淡島神社	少			本社文安元（一四四四）遷座

あとがき

筆者がアワシマ研究に関心をもって、まず先行研究論文等を読み始めたのは、二〇〇一年であった。「アワシマ信仰は住吉妃神の境遇に自己を重ねて悲嘆にくれる女性たちのもの」というだけなのか?という疑問が、筆者を動かした。ともかく淡島・粟島神社に関して、まず一五〇件のデータを集めた。ほとんどが通説と違う由緒や祭神だったため、これは実態をきちんと調べて、しかるべき専門研究者の成果という形で世に問うべきと決意し、大学院に進学し、学会発表や論文投稿等をしてきて、本書の下敷きになった博士論文を書いたのは二〇一二年のことであった。

最後の現地調査で訪れた福島では、かつてのアワシマ講は、共同飲食や夜明かしが女性たちの楽しみであったという。他所から来た嫁同士が、気が置けないつながりをもてたことは、アワシマ信仰のおかげだったにちがいない。そこで裁縫や料理の技芸や子育ての知恵なども伝えられた。けれど、その場に不妊・出戻り・嫁かず後家の女性は入りづらかったであろうことも想像がつく。女郎に売られた女性にとっては、若嫁の集いなど望むべくもなかった。それどころか、婚姻とは対極の売春で得た性病の治癒を、ひそやかにアワシマ様への祈禱にすがるしかなかった。病はさまざまな領域境界を超越し、誰にも似たような不幸をもたらす。とはいえ、本書で述べた可視・不可視のアワシマ信仰の違いは、女性の中にある階層性や疎外構造を反映しているのである。このことを無視して、一括りに「女人救済」と捉えることは誤りといえよう。

本書はアワシマ信仰の歴史的変遷を明らかにして、俗説による女人救済信仰としてのあり方は近来のものであることを明らかにした。俗信アワシマ信仰が最も盛んであった時期は性病が蔓延した時期と重なり、医科学の進歩とともに祈願の内容が変わっていったのは、むしろ歓迎すべきであろうし、いつか消滅するのかもしれない。

いたずらに時間を費やして、本書を成すまでに長い時間がかかってしまったが、多くの方たちに協力や助言をいただいて、調査研究を続けられたことにあらためて思いを致し、心からの感謝を申し上げる。あえて筆者のわがままで、次の方たちにはお名前を挙げて学恩に感謝を申し上げたい。野本寛一氏、辰巳和弘氏、杉森哲也氏、細川涼一氏、西谷内晴美氏、舘野和巳氏、藤本清二郎氏、首藤善樹氏、中井教善氏、山本義孝氏、八巻賢壽氏。また、たびたび史料調査にご協力いただいた向井家ご当主の向井彰啓氏と、本書の編集発行を引き受けていただき、お手を煩わせた岩田書院の岩田博氏には、格別の感謝を申し上げる。最後に、「二十一世紀は女の時代」と娘への教育を惜しまなかった亡き父・有安 啓と、祖父・清水、および大伯父・勇、その遺志を継いで、四十歳を過ぎての筆者の勉学を支え、今年八十歳を過ぎてなお現役の看護師である母・多美に、本書を心からの感謝と敬意とともに捧げたい。

朔旦冬至の年に

有安　美加

初出論文

「淡島願人と修験―紀州加太淡嶋神社への信仰を巡って―」（日本山岳修験学会『山岳修験』三八号、二〇〇六年）

「淡島信仰の原像と歴史的展開」（日本民俗学会『日本民俗学』二六〇号、二〇〇九年）

「伊勢志摩のアワシマ信仰の変遷について」（日本宗教文化史学会『日本宗教文化史研究』一四巻一号、二〇一〇年）

「紀北地域の八幡信仰と修験道」（日本山岳修験学会『山岳修験』四七号、二〇一一年）

著者紹介

有安　美加（ありやす・みか）

1960年、兵庫県西宮市に生まれる。
市場調査会社、シンクタンク勤務の後フリーランス・プランナー。
2012年　奈良女子大学大学院博士後期課程修了（文学博士）。
日本民俗学会、日本山岳修験学会、日本宗教文化史学会、和歌山地方史研究会各会員。
奈良女子大学博士研究員、大阪人間科学大学非常勤講師を経て、
2015年現在、聖護院史料研究所客員研究員。

アワシマ信仰《しんこう》　―女人救済《にょにんきゅうさい》と海《うみ》の修験道《しゅげんどう》―

2015年（平成27年）8月　第1刷　700部発行　　定価［本体3600円＋税］

著　者　有安　美加

発行所　有限会社岩田書院　代表：岩田　博　　http://www.iwata-shoin.co.jp

〒157-0062　東京都世田谷区南烏山4-25-6-103　電話03-3326-3757　FAX03-3326-6788

組版・印刷・製本：ぷりんてぃあ第二

ISBN978-4-87294-918-6　C3039　¥3600E　　Printed in Japan

岩田書院 刊行案内 (23)

			本体価	刊行年月
887	木下 昌規	戦国期足利将軍家の権力構造＜中世史27＞	8900	2014.10
888	渡邊 大門	戦国・織豊期赤松氏の権力構造＜地域の中世15＞	2900	2014.10
889	福田アジオ	民俗学のこれまでとこれから	1850	2014.10
890	黒田 基樹	武蔵上田氏＜国衆15＞	4600	2014.11
891	柴 裕之	戦国・織豊期大名徳川氏の領国支配＜戦後史12＞	9400	2014.11
892	保坂 達雄	神話の生成と折口学の射程	14800	2014.11
893	木下 聡	美濃斎藤氏＜国衆16＞	3000	2014.12
894	新城 敏男	首里王府と八重山	14800	2015.01
895	根本誠二他	奈良平安時代の〈知〉の相関	11800	2015.01
896	石山 秀和	近世手習塾の地域社会史＜近世史39＞	7900	2015.01
897	和田 実	享保十四年、象、江戸へゆく	1800	2015.02
898	倉石 忠彦	民俗地図方法論	11800	2015.02
899	関口 功一	日本古代地域編成史序説＜古代史９＞	9900	2015.02
900	根津 明義	古代越中の律令機構と荘園・交通＜古代史10＞	4800	2015.03
901	空間史学研究会	装飾の地層＜空間史学２＞	3800	2015.03
902	田口 祐子	現代の産育儀礼と厄年観	6900	2015.03
903	中野目 徹	公文書管理法とアーカイブズ＜ﾌﾞｯｸﾚｯﾄA18＞	1600	2015.03
904	東北大思想史	カミと人と死者	8400	2015.03
905	菊地 和博	民俗行事と庶民信仰＜山形民俗文化２＞	4900	2015.03
906	小池 淳一	現代社会と民俗文化＜歴博フォーラム＞	2400	2015.03
907	重信・小池	民俗表象の現在＜歴博フォーラム＞	2600	2015.03
908	真野 純子	近江三上の祭祀と社会	9000	2015.04
909	上野 秀治	近世の伊勢神宮と地域社会	11800	2015.04
910	松本三喜夫	歴史と文学から信心をよむ	3600	2015.04
911	丹治 健蔵	天狗党の乱と渡船場栗橋宿の通航査検	1800	2015.04
912	大西 泰正	宇喜多秀家と明石掃部	1850	2015.05
913	丹治 健蔵	近世関東の水運と商品取引 続	7400	2015.05
914	村井 良介	安芸毛利氏＜国衆17＞	5500	2015.05
915	川勝 守生	近世日本石灰史料研究Ⅷ	9900	2015.05
916	馬場 憲一	古文書にみる武州御嶽山の歴史	2400	2015.05
917	矢島 妙子	「よさこい系」祭りの都市民俗学	8400	2015.05
918	小林 健彦	越後上杉氏と京都雑掌＜戦国史13＞	8800	2015.05
919	西海 賢二	山村の生活史と民具	4000	2015.06
920	保坂 達雄	古代学の風景	3000	2015.06
921	本田 昇	全国城郭縄張図集成	24000	2015.07
922	多久古文書	佐賀藩多久領 寺社家由緒書＜史料選書４＞	1200	2015.07
923	西島 太郎	松江藩の基礎的研究＜近世史41＞	8400	2015.07
924	根本 誠二	天平期の僧と仏	3400	2015.07